JN005980

経営史講義

［第2版］

大河内暁男［著］

東京大学出版会

The Evolution of Modern Enterprise over Three Centuries
An Introduction to Business History
Akio OKOCHI
University of Tokyo Press, 2001
ISBN978-4-13-042109-6

はしがき

　大企業を中心とした経済体制が出現して以来，すでに一世紀を経て，企業はわれわれの社会で最も重要な構成員の一つとなっている．その企業の経営行動と発達過程とを，経営史学は研究対象としている．本書は，著者がこれまで東京大学経済学部で担当してきた講義「経営史」の総論的部分について，その骨子を，初学者にも容易に読めるよう，書き下したもので，身近な企業の経営行動について考える場合に，その一助になればと思う．

　企業経営行動の歴史を研究対象にすると言っても，研究者の視点や力点の置き方によって，さまざまの通史的経営史を書くことができる．本書は，現在の企業経済が工場制大量生産体制を基礎に踏まえ，それをさらに推進しようとしていることに照らして，そうした企業経営と生産体制の成立経緯，とくに人々が経営活動を展開するにあたって，何を問題とし，その解決策として何をどのように行ってきたのか，そして，さまざまな努力を積み重ねた結果として現われる企業経営の発展傾向と，それが内包する問題を捉えること，そこに焦点を絞っている．このような観点から企業経営行動の歴史を見るとき，その中心問題は，企業経営上の新しい課題を発見して新しい対応の途を拓いた人々の行動と，その成果としてもたらされた革新ということになろう．技術問題にせよ組織問題にせよ，また管理問題にせよ，革新を本書で重視する所以である．

　本書の記述はイギリスおよびアメリカを中心としている．これは他の国が重要度において劣るという意味ではなく，現代に至る大企業体制の発達過程において，まずイギリスの企業が，そして次いでアメリカの企業が，先導的役割を果たしてきたと考えられるからに他ならない．

　こうした国々が行ってきたことを日本と比較することは，日本企業の特質を理解するうえで有益であるばかりか，たとえば，いわゆる日米摩擦のなかで，なぜ日本の流通がアメリカから問題とされるのかといった現在の問題を考える

際にも，的確な認識を得るのに役立とう．現代は，われわれに，国際的視野と認識をもって，自分の問題を考えるよう求めている．そのためには，日本の事実を外国のそれと比較し，国際的な流れの中に日本を位置づけてみることが不可欠である．各国の企業経営行動を研究対象とする経営史は，そうした要請にも応えるものである．

　経営史という研究分野の発想と思考方法をめぐって，本書第1章において基礎的概念を説明してあるが，そこに述べられている概念に初めて接した読者にとっては，あるいは一度読んだだけでは理解しにくい部分があるかもしれない．そうした概念は，人間が構成要素となって作り上げている有機的組織たる企業と，その経営行動の歴史を分析する過程で，史実との対話のなかから重要な事象として抽出され，分析の道具立てとして抽象化され，その道具をもって史実の分析に立ち向かって有効性が吟味され，さらに練り直され，試行を積み重ねて作り上げられたものである．人間の行動を直接に分析対象とする経営史学の性質上，この概念は，内容が一義的であるというよりも，相当の幅をもって構成されており，その点も分りにくさの一因であろう．

　これらの概念は，本書の第2章以下の記述において前提されているものである．しかし，第2章以下を読み終えた後に，もう一度第1章に立ち返るならば，具体的事実を踏まえて，概念の意味をさらによく理解できるはずである．

　企業の活動は，言うまでもなく，特定の社会，市場，あるいは経営環境において展開されるが，そこでは企業と周囲との間にさまざまの問題が発生する．企業が社会の構成員としてどのような役割と責任をもつのかという企業責務の問題をはじめ，環境問題，業界団体，政府と企業との関係，多国籍化を超えた世界経営，さらには自然的条件や経営風土と呼ばれるような地域差などが，なかでも重要な問題であろう．こうした専門的各論的問題については，本書の総論的性質から考えて，いずれも割愛した．

　本書の刊行にあたって，東京大学出版会の大瀬令子，作本宏の両氏に大変お世話になった．謝意を表したい．

1991年1月

大 河 内 暁 男

第二版の序

　本書の初版刊行から 10 年を経る．10 年という年月は，歴史の時間軸から見
れば，ほんの一瞬に過ぎない．しかし，最近の 10 年ほど経済状況が大きく変
動し，企業経営行動が変化した経験を，戦後の日本は知らない．それどころか，
世界的に見て，企業の経営行動は従来の延長線上に展開されていると言うより
も，むしろ進路の変更，経営行動の中身の質的変化を示している．

　だが高度経済成長からいわゆるバブルが崩壊し，企業は不振に陥って日本的
経営の自信が揺らぎ，ジャパン・アズ・No. 1 の見取図が破綻したとき，われ
われは再生に向かって自己点検し，打つべき手を打って来ただろうか．日本に
先行して不振に苦しんだアメリカ企業が，『Made in America』（1989）に象徴
されるように，外国企業，特に日本と比較して，徹底的に自己の問題点を洗い
出し，歴史に学びつつ，競争力の回復に全力を傾注したのに対して，日本では
どのような努力を行って来ただろうか．

　しかも他方この 10 年で，アジアを中心とした発展途上国が，工業化による
経済発展を強く求めて，世界経済の舞台に登場した．そればかりではない．ウ
ルグアイ・ラウンドの推進によって，世界の経済の国境はその垣根を低くしつ
つあり，途上国を含めて世界の国々との共生という将来の筋道ははっきりして
来た．先進諸国においては，巨大企業の再編成，再構築が世界的に進み，それ
に加えてとくに 1990 年代半ばから，情報技術の急激な発展によって，企業経
営行動の世界的枠組みが一変した．

　この大きな変化の流れの中に日々身を委ねていると，その変化の大きさ，速
さ，意味は必ずしも認識できない．それは，たとえば高速道路に乗ると，やが
て自分の移動速度がよく判らなくなるのと似ている．流れから一歩離れてみ
ると，自分の位置を確かめ，自分と人の走って来た速度を認識できる．そのこ
とがあって初めて次の行動を定められよう．我々が社会を見るときの歴史的思

考の意味と役割もそこにあることは，言うまでもあるまい．

　本書の初版を上梓したときは，まさに日本のバブルの最終局面であった．だが，その後の歴史的経過を見るとき，歴史の「講義」という本書の性格上の限定を考慮するにしても，いやむしろ，その点を考慮すればするほど，現在の大きな変化の発生を受け止めないわけには行かないと考えるに至った．生じつつある変化の歴史的意味を理解し，逃れることのできない歴史の流れの中でわれわれは何をなすべきか，その認識を得るための一助となるよう努めること，それが「講義」の役割だと思うのである．

　初版においては原則として第二次大戦以前で叙述を打ち切ったが，それは，その時期までで，近代資本主義経済の枠組みにおいて活動する企業の経営行動は，その特徴がほぼ一通り出揃い，戦後は発展途上国の工業化が中心問題だと考えたからであった．

　今回は旧版を前提に，その枠を超えた戦後の問題を，とくに直近の問題状況に引付けて書き加えたので，経営史としてはやや異例の内容に拡張されている．なお，講義の骨格のみを述べる性質上，旧版でやや判かりづらいところがあった部分については，筆者の意図を明確に伝えられるよう，できるだけの改善を試みた．また文献目録は一部入替えを行った．

　現在の何故を出発点に，歴史を遡って源を探り，事象の意味を理解するとともに，翻って現在のわれわれの位置を確かめ，役割を確認し，進路を見定めることができればと思う．

　改版にあたっては，東京大学出版会の宮本健太郎，岸純青の両氏に尽力いただいた．ここに記して謝意を表したい．

大 河 内 暁 男

目　　次

経 営 発 達

年　　代	1800	1850
新 技 術 新 製 品 および 新 種 産 業	製鉄業 紡績業　　鉄道（1825） 機械工業　蒸気船 繊維機械各種（1764-84） 工作機械各種 蒸気機関（1776）	転炉製鋼（1856） 平炉製鋼（1856/7） 　　　　　　　　　　リング紡績機（1870年代） 合成染料（アニリン，1856）・化学工業 　　　　　　　　内燃機関（1876）　自動車 発電機（1866/70）　　　　　　電気鉄道 電動機　　　　電灯（1878） 　　　電話（1876）無線通信（1894） 　　　セルロイド（1869）　ビスコース人絹（1891） 石油（Drake 油田，1859）
技術と科学	経験に基づく技術開発	技術への科学の応用
経 営 形 態	マニュファクチャー→工場制度　アメリカ的製造システム 　　　　　　　　　　　　　　　アメリカ的大企業	
企 業 形 態	個人企業→パートナーシップ　　株式会社　　　　　独占体	
経営管理組織	親方　　工場支配人制 　　　　内部請負制	集権的職能部制
作 業 管 理	親方　　成行き管理	職長制　　　　テイラー科学的管理法
生 産 技 術	道具→機械＋蒸気機関	アメリカ的大量生産体制　　　　工場電化 互換性部品　流れ作業・コンベア・システム
生産の特徴	中間材の単品大量生産	最終材の単品大量生産

1) 機械等の発明年のほかは，記載事項が登場したおよその時期を示す．
2) 一部の発明については，発明の起源を特定できない．
3) 本文で必ずしも言及していないが重要と思われる発明も含まれている．

史　概　観

1900	1945	2000

ストリップ・ミル（1924/6）
抗生物質（ペニシリン，1929/40）　　　　　遺伝子組替え
サルバルサン（1910）
合成アンモニア（1908）　　　　　原子力発電（1956）
航空機（1903）　　ジェット・エンジン（1930/39/41）
ロケット　　　　　　　　　　　　　リニアモータ
真空管（1904）　　　　　　　トランジスタ（1948）　　インターネット
ラジオ（1920）　　　　　　電子計算機（1947-51）　　情報技術
テレヴィジョン　　集積回路（1958/59）
合成繊維（ナイロン，1939）
石油化学工業

科学に基づく技術開発　　　　　　技術のための科学・産学共同

工場結合体（integration/parallelization）　　コンビナート
最適地生産
世界規模経営

多国籍企業　　　　　　　　　　コングロマリット　　　企業連携
国際企業合併

経営委員会制　　分権的事業部制　　　　　　　　　　カンパニ制
社内分社制

フォーディズム　ホーソン実験　　　人間関係論　　　カルマール方式

自動機械　　　　自動連続機械　　　自動制御
フォード・システム　　　　　　　　　　　　　　無人化工場
ＦＭＳ

製品多角化　　　　　　　　　　　　　　多品種少量生産
統合経営　　何でも有り経営　　　　　　　　　　　　企業再構築

第1章　経営史学の思考方法

第1節　経営史学の課題

1. 分析対象

　現代の社会において，企業は経済活動の主体として決定的に重要な役割を担っている．その企業の経営行動を対象として，これまでに企業が歴史上さまざまな時機に直面した経営上の重要問題と，それを企業がどのように解決したのか，また企業行動の背後にどのような問題があったのか，その経緯を辿りつつ，現代に至る企業経営行動の歴史的発展傾向を解明すること，これが経営史学の基本的課題である．

　企業の現在の経営活動は，過去の活動の積重ねと流れの上にもたらされた結果であり，また成果であって，そのことを前提として，企業は将来に向かって行動する．その意味で，前進を続けようとする企業経営行動においても，過去を過去として簡単に捨て去ることはできず，歴史は将来の規定要因もしくは制約要因でさえある．ここに歴史研究の一つの意味がある．しかし他面で，企業の歴史を顧みると，過去からの流れや制約条件を大きく変更するような企業活動が出現し，それを契機に企業経営行動が新しい局面ないし段階に入るということも，これまでに繰り返し経験してきた．したがって，歴史的条件に制約されつつも，なおその流れから進路を変更して新しい企業経営行動の道を拓いてきたような企業活動こそ，歴史的に最も関心の寄せられるところであろう．経営史が取り上げようとするものは，なによりも歴史的にこのような活動と役割を果たしてきた企業であり，またそうした企業活動を選択し指揮した企業者ないし経営者なのである．

　企業の歴史的活動を分析対象とすることの意味は三重である．まず第一に，企業は家計および政府と並ぶ経済主体の一つであり，そのなかで生産という経済活動を担う．少なくとも産業革命期以降，工業生産が一国の経済活動のなかで基盤的先導的地位を占めるに至ったことは周知のごとくであるが，この活動の担い手は，単に企業一般に解消し得るものではなく，現実には個性豊かな個別企業が担い手であった．しかも，ことに20世紀に入るころから，一部の個別企業の経済的実力は巨大なものとなった．たとえば，アメリカのいわゆるモーガン財閥は1932年当時全米企業資産の約6分の1を支配していた．また1970年10月にアメリカの鉱工業生産が前月比2.3％も急落したが，その原因の一半は，9月から始まったジェネラル・モーターズ社のストライキにあったと推定されている．さらにまた，1971年にイギリスのロウルズ-ロイス社が倒産した折には，ヒース首相がアメリカのニクソン大統領とホット・ラインで善後策を協議しており，その余波が日本に及んで，いわゆるロッキード事件を引き起こしている．こうして，場合によっては，企業活動の一挙手一投足が社会に大きな影響を与えるという事情のもとでは，個別企業の経営行動に大きな関心を寄せざるを得ない．

　第二に，個別企業の経営行動は，活動する経営環境の客観的諸条件を前提とし，またそれに制約されているが，しかし個々の進路は客観的条件によって一義的に規定されているものではない．このことは，たとえば同一の市場で同一時点に活動する同業企業が，必ずしも同一歩調で同じ経営方針と行動をとるとは限らず，むしろそこには通常多かれ少なかれ差異が認められることからも，容易に理解されよう．一例を挙げるならば，戦後日本のフィルム業界で，富士写真フィルム社はアマチュアに狙いを定めて市場開拓に努め，オリエンタル写真工業社は営業写真館を重視した，というがごとくである．要するに，企業の立場から見れば，経営の進路には選択の幅があり，そこに経営者の采配が介在している．

　そればかりではない．企業はこれまで存在しない新しい経営条件や経営行動を自ら作り出し，それによって自らの進路を変更するとともに，経営環境の既存の客観的諸条件を変化させてしまうことさえ稀ではない．いわゆる技術革新はまさにこの過程に他ならない．したがって，注意深く対象を選ぶならば，個

別企業の経営行動の研究は個別分析に尽きるものでなく，その研究を通して産業社会の発展傾向を読み取り得るはずである．

　第三に，企業の経営行動は経営者の意思決定を出発点に置いているが，この意思決定は，経営要素や経営環境の客観的諸条件のみから自動的に結論が導き出されるというものではなく，経営者がさまざまの条件を判断し選択した結果，一つの経営行動が決定される．この判断と選択の過程には，言うまでもなく，経営者の主体的条件が介入し，時には経営要素や経営環境についての合理的解析からは到達し得ないような結論をも引き出す．別言をもってすれば，事後的には一定の合理的説明が可能であることが判るとしても，結論が出されたその時点においては，未だ誰もその合理性を発見し得ないような結論を，いわば時代や事態に先駆けて，独り提示する．たとえばボーイング社が旅客機開発手法の常道を破って，いわゆるジャンボ B-747 型機の開発を決断し，航空機製造業界と航空輸送業界を驚かせ，結果としては一気に大量輸送時代を創出したごときは，この好例と言えるだろう．このような予見的結論に導かれて，新しい企業経営行動の方向が定まるとするならば，そうした個別の意思決定とその実現の経緯を解明し，革新の出発点に位置する個別企業を率いた経営者を直接の分析対象とすることは，歴史研究として大きな意味があり，また研究方法として根拠を主張し得るものと考えられる．

2.　分析視点

　経営史は企業経営行動の歴史的発展傾向を解明することを目指して，個別企業を分析対象とする．したがって，個別企業もしくはその経営行動を決定する経営者を取り扱うにあたって，それが単に個別的特殊的事例としての関心のみでなされる研究であってはならないことは，ここに繰り返すまでもない．個別的事例は歴史的発展傾向との係わりにおいて取り上げられ，位置づけられるべきものである．

　けれども同時に，個別企業，ことに経営者を取り上げるに際して，単に事後的な分析と評価を行うのではなく，企業経営の当事者の立場に一旦視点を据えて，そこから彼の意思決定や経営行動を可能な限り理解し，そのうえで，結果としての経営成果を含めて，彼の経営行動の客観的な意味を分析し，評価する

という研究の手順が必要と思われる.

　当事者の立場に一旦立つことの意味は，その経営者が何をどのように見て経営判断を下したかを，それがもたらす結果を抜きにして，理解することである.われわれは過去の意思決定がどのような成果を生んだか，あるいは失敗に帰結したか，いずれにせよ過去の企業経営行動の結果について知っている.そしてややもすれば結果の良否に基づいて，遡って経営意思決定の良し悪しが評価される傾きがあることは否めない.しかし当の経営者は，意思決定にあたって，良い経営成果を期待はするであろうが，その時点で結果を知り得るはずがない.したがって，経営者が考えていたことと，その結果とは，実は必ずしも直結しないことに注意すべきである.

　意思決定者の予期せざる経営的大成功がもたらされた場合，結果が大成功だから最初の意思決定は優れており，それ故，意思決定者が予期していようといまいと，その意思決定を下したことにおいて彼は優れた経営者であったと評するならば，それは当の経営者を誤解していると言わざるを得ない.一例を挙げるならば，1920年代のアメリカ自動車産業界において，フォード社の単一車種生産とジェネラル・モーターズ社の多車種生産とは，二大企業の対蹠的経営政策としてしばしば比較され，後者の優位性が強調されるとともに，当時ジェネラル・モーターズ社を実質的に率いたアルフレッド・スローンに高い評価が与えられている.だがここで注意すべきは，スローンが多車種生産を打ち出したのではなかった点である.シボレー，キャデラックをはじめ，多数の自動車製造企業を合併しつつ成長を遂げたジェネラル・モーターズ社は，成立の経緯から当然に，初めから多車種を擁しており，全社的な管理が難しい状態にあった.スローンの功績は，多車種生産自体に手をつけることなく，いわゆる事業部制組織を開発することによって多車種生産体制の混乱を克服し，ジェネラル・モーターズ社を繁栄に導いたことにあった.

　結果が予期に反して失敗に終わった場合は，意思決定を下した経営者は誤っていたとして批判され，彼の経営行動は評価されないことが多い.しかしこの判断もまた，当の経営者の立場に立って考えるならば，彼を誤解していると言わざるを得ない.こうした誤解の一例として，19世紀70年代以降のイギリス紡績業をまず指摘しておこう.周知のようにイギリス綿工業は19世紀末ころ

から停滞の兆しを見せ，1920年代にはその危機の警鐘が鳴らされている．綿工業衰退の重要な原因は技術革新の立遅れにあったのだが，その事実から当時の綿業経営者は怠慢であったとして，それ故イギリス綿業は衰退したと論じた主流的見解に対して，当時の経営者がリング紡績機導入を中心とする技術革新に消極的であったのは経営判断として十分合理性があるとして，経営者怠慢説を斥ける見解が1960年代末から現われている．つまり，経営者怠慢説は経営者を誤解しているというのである．

　これまで歴史学は多くの場合勝者の歴史を描き，成功したものが正当化され合理化されてきたように思われる．しかし敗者にも，失敗にも，その立場に立てば論理があり合理性があることを，われわれは慎重に認めねばなるまい．要するに，意思決定者の主体性を重視する観点に立ち，彼が何をどのように見て判断し，いかなる経営行動を展開しようとしたのか，その点を，可能な限り当の経営者の立場に接近して，その立場から事情を分析し，理解することを，まず試みる必要があると考えられるのである．そしてそのうえで，意思決定と経営成果との関連が分析され，評価がなされるべきであろう．

3.　経営史学の成立

（1）　源　　流

　個別企業の経営行動を歴史研究の対象として真正面に掲げ，経営史（Business History）という独自の学問領域を主張したのはグラース（Norman S. B. Gras）であり，また彼のもと，ハーヴァード大学経営大学院に集まった研究者たちであったが，その源流を厳密に辿ればドイツ歴史学派にまで遡ることができる．

　イギリス古典派経済学をもって経済の一般理論とする主張に対して，19世紀ドイツでは，やにわに古典派理論をすべての国民経済に持ち込むことへの疑念が表明され，ことにリスト（Friedrich List）に始まるドイツ歴史学派は，イギリス経済体制とは異なったドイツ国民経済の独自性と，それをもたらした個別的歴史的事情の重要性を主張した．この個別性を重視する歴史観はシュモラー（Gustav von Schmoller）において頂点に達したのだが，その潮流のなかで，エーレンベルク（Richard Ehrenberg）の *Das Zeitalter der Fugger* (1896) や *Die*

Unternehmungen der Brüder Siemens (1906) をはじめとして，優れた個別企業研究が生み出された．これらは歴史研究の新領域として注目を集めるとともに，個別企業の歴史を通して国民経済の歴史を見通すという研究視角を提供した点で，歴史研究にとって重要な意義を持つものであった．

　この歴史学派の影響を受け，シュモラーに傾倒しエーレンベルクに学んだイギリスのアンウィン (George Unwin) は，個別企業経営発達史の研究方法を持ち帰り，産業革命期の先駆的綿業企業の発達史を経営資料に基づいて分析した *Samuel Oldknow and the Arkwrights* (1924) を世に問うて，産業革命史研究の水準を飛躍的に引き上げた．アンウィンが伝えた個別企業発達史研究は，イギリスの学界に大きな影響を与え，ロウル (Erich Roll) は蒸気機関製造業として産業革命の駆動力となったボウルトン=ウォット商会の膨大な営業文書を分析して *An Early Experiment in Industrial Organisation* (1930) を，またレッドフォード (Arthur Redford) は *Manchester Merchants and Foreign Trade* (1934) を，アシュトン (Thomas S. Ashton) は *An Eighteenth-Century Industrialist, Peter Stubs of Warrington* (1939) を著すなど，産業革命期個別企業研究が1930年代に矢継ぎ早に登場した．

　（2）経　営　史

　ヨーロッパにおけるこのような研究の新潮流をアメリカに持ち込んだのが，現在のいわゆる経営史の鼻祖グラースであった．元来イギリス経済史研究から出発したグラースは，アンウィンとエーレンベルクに強い関心を懐き，さらに進んで，個別企業の経営発達史研究は経済史学とは別個の研究領域であることを主張し，これを経営史学 (Business History) と称した．グラースの見解は，経営史学とは過去における企業体の管理に関する研究であり，研究対象は個別企業の内部構造と経営管理の歴史に限定されるとし，それ故，研究には経営学の知識と分析手法を取り入れるというもので，これらの点で経済史とは一線を画している．この研究によってグラース経営史の目指すところは，「企業の経営政策の歴史的発展の主流と経営管理の主な結果」を発見し，この主流に対応させて資本主義の発達を理解し説明するとともに，その知識をもって，現実の企業活動の将来の指針として役立てようということにあった．そこで彼は，論文 "Business History" (*Economic History Review*, 1934)，"Why Study Business

History?" (*Canadian Journal of Economic and Political Science*, 1938) など開拓者
的活動によって新しい学問領域としての認知を得る努力を行う一方，*Business
and Capitalism : An Introduction to Business History* (1939) を著して，一つの学
問体系を示した.

　ところで，グラースはハーヴァード大学経営大学院において初の経営史講座
を 1927 年に開講し，これは経営史教育の嚆矢となるとともに，同大学院を中
心に経営史研究が盛んとなる契機ともなった. これに先立って，同大学院長ド
ナム (Wallace B. Donham) は，経営者を養成するためには過去における企業の
経験を体系的に教育すべきであるとの意見を有していた. 彼はそのための研究
振興を目的として，実業界の賛同を得て経営史協会 (Business Historical Socie-
ty) を 1925 年に設立し，続いて大学院教育充実の一環として，経営史講座を
1927 年に設け，グラースを招聘したのであった.

　グラースと彼の後継者ラースン (Henrietta M. Larson) を中心に，やがて一
大研究者集団が形成され，企業の経営内資料を駆使した個別企業発達史もしく
は経営者分析を目指して精力的に研究が進められた結果，ハーヴァード経営史
叢書 (Harvard Studies in Business History) をはじめとした，膨大な事例研究
(case study) を生み出すことになった. その成果はラースンが編纂した文献解
題目録 *Guide to Business History* (1948) に示されている.

　グラース流の個別事例研究は，短期間のうちに優れた業績を多数生み出すこ
とになった. だが，膨大な個別研究を集積して，そこから如何に経営政策の主
流を読み出し，歴史学の一翼として体系化を行うかということになると，個別
研究を進めれば進めるほど研究対象はますます増加し，研究課題は収斂するど
ころか発散に向かい，当初目指していた体系化ないし一般理論化は困難になる
という問題が生じた. そしてまさにその点で，研究方法論上の批判が生まれた
のである.

　(3)　企 業 者 史

　経済発展における個別企業の重要性について，グラース流経営史とは別の視
角からも問題が提起され，同じハーヴァード大学を拠点に，両者が併存し論争
した. その理論的出発点はシュムペータ (Joseph A. Schumpeter) にある. 周知
のごとく彼は渡米以前から均衡理論をもって著名であったが，同時にドイツ歴

史学派の影響をも受け，企業活動と経済発展の関係について考察を加えていた．1912 年に刊行された *Theorie der wirtschaftlichen Entwicklung* において，彼は，経済の発展，すなわち一つの均衡状態から次のより高度な均衡状態に経済が展開する引き金を「新結合」(neue Kombination) に求め，いわゆる「革新」(innovation) の概念を創案した．そしてこの革新行動の担い手は個別企業であり，とくにその指揮者たる経営者であるとして，経済発展に対する個別企業の位置づけと経営者の役割認定を試みた．

　シュムペータはその後 1928 年刊行の『国家学辞典』に大項目 "Unternehmer" を執筆しているが，彼がハーヴァード大学に移って後は，革新の遂行という特別の役割を果たす経営者に関心をもつ研究者がシュムペータのまわりに集い始めた．とくに 1947 年に発表した "The Creative Response in Economic History" (*Journal of Economic History*, Vol. 7) は，周辺の研究者に大きな影響を与え，経営史学に対して新しい問題提起をしたのである．すなわち，シュムペータはこの論文において，新結合の遂行という創造的行為の担い手を，経営者一般とは区別して，創造機能の担当者という意味でとくに「企業者」(Entrepreneur) なる新概念で捉え，その機能が発揮される過程の経営行動を企業者活動 (Entrepreneurship) として，日常的経営行動から区別した．この区別によって，経済発展の観点から個別企業を取り扱う場合，分析の焦点をまず企業者ないし企業者活動にあて，その機能と活動の歴史的変化を解明すべしと主張されたのである．

　シュムペータの思考を受け継いだ研究者たちは，コウル (Arthur H. Cole) を中心に，企業者史研究センター (Research Center in Entrepreneurial History) に拠って，企業経営行動の歴史を企業者活動の視点から分析するとともに，企業者活動の本質を一般理論として展開しようと努力した．彼らは既存の経営史学と一線を画して，自らの研究視点と方法をもって新しい歴史学，すなわち企業者史学 (Entrepreneurial History) を唱えた．その一般理論の構築を目指す研究努力の概略は，コウルの *Business Enterprise in its Social Setting* (1959) に取りまとめられている．

　個別企業の経営行動を主たる分析対象とする歴史研究の方法として，以上見てきたように，経営史学と企業者史学という二つの考え方がある．前者は企業

の経営管理行動と組織に主たる関心があり，経営学に親近性が強いと言ってよい．これに対して後者は，歴史的発展との関連でとらえた経営者自身の役割機能に関心の中心があり，経済学と経営学の中間領域を開拓しようとする．しかしこの両者は，歴史方法論として代替関係にあるわけではない．むしろ，両者は研究課題に応じて選ばれる補完的立場にあり，いずれか一方で企業経営行動の歴史を解明し尽し得るものではない．

（4）　戦 後 経 験

　経営史学と企業者史学は以上のごとく展開を見たのだが，さらに第二次大戦後のアメリカの特殊な経験が，経営史および企業者史研究に大きな刺激を与え，またこれらの学問領域に脚光を浴びさせることにもなった．その経験とは，アメリカが自由主義圏諸国に経済復興援助を行った際，計算された復興計画と実際の復興とが誤差の範囲とはなし得ない差異を示し，とくにイタリアやフランスなど先進国と看做される国においてさえ，アメリカの予期したものとは異なった復興をしたという事実である．

　投資と産出のアメリカ的尺度がヨーロッパの先進国にさえ必ずしも当てはまらないことに直面して，その原因を経済主体の経営行動の差異に求め，さらに進んで地域による経営行動の類型化が試みられるに及んだことは，当然の発想であったと言えよう．この結果，現状の政策と効果に関する問題関心は，こうした類型的差異を生み出す原因を追究して，それぞれの国や地域の歴史的文化的条件にまで遡るに至ったのである．ランデス (David S. Landes) が 1949 年に発表した論文 "French Entrepreneurship and Industrial Growth in the Nineteenth Century" (*Journal of Economic History*, 1949) をはじめ，William N. Parker, "Entrepreneurship, Industrial Organization, and Economic Growth : A German Example" (*Journal of Economic History*, 1954) など先進国についての研究が相次いで現われたほか，経済的に後進の諸国を対象として，ガーシェンクロン (Alexander Gerschenkron) は開拓的な論文 "Economic Backwardness in Historical Perspective" (B. Hoselitz, ed., *The Progress of Underdeveloped Countries*, 1952) を発表した．

　このようにして，経済活動の担い手たる企業の経営行動と，その指揮者たる経営者を分析対象として，歴史的国際比較を試みることの重要性が認識された．

そしてこの面からも，経営史ないし企業者史研究に役割が期待されることになったのである．

第2節　基礎概念

1.　経営主体

　経営史学の主たる研究対象は企業経営行動であるが，その基礎をなす構成要素は，企業という一つの組織を形成して経営活動を展開し，あるいはそれに参加する人間そのものであることは言うまでもなく，これを経営主体と呼ぶことにする．もちろん，次項で述べるように，企業が成立するためには，その物質的基礎として資本が必要であるが，資本は企業に係わる人的構成要素全員と結びついて初めて資本としての機能を発揮し得る．資本を資本として機能させるのは人間自身であって，この人間の主体的条件を抜きにして企業経営行動を分析することは不可能である．

　経営主体としての人間は，企業経営行動について，それぞれ独自の目的や規範を有しており，それに基づいて，経営行動に必要な物的基礎に結びつきを求めているという点に，まず着目する必要があろう．経済学的に言うならば，資本の論理としては利潤の獲得が企業経営の不可欠にして最重要目的であり，これを満足させない場合には，経営行動は意味がない．しかし，経営主体の立場から見れば，彼らは資本の目的を理解し，それを経営行動の制約条件とは認識するであろうが，経営者にせよ労働者にせよ，また出資者にせよ，資本の論理とは別個独自の目的，動機，意欲をもって，一つの企業組織を形成し，経営行動を展開しているのである．

　たとえばイギリス産業革命期の工場経営者は，自分が発明した技術や製品を実用化すること自体に意欲を燃やした職人であった．また19世紀アメリカの経済発展の牽引車的役割を果たした鉄道業を見ると，鉄道建設に対しては連邦政府が奨励策を講じたこともあるとはいえ，基本的に重要な問題は，広大な大陸に鉄道を建設することそれ自体が活動目的であり意欲の対象であるような人物がいたことであった．こうした人物を活動に駆り立てたものが，単なる営利でもなければ，勤労の精神でもなく，個々人の主体的な意欲であり動機であり

図1-1　企業経営体の4要素

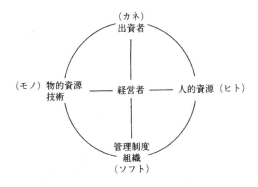

非営利的目的であったことに留意する必要がある.

2.　企業経営体

　経営主体が企業経営行動を展開する場合の単位組織が企業経営体＝企業である. 企業経営体は, 一定の資本を物質的基礎としつつ, 経営主体の特定の目的を実現することを目指して, 特定の技術, 制度, 規律, 命令系統を備えた人的組織をもって, 有目的的, 組織的かつ持続的に活動する単位組織であると規定すれば, 一層厳密かつ具体的であろう.

　経営者が経営目的実現のために組織する経営要素は, 単純化して言えば, ヒト (単に生産現場の労働力だけではなく, 管理, 運営に係わる全ての人的資源を含む), モノ (経営活動のための物的資源とその運用に係わる技術, 知識), カネ (ヒトとモノを獲得し運用するための資金), ソフト (ヒト, モノ, カネを組み合わせ, 組織として運用するための技術, 知識) からなる. 経営者はこれらの要素の組み合わせ方を決め, 運用組織を定めて指揮をとる. この仕組みを簡単に図示すれば図1-1のようになる.

　経営者は企業経営の4要素の言わば重心にいる. 企業活動は具体的には特定の社会＝経営環境のなかで展開されるが, 経営者が技術も資金もすべて自分で持っている場合を別とすれば, カネにせよモノにせよ企業の外部＝経営環境から獲得しなければならないし, 製品はすべて外部に販売しなければならない.

図1-2　経営要素の相関

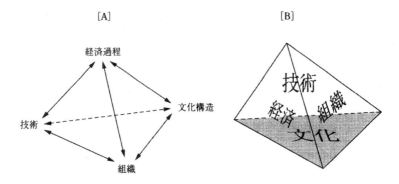

　この点を経営者を中心に考えれば，彼はヒトの世界，モノの世界，カネの世界，そしてソフト（組織）の世界を自分の企業に結びつけている．

　ところで，この4要素は，個別的にばらばらに経営者に結びついているのではない．以下に順次述べるように，それは相互に密接に影響しあう関係にあり，しかも，そのどれ一つが欠けても，企業の構造はそもそも成り立たなくなってしまう．その相関を，4要素の制約因子としてヒト＝文化構造，モノ＝技術，カネ＝経済過程，ソフト＝組織に代表させて，示したものが図1-2［A］である．

　だが，企業活動はそもそも人間の活動である以上，4要素のなかで最も基底的なものは文化構造であろう．そこで，この相関は，人間社会の根本をなす文化構造を基底として，その上に経済も組織も技術も組み立てられていると考えれば，図1-2［B］のように画くこともできる．

　企業経営体を「人」の組織の面から見れば，基本的構成員は資本所有者，経営者，労働者の三者だが，この人々は，企業経営体の目的に沿って，日常活動に必要な制度や規律を自発的に作り，また就業規則などを文章化し，それを互いに認めあっている．経営者はこの制度や規律を運用し，組織を維持する責任を負っており，そのための日常的管理行動が経営管理である．歴史的に見れば，経営管理は，管理技術たとえば成行き管理から科学的管理へ，管理形態たとえば親方職人的全部管理から専門職による分権管理へ，管理組織たとえば職能部制から事業部制へというように，企業経営体の発達に伴って，企業内の「人」と「人」の制度的結びつき方のさまざまな形態を生み出してきた．

　経営主体の有目的的行動は，彼が活用できる資本，技術，組織をはじめ，経営環境の諸要因など，経営の客観的諸条件と，そのそれぞれが有する因果関連によって制約されるものであることは，改めて指摘するまでもない．しかし同時に，経営主体は，彼の活動目的に沿ってこれら客観的諸条件を編成し直し，改変し，また時にまったく新しい条件を創出し，さらには，たとえば技術革新で登場した新産業が在来産業に取って代わる場合のように，旧来の諸条件や因果関連を破壊し葬り去るなど，意識的に働きかけることも事実である．企業経営体の形成をめぐって，以上に述べた経営主体と経営の客観的諸条件との相互規定性には，十分注意を払うべきである．

3.　経営形態

　企業経営体をその物質的基礎たる資本の側面から捉えるならば，それは抽象的には貨幣的組織であり，この組織の活動目的は利潤の獲得であり，そのための付加価値の生産である．この観点に立つと，企業経営体が物的人的経営要素をどのように編成して，付加価値の生産に努力してきたか，その編成形態の発達が問題となる．企業経営体の組織をこのようなものとして理解したとき，この編成形態を経営形態と呼ぶ．

　経営形態の側面から見た企業経営体の歴史は，一つは歴史上まったく新しい製品や技術を作り出すための努力の歴史であり，他の一つは在来の製品なり技術について，付加価値を増産する努力の歴史に他ならなかった．前者について言えば，たとえばイギリス産業革命期にボウルトン＝ウォット商会は蒸気機関製造のために一貫生産専門工場を作った．この場合，当時の技術的環境のもとでは，主要全部品を集中一貫生産することが，高精度のウォット式蒸気機関を量産するために必要不可欠だったのである．そしてこれによって，ボウルトン＝ウォット商会は工場制生産体制を持った近代機械工業の嚆矢となった．

　後者，すなわち付加価値の増産については，歴史的に問題はさらに二つに分けられる．その第一は，生産技術は所与のものとして，労働時間の延長もしくは労働の強化によって，単位期間内に生産される付加価値の総量を増大させようという指向である．たとえば19世紀前半イギリスの綿工業に見られた児童長時間就業や，20世紀前半アメリカの自動車工業におけるコンベア・システ

ム導入による労働強化，さらには現代のいわゆる近代化された事務職場における精神的過重労働など，この問題は姿態を変えつつ続いている．

　第二は，機械をはじめとする生産方法の改善によって，労働生産性の上昇を図り，単位期間あたりの付加価値生産量を増加しようとする指向である．労働生産性の上昇に焦点を限れば，歴史的には，手工業，マニュファクチャー，機械に基づく工場制工業といった大まかな発展傾向を辿ったことは，周知のとおりである．

　この点をもう一歩立ち入って見るならば，たとえば紡績機の場合，産業革命以前の手紡車では，1 人の労働者が一度に紡げる糸は 1 本であった．これに対して，産業革命初期に登場したジェニイ紡績機 (Jenny) は，1 人で同時に 8 本の糸を紡げた．紡錘の回転速度を考慮しないでも，労働生産性は 8 倍である．20 世紀後半の主力紡績機たるリング紡績機 (Ring Frame) は 1 台の機械に標準400 錘を装備しており，熟練した紡績工は 1 人でこの機械を 8 台から 10 台担当できる．紡錘の回転速度も，日本の紡績業の例で見ると，第二次大戦後に 1分間 7,000 回転程度であったものが，1960 年代には 30,000 回転に上昇している．そればかりか，たとえば 1962 年に稼働した東洋紡績の連続自動紡績システム (CAS) のように，生産体系全体の連続自動化の工夫が進み，現場作業要員の数は極度に減少した．

　以上のごとく，付加価値増産の工夫は機械を発達させ，その利用方法は単純な工場制度から自動化工場に至り，そして現在では，一部の産業では工場の無人化を実現している．このような生産技術の変化は，企業経営体の内部で経営資源の組み合わせ配賦の仕方が変化したことを意味している．

4.　企 業 形 態

　企業経営体を資本の側面から捉える場合，経営形態の問題とは別に，資本の形成のされ方が問題となる．すなわち，一つの単位組織としての企業経営体の基礎をなす資本は，個人または多数の個人，さらには他の企業経営体などが拠出する資金によって構成されているが，この出資を媒介として経営主体は経営形態の問題とはまったく異なった活動の局面を展開している．そこで，企業経営体内で資金所有者どうしが相互にどのような関係を取り結び，一つの単位組

織の物質的基礎を作っているのか，この点から企業経営体を捉える概念が企業
形態である．

　企業形態は，第一義的には企業経営体の内部における資金所有者間の結合関
係を問題とし，したがって，たとえば個人企業，合名会社，株式会社といった
出資形式の発達が，この側面の問題として取り上げられる．この場合，単一組
織内での出資者の結合関係は，合名会社にあっては出資者全員が平等な権利義
務を有していたのに対し，株式会社においては権利が出資額に比例し，出資者
間に支配，被支配の力関係が生じるという問題もある．

　このような出資者すなわち資本所有者間の結合関係ないし支配関係という問
題は，単一の企業経営体内部の現象にとどまるものではない．企業経営体を資
本の側面から捉えた場合，一つの企業経営体と他の企業経営体との間にも，資
本と資本との関係，その所有者間の関係として理解さるべき独特の結合関係が
作り出されてきた．たとえば競争制限を目指した企業間組織として，カルテル
は対等参加を特徴とし，これに対してトラストにあっては，支配する立場の企
業と支配される立場の企業とが結合しているところに特徴があるというがごと
くである．

　このようにして，企業形態という概念は，資本所有者が相互に取り結ぶ独特
の関係と活動形態を，企業経営体の内部問題としてのみでなく，一つの企業と
他の企業との間の問題にまで拡大して，取り扱うことができるわけである．

5.　企業経営体の継続性と寿命

　企業経営体は特定の目的をもって継続的活動を行うが，企業経営体自身は，
先に述べたように，一面において資本を基盤とした価値の組織であり，他面に
おいて経営主体すなわち人間の組織である．この組織の二面性に対応して，企
業経営体の継続性[1]も二つの面を有する．

　企業経営体を価値組織の面から捉える場合には，その継続性は資産ないしそ
の価格の継続的維持を意味する．これに対して人間組織の面から捉える場合に

---

1)　企業の継続性を歴史理論として取り上げた研究としては，Arthur H. Cole, "A Note on
Continuity of Enterprise", *Business History Review,* Vol. 35, No. 1 がある．

は，経営主体が特定目的に向かって日々遂行する経営行動自体の累積的継続を意味する．そこで価値組織の継続性だけを考えれば，人間組織の累積的な行動の継続性は欠如して，次から次へと別種の活動を継ぎ合わせることによっても，価値組織の価格は維持可能である．これに対して人間組織の継続性については，同じ内容の経営行動が連続し累積していることが問題なのである．企業経営体においては，現実にはこの二つの継続性が併存していると考えられる．

　ところで，企業資産の実態を考えると，産業革命期以降，機械や工場など増大する固定資産の取得に一旦充当された資金は，流動性を失って，長期間企業内にとどまり，投下元本を回収し終わるまで，その固定資産の継続的運用を求めざるを得なくなった．その限りで，価値組織が継続性を維持するために，人間組織の経営行動の累積的継続性を要求することになったのである．かくて産業革命期以降の近代的企業経営体においては，二つの継続性が緊密に結び付いている．しかし同時に，しばしば不採算事業からの撤退が行われるごとく，価値組織の継続性と人間組織の継続性との間には離反が生じ得る可能性が常にあることに留意すべきであり，いわゆる企業の再構築（restructuring）も継続性の二面的性格から捉えるべき現象と言えよう．

　企業経営体は，個別的かつ発生史的に見れば，そもそも経営主体，ことに経営者個人の経営目的と個人の能力および資産を基礎として創始されたものである．したがって経営者の累積的経営行動が続く限り，企業経営体は存続し得る．けれども経営者の経営行動の継続性は，最大限でも彼の寿命によって制約されており，企業経営体の寿命も，原理的に考えれば，経営者個人の寿命に制約されて，それ以上の継続性を有しない．しかしこの制約は，価値組織として捉えた企業経営体が人間の寿命を超えて継続する可能性を有することに対して，不都合であろう．ことに産業革命期以降，個人経営で工場制生産を目指して投資をし，あるいは市場開拓をし，さらには大きな暖簾を確立したにもかかわらず，それが経営者の寿命とともに消滅してしまった事例が少なくない．

　そこで，経営者の寿命を超えて企業経営体の継続性を維持するために，価値組織としての企業経営体を擬人化し，法人格を与えることによって，人間の寿命の限界を突破することが考え出された．企業経営体のいわゆる法人化（incorporation）がそれであり，具体的には会社組織の設立である．もちろん

広義での会社組織としては，株式会社のほか合名会社，合資会社という企業形態が 17 世紀以前から知られており，19 世紀に至ってもこれらの会社形態は併存していた．しかし三形態のなかで合名会社および合資会社については，中心となる経営者は同時に最大の資本所有者であり，しかも出資者としては無限責任を負っている．そして彼の寿命とともに出資は引き揚げられ，企業そのものは解散せざるを得ないのである．幸いに後継の経営者が存在する場合にも，新経営者が出資をもって参加し，彼のもとで組織を再編成し，新しい法人格の企業経営体として発足することになる．したがって，企業経営体としての継続性は建前上存在しないわけである．

　株式会社形態にあっては，資本所有と経営とが形式上分離しているので，企業経営体の存続は経営者の寿命によって左右されることがない．それゆえ企業経営体の継続性を獲得する方法として株式会社を重視すべきなのである．株式会社制度が企業経営体に広く利用され始めるのは，ドイツが最も早く 19 世紀半ば以前からであり，イギリスでは 1870 年代以降のことである．しかし株式会社制度を採用しても，企業経営体の継続性が保証されるわけではない．ある調査[2] によれば，イギリスで 1865 年に存在した株式会社のうち 579 社は製造業に属するものであったが，そのなかで 1880 年に存続していたものは 238 社に過ぎず，1901 年には 102 社にとどまった．また，1856 年から 1865 年の間に設立登記された株式会社は合計 4,839 社に達したが，このなかで 1929 年まで継続したものは 350 社に過ぎなかった．この数字は，企業経営体が継続性を維持することの困難さを端的に示している．

6.　企業の競争力と企業システムおよび企業間関係

　企業は特定の社会＝経営環境のもとで経営活動を展開する．そこには当然同業種や異業種の多数の企業が活動しているので，企業間に競争の問題と企業間関係の問題が生ずる．そしてこれらを巡って企業は経営活動の工夫を重ねることになる．

---

2)　H. A. Shannon, "The First Five Thousand Limited Companies and their Duration", *Economic History*, Vol. 2, No. 7. 1856 年から 1865 年の間にロンドンに設立登記された株式会社 4,839 社について，1928 年までの存続状況と解散理由を調査した研究.

　同業企業の競争によって，誰でも知っているように，優勝劣敗の淘汰が行われる．この場合，企業の競争力とは何であろうか．競争力は，言うまでもなく，企業間の競争に勝ち抜いて企業の寿命を維持し続ける根源の力であるが，企業活動に一歩近づいて考えれば，それは単に商品の価格あるいは品質において優位に立つ力があるか劣るかのことではなく，さまざまの内容を持っている．やや具体的に言うならば，従来にない新商品，社会から希求されていた問題解決商品，信頼性が極めて高い商品などの提供，需要開発，さらには需要に即応する大量供給，費用削減，特許防衛，情報収集と経営行動の高速化，販売方法や資金調達の工夫，こうした質，量，迅速性の面で，企業は技術開発をはじめ，さまざまな工夫を重ねており，それが競争力の内容をなしている．

　企業は市場における競争の場に曝されて，否応なしに競争力を鍛えなければならなかったのである．

　けれども企業は市場でただ競争するだけではない．競争企業の間においてさえ，目的はさまざまだが，時に協力する関係もある．それはたとえば談合やカルテルのような場合であり，また激烈な競争をしている国際航空会社が，互いに相手国の空港では，競争相手企業に整備や地上サービスを委託するというような場合である．

　これに対して，異業種の企業のあいだでは，互いに自社の経営活動のために他社の活動を必要とし，協力共存する連鎖が作り出される場合もある．たとえば戦前，インドからの棉花輸入に際して，イギリスを中心とする航路同盟が要求する高い運賃に困った大阪紡績，鐘淵紡績など日本の紡績会社が，日本郵船にその積荷を保証し，日本郵船は安定荷主を得て定期配船するとともに，見返りに運賃の割り戻しを実施した．この結果，紡績会社は安い運賃で棉花を安定的に確保できることになり，日本郵船は厳しい航路同盟の国際海運に定期航路を開設し，維持することができた．こうして紡績会社と海運会社が互いに協力共存の仕組みを作り出していた．

　このような協力と競争，あるいは協力と共存という企業間の関係は，一回限りの臨時的なものであるよりは，多くの場合，ある程度安定的に維持される経営活動の仕組みとなっている．ところで，この企業間関係の構築は，単に当事者間の相互利益があるからだけではなく，経営者のあいだの相互信頼があって

初めて成立することに注意すべきであろう．上に述べた日本の紡績会社と日本
郵船の場合は，その後日本郵船が他の有利な航路を差し置いてでもボンベイ航
路を維持したことに，両経営者間の厚い信頼関係がよく表われている．

　企業間の関係を取り結ぶ要は，言うまでもなく，意思決定権を持つ双方の経
営者であるが，両当事者は，場合によってまったく別人であり，また場合に
よっては同一人物が兼任取締役という形で双方の経営に係わって橋渡しをして
おり，さらには大株主の意向が働いていることもあろう[3]．いずれにせよ，経
営者の信頼関係あるいは人脈を媒介にして，ここに作り出される企業と企業の
間の緊密な関係は，企業組織の外に伸びた，企業そのものの組織とは区別され
る，しかし企業活動の恒常的仕組みの一部を形成しているという意味で，企業
システムと呼んでよい．企業がどのような企業システムを構築しているか，そ
れも企業の競争力の一つの要素として重視する必要がある．

　もちろん企業間の関係には，親会社・子会社，統合経営，独占体の形成の場
合に見られるように，出資関係で一方が他方を支配したり，あるいは完全に合
体してしまったり，さらには金融機関が出資や融資を土台に役員を派遣して，
多数の企業を束ねるなど，さまざまな技術が歴史上開発されてきた．そうした
言わば「力」による関係構築は，本質的に支配の関係であり，ここに言う企業
システムあるいは企業間関係とは概念的に別ものである．

7.　文 化 構 造

　企業経営体は経営者，労働者，出資者から成る人間組織たる側面を有し，こ
の企業経営体が行動する経営環境もまた，人間が構成要素となった特定の市場
または社会である．ところが経営主体および市場の主体としての人間の思考様
式や行動規範は，企業経営行動という局面にのみ限定しても，時代と地域を異
にするにつれて異なり，そのことが企業経営行動の時代的，地域的特徴を生じ
させる基盤となっている．この差異は，単に経済的要因によってもたらされる
ものではなく，それ以外のさまざまな要因，概括して言えば文化的ならびに自

---

　3)　このような企業と企業の関係の取り扱い方については John Scott and Catherine Griff,
　Directors of Industry. The British Corporate Network 1904-1976, （1984）を参照せよ.

然的要因がそこに関与し，制約条件をなしていると考えられる．

　文化的要因としては価値観，倫理観，生活目標，職業観，これらを作り出す教育，宗教，社会制度，政治状況などが考えられようし，また自然的要因としては気候，地勢，資源などが考えられよう．これら一つ一つはそれぞれ独立の要因であり独自の構造を持つものである．けれども社会全体として見ると，これら諸要因が相互に関係しあいつつ，社会構成員の思考様式と行動規範の枠組みを作り出している．この枠組みは「文化構造」[4]と呼ばれるが，それはそれぞれの地域における長い歴史過程を経て形成されるものであって，一朝一夕にして変わるものではない．しかも問題は経営主体の思考と行動に係わるものであるがゆえに，文化構造的分析が経営史研究に要請されるわけである．

8. 技　　　術

　企業経営体の成立は特定の技術を前提としており，技術なくして経営活動はあり得ない．したがって技術は経営形態および企業形態の規定要因である．さらに，経営者が特定技術を前提に経営形態を構築する以上，技術はその経営形態における企業経営行動を維持するための経営管理の前提条件ともなる．しかし技術を，企業経営体にとって単に所与の外的条件とのみ看做してはならない．企業の用いる技術は，文字通り所与既存のものである場合が多いことは事実だが，他方，経営主体が何らかの目的で発明工夫した技術を企業化した場合もあるし，経営の必要に迫られて新技術を開発し実用化した場合も少なくない．その意味で，技術は企業経営体が自ら創出する構成要因である．しかも技術は，企業において実際に用いられることによって，初めて現実的意味を持ち，企業に用いられない技術は技術として存在し得ないのであるから，その限りで企業が技術の制約要因となるわけである．

　ところで，技術は企業の有する経済的条件と相関を有しており，たとえば競

4)　文化構造という概念については，その重要性を最初に主張した中川敬一郎氏の論文を参照すべきであるが，とくに『比較経営史序説』第一章「経営史学の課題」および第二章「経済発展と企業者活動」を見よ．なお文化「構造」という語は中川氏の創出によるもので，アメリカでは構造とは捉えず，単に「要因」(cultural factor) と捉えている．たとえば，Thomas C. Cochran, "Cultural Factors in Economic Growth", *The Journal of Economic History*, Vol. 20, No. 4 を見よ．

争という経済的必要が技術開発の誘因ともなれば，逆に技術の失敗が企業を危
機に陥れもする．新技術を開発するために大きな資金調達を迫られることもあ
ろうし，資金の制約ゆえに技術開発ができないこともある．経営効率を重視す
るあまり技術開発投資に消極的となり，そのことが技術水準の低迷を引き起こ
し，結果として競争力を失い，企業の存立そのものが危ぶまれるに至ることも
稀ではない．たとえば第二次大戦後のアメリカ鉄鋼業の歴史は，この悪循環を
辿った．

　技術は企業経営体の組織の問題とも相関を有する．どのような技術を用いる
かによって経営形態が左右されるばかりか，企業形態も技術と無縁ではあり得
ない．たとえば工場制生産のために大規模投資が必要となり，その資金を調達
するために株式会社組織によって外部資金を集めるということが，しばしばあ
る．1870 年代イギリス紡績業界において株式会社設立ブームが起こり，いわ
ゆる Oldham Limiteds[5) の出現を見るが，このブームは，技術と企業形態との
相関を示す一例と言えるであろう．また逆に組織の側の要因が技術に働きかけ
もするし，制約を課しもする．たとえばイギリスの紡績企業が 19 世紀の新技
術たるリング紡績機の採用に慎重であった一因は，リングの導入が既存の業界
組織の改変を要する点にあったと考えられており，この組織面の事情もリング
導入に対する制約条件として作用した．

　文化構造と技術との間にも相関がある．新しい技術の出現によって人々の価
値観が変えられ，やがて生活目標や生活様式の変化にまで至ることは，歴史上
しばしば例を見る．たとえば 19 世紀アメリカで，労働力不足への対応策とし
て開発されたさまざまの機械とその利用方法が，やがて画一的商品の大量生産
大量販売を通して，画一的消費生活で満足するアメリカ的消費生活，ヨーロッ
パと異なって大きいことはいいことだと考える価値観を生み出したのである．
文化構造の側から見るならば，たとえば金利生活者に代表されるような安定指
向の経営主体もしくは社会は，既存の技術，組織，制度を改変するような新技
術に否定的態度をとるであろうし，発展途上国のように工業化を国民的政治的

---

5)　イギリス綿業都市オウルダムで，熱狂的に設立された株式会社制紡績企業群の総称．日
　　高千景『イギリス綿業衰退の構図』を見よ．

目標として認めている場合には，先進国もしくは先進技術に追いつくことが良いことであるとされ，果敢な技術導入が行われる．

　ところで，抽象的に考えれば，技術は人間が素手では成し得ないことを可能ならしめ，あるいは従来よりも一層容易にできるようにする方法と知識の体系であるが，人間の欲求や必要の多様性に対応して，個々的に技術は多様である．しかもそのそれぞれが独自の論理性を備えており，この論理的合理性は技術相互に相容れない場合もあり，また企業の欲求と一致するとは限らない．けれども，個々の技術の具体的担い手たる企業から見れば，技術の発達は経営拡大と競争力強化の基礎を固め，企業機会の拡大をもたらす要因と考えられた．そしてその技術の発達を梃子とした企業活動は，経済の発展と社会の進歩をもたらすと信じられてきた．この点を経済理論の立場から重視したのがシュムペータであることは先に述べたとおりである．

　このようにして，技術は企業経営体の主要な積極的構成要素である．したがって企業経営体の経営行動を分析するにあたっては，以上に述べてきた経済，組織，文化構造および技術という相関する四つの柱石的観点を踏まえることが，方法論として不可欠である．

9.　経営構想力

　企業の経営行動は経営者の意思決定に基づいて展開される．この意思決定にあたって，企業経営体内部の経営条件はもちろん，経営環境に存在する客観的経営条件のすべてを，経営者はまず知覚して，彼の経営にとってのそれらの意味を認識する．経営者は，こうして認識した客観的諸条件を，彼の動機や目的や理念といった主観的条件と結合して，自分が展開しようと目指す経営行動の見取図を仮に脳裏に画くであろう．この過程は豊富な知識，経験，想像力，判断力，決断力などを必要とするに違いなく，したがって誰にでもできる行為ではないことに注意すべきである．この結果出来上がる見取図と，それを画く行為を経営構想と呼び，また経営構想を行う経営者の特殊な能力を経営構想力[6]

---

　6)　経営構想力という概念とその歴史分析への適用方法については，大河内暁男『経営構想力』が唯一の文献である．

と呼ぶ.

　経営構想を画き上げた経営者は，その構想実現のために，経営要素を組み合わせ，企業経営体の組織を取りまとめ，行動を指揮することになる．その場合，彼が画いた経営構想は，企業経営体が存立するために不可欠の機能たる企業機能 (enterprise function)，すなわち製造，販売，購買，財務の各機能を円滑に遂行できるものでなければならない．いかに素晴らしい構想であっても，これらの機能が果たせない場合には，企業経営体としては存立し得ないことは言うまでもないであろう．したがって経営者の経営構想は企業機能の遂行を柱として展開されることになる.

　ところで，企業機能それぞれは独自の論理と因果関連を持っているので，一つの企業機能について好ましいことが他の機能に好ましくない影響をもたらしたり，利害の相反する事態も起こりかねない．たとえば技術開発投資について生産と財務はしばしば対立する．またたとえば，ナイロン製ハンドバッグが登場したころ，技術＝生産の立場からは純良で丈夫な製品の開発が主張されたが，それは営業＝販売の立場からは必ずしも支持されなかった．こうした対立や不一致は経営構想において克服されていなければならない.

　経営構想力は，以上のごとく，経営の客観的諸条件を経営者の主観的諸条件に結び付けて，企業経営行動の見取図を画き，経営要素をこの目的に沿って目的論的に編成する．この過程で重要なことは，第一に，異なる論理を持ち，必ずしも利害の一致しない企業諸機能と，それぞれ異なった因果性を有する経営要素を一挙に綜合して，一つの目的に適合する経営行動の形を定める点である．重要なことの第二は，この過程に経営者の主観的条件が介在することによって，これまでに行われたことがないという意味で客観化されたことのない経営要素の編成の仕方が，したがって新しい企業経営行動の形が，創造的に考え出される可能性が与えられる点である.

第3節　技術革新

1.　技術の発達の三側面

　企業経営体の活動は技術を柱石的基礎としており，歴史的に見れば，企業経

営体の発達も社会の経済発展も技術の発達と密接に関連している．この関連の仕方は，たとえば産業革命期の紡績機械のように，社会的必要が技術の開発を促し，個別企業がこれに応え，新技術の普及が経済発展をもたらすという場合もあれば，20世紀の電子技術のように，新発明が社会的関心を集めて新しい産業分野が創出されるという形で，経済発展をもたらす場合もある．

　技術の発達は，その内容から見て，質的側面，量的側面そして速度とに分けて考えることができる．質的側面から見た場合には，既存技術について，品質の改善や信頼性，利便性の向上などが，技術開発の重要な課題であることは言うまでもないが，歴史的発展という点を念頭に置けば，従来存在しなかった新しい技術分野を開拓することが中心問題だと考えられる．

　たとえば蒸気機関や真空管の発明などは，その代表的事例であろう．このような新分野の技術が出現したとき，当初はおそらく新技術は技術自体として未だ幼稚であり，欠点も多いに違いないが，しかしそれは新しい知的産物であるという点で技術の発達を意味する．しかもこうした新しい技術分野を切り拓く性質の技術は，場合によっては新種産業の発生をもたらす点が注目される．たとえば蒸気機関の発明は，単に工場制生産を実現させただけでなく，機械工業と鉄道業を，発電機と電動機の開発は電機工業を，内燃機関の発明は自動車工業を，それぞれ発達させる技術的基礎となり，ここから，社会的にきわめて重要な意味を持つことになる新種産業分野が展開された．

　技術発達の量的側面とは，数量と価格の二要素を含みつつ，仕事量を何らかの意味で増加させることである．たとえば生産の効率化を求めて労働生産性を上昇させる技術を開発することや，これまで不可能であったような仕事量を一挙に実現できるようにする技術の発明がこれである．手紡車からジェニー，リング，そして空気精紡機に至る紡績機械の発達は，生産性増大を軸として展開されたと捉えられるし，同様に，ニュウコメン機関，ウォット機関，三段膨脹機関という蒸気機関の発達は，出力増大と熱効率改善という量的課題への取組みとして理解できよう．

　ところで，ある仕事を達成するのにどれだけの時間を要するかという観点から技術を考えると，仕事単位で見ればそれは効率の問題であり，また時間を単位とすれば，一定時間内の仕事量すなわち生産性の問題となる．だが効率とも

生産性とも異なって，仕事達成の速度だけが問題となる場合もある．たとえば金融業者ロスチャイルド（Nathan M. Rothschild）がワーテルロウ戦の情報入手で機先を制し，英国公債の「買い」で大成功を収めたことは，速度が企業経営にとって重要な技術問題であることの古典的事例であろう．

　意思決定が速いか遅いか，製品受注から出荷まで速いか遅いか，あるいは二地点間の輸送が長時間要するか否か，情報の入手や伝達が速いか遅いかというような場合には，必要時間の絶対的長さが問題とされ，速度が速ければ必要時間は無限にゼロに近づく．このような技術の発達は，速度面から，時間の短縮を軸に，輸送手段，通信手段，経営組織，そして情報技術など，さまざまな要素の複合技術として捉えるべきであろう．

　ところで，産業革命以降の技術の発達を顧みると，量，質，速度いずれの面にせよ，重要な新技術が出現すると，その後はこの新技術の改良あるいは応用をめぐって各種の工夫が続き，生産性や効率の向上，あるいは品質の向上が図られ，やがて一連の技術開発の基盤となった最初の新技術としては，もはや進歩の余地がないまでに成熟する，という経過を辿っている．たとえば紡績機械がそうであったし，蒸気機関もそうであった．アニリンを出発点とした合成化学もまた同様である．

　こうして一つの新技術新種産業が発生し，やがて成熟状態に至って，そこでは技術の発達は見られなくなり，産業分野としては停滞に陥る．ここに，技術も生物的寿命があることに注意すべきであろう．そうであるとすれば，技術を活動の基礎とする企業経営体においては，いかなる技術を用いるかということが自己の存否に係わり，特定の一技術にのみ固執するならば，長期的に見た場合，企業存続の展望を失うことになるであろう．たとえば，大馬力の蒸気機関車製造で名を馳せた大企業アメリカン・ロコモーティヴ社（American Locomotive Co.）が，新技術たるディーゼル機関車の出現に対応し得ず，姿を消したことは，未だアメリカ人の記憶するところである．

　以上に述べたような新技術や新産業の創出は，具体的には個別の企業もしくは発明家個人の手によって行われるものだが，新種産業を勃興させて大きな経済的影響をもたらすような新技術は，決して日常茶飯的に開発されてはいない．真に新しい技術の開発は，発明能力を別としても，危険が大きいため，企業の

安全を考えれば安易に着手はできないのである．けれども他方で，他企業との
競争力を維持するためには不断の技術改善が必要である．そこで危険を最小に
しながら，しかも新技術に対応し，それを活用すべく，多くの経営者は，真に
新しい技術が出現してその将来性が判りかけると，その新技術の応用や実用化
に取り組むのである．ペニシリン菌が分離されるや[7]，クロラムフェニコール
を筆頭とする抗生物質が続々と登場し，またトランジスタが発明されるや，ダ
イオードや集積回路が登場し，トランジスタ・ラジオが開発された経緯を見る
ならば，将来性ある新技術が出現したときに，他の企業経営体がとる上述の対
応行動を容易に理解できるであろう．また同時に，たとえばペニシリンやトラ
ンジスタのごとく真に新しい技術を開発することこそが，技術の発達の出発点
であり，新種産業の起点となることも理解できるであろう．

　このような新しい技術の出現は，個人（もしくは企業）の発明をそもそもの
基礎とするのだが，発明とその実用化のためには，おそらく多大の努力，費用，
年月が費やされるであろう．この間の知恵と努力と費用に対して，社会的に報
いるという発想に基づいて，発明者にその成果を一定期間独占的に利用する権
利を保証し，その後は成果を社会に開放しようという制度が，特許制度（ある
いは知的所有権制度）である．特許権の起源は17世紀以前に遡るが，特に産
業革命期以降は，この制度によって，個人も企業も自分の技術的努力の成果を
他人が勝手に利用しないよう守っている．したがって現在では，新技術の発明
開発と特許制度とは表裏一体のものとなっており，企業は特許武装するとさえ
言われる．

2.　発明と技術革新

　新しい技術という場合，それは新発見なり新発明によって，従来存在しな
かった製品なり製法を作り出すことを指し，したがって経営資源の新しい組み
合わせ方を意味する．かかる技術の開発は，単に既存の製品や製法を改良する

---

7)　青かびに抗菌作用を持つ物質（ペニシリン）が含まれていることは1928年にフレミング
　　（Alexander Fleming）により発見された．しかし青かびからペニシリンを分離することが
　　できなかった．その後1939年から1941年にかけて，フローリ（Howard Florey）がペニ
　　シリンの分離に成功し，それとともに化学療法にペニシリンを利用できることが判明した．

にとどまるような技術開発とは異なって，たとえば石油化学技術が既存の有機
化学技術を基礎とする企業に一大衝撃を与えたごとく，在来の技術的基礎を一
新して企業経営行動に大きな変化を引き起こすばかりか，さらには歴史的に新
しい産業分野を提供するという，特別の機能を果たすことになる．そこで，こ
のような特別の技術が開発され，それが企業化される過程を，一般の技術開発
とは区別して，技術革新と呼ぶことにする．経営史研究において技術革新を重
視する所以は，長期的に見た場合，それが総体としての企業経営発展の基礎を
なすからである．

　ところで，技術革新の発端がある特定の個人なり企業による新技術の発明で
あるとしても，この最初の発明者が新技術を実用化し，新技術が潜在的に有す
る可能性のすべてを開拓し，彼一人あるいはただ一社の手で，重要な新産業が
創出されるということは，まずあり得ない．現実には，新技術が結果から見て
重要な技術であればあるほど，最初に新技術が登場して後，さまざまの技術者
や企業がこの新技術について研究し，応用を試みており，その都度，新技術の
可能性の範囲が一歩一歩拡大されてきた．

　この点を，一例として，電子技術の第一世代の担い手たる真空管の場合で見
よう．最初の真空管たる二極管はフレミング（Ambrose Fleming）が 1904 年に
発明した．次いで 1907 年にド・フォリスト（Lee de Forest）が増幅作用のある
三極管を発明し，これによって真空管の技術的基礎が与えられたと言ってよい．
真空管自体はその後機能的には複雑化高性能化大出力化するとともに，管球の
大きさの面からは小型化が目指され，GT 管，エーコン管を経てミニチュア管
の開発にまで至る．この技術開発には GE, RCA, Silvania, Phillips など大企業
を中心に多数の企業が係わった．また真空管の利用技術についても，ラジオか
ら電子計算機に至るまで，これまたさまざまの技術者と企業が開発に寄与した
ことが知られている．

　新技術はこのようにして開発され，利用の範囲を拡大しつつ，一つの技術領
域を作り出す．もちろんいかなる技術も無限の可能性を有するはずがなく，そ
の利用には限界がある．たとえば上述の真空管について見れば，真空状態で熱
電子現象を利用する技術のゆえに，真空管は形状の小型化に物理的限度がある
ほか，発熱と電力消費量に問題があり，用途は真空管自体の特性の面から制約

された．しかしこうした限界に至るまでの間，新技術の発明を出発点として，大小さまざまの利用技術が開発され，それらが全体として一つの新しい技術領域を成すのである．

そこで，技術革新という概念を用いる場合，その内容を最初の新技術開発のみに限定するならば狭義に過ぎ，それは技術開発の実態と乖離してしまうように思われる．むしろ，最初の新技術開発を原点としつつも，その利用可能性について，主要な範囲と方法の開発までを含めて，技術革新と考えるべきであろう．

3.　産業基盤技術の展開と相関

産業革命期以降，企業が用いる産業技術は，技術革新を契機につぎつぎと新しい領域を作り出し，それが企業機会を広げるとともに，企業経営行動を活発化し拡充させる基礎を提供することになった．この技術の発達は，あらゆる技術領域に多かれ少なかれ見られたが，しかしそのなかでも，時代によって，特定の領域に新技術が比較的集中して現われ，それを基盤に新種の産業分野が形成された．

まず出発点としてイギリス産業革命期には，紡績機と織機を中心に繊維工業の新技術が集中的に出現した．ハーグリィヴズ (James Hargreaves) のジェニイ紡績機 (Jenny, 1764～67)，アークライト (Richard Arkwright) の水力紡績機 (Water Frame, 1769)，クランプタン (Samuel Crompton) のミュール紡績機 (Mule, 1774～79)，カートライト (Edmund Cartwright) の力織機 (Power Loom, 1784) などがその第一世代である．その後たとえば自動ミュールなど種々の技術開発が続くが，ともかくこの第一世代の新技術を基礎として，綿工業が急速な発達を遂げ，19世紀イギリスの最重要産業にまで成長したことは周知のとおりである．

繊維工業技術と並んで登場した新技術として重視すべきは，ウォット (James Watt) の蒸気機関 (1776) である．これは当初の開発目的たるポンプよりは，回転原動機として社会的に重視され，工場制度の動力として大活躍することとなった．またこの蒸気機関技術に基づいて，蒸気鉄道や蒸気船が開発され，交通技術の一大変革をもたらした．これと並んで重要な新技術は，ウィル

キンスン (John Wilkinson) の中刳り盤(1774)とモウズレ (Henry Maudslay) の
送り台付旋盤 (1794) に代表される各種の工作機械であり, これによって金属
の正確な切削加工が初めて実現し, 精度の高い機械や蒸気機関を製造できるこ
とになった. 最後に, 機械の素材たる鉄の生産について, コート (Henry Cort)
がパドル法 (puddling-rolling process, 1783) を開発して, 鍛鉄 (錬鉄) の量産
を可能とした.

産業革命期イギリスでは, こうして繊維機械=綿工業, 蒸気機関=原動機,
工作機械という三つの新しい産業分野が新技術に牽引されて出現し, 鉄の量産
技術が素材供給の面から新興産業を支えるという技術の基本構造が作り出され
た.

新技術の開発と新産業の登場において, 産業革命期を第一の高潮期とすれば,
19 世紀後半に次の高潮期を見出す. まず製鉄業において鋼の大量生産技術が
相次いで開発された. ベッシマ (Henry Bessemer) の転炉製鋼法 (1856), ジー
メンス兄弟 (Frederick/William Siemens) の平炉製鋼法 (1856〜57), ウィリア
ム・ジーメンスの電気炉製鋼法 (1879) によって, 技術は鋼の時代に入った.
電気炉製鋼法は, 19 世紀半ばに至り実用期を迎えた新エネルギーたる電力を
精錬に利用する点で, 伝統的精錬方法ときわめて異なる新技術であったほか,
精密な成分調整ができることから特殊鋼の生産を可能とした.

電気を産業的に利用する技術もこの時期に始まった. ヴェルナ・ジーメンス
(Werner von Siemens) の自励発電機 (1866〜67) とグラム (Zénobe T. Gramme)
のグラム型発電機 (1870) の二つの発明によって, 大容量の発電が実現し, こ
のことはただちに電気のさまざまな利用技術を誘発した. 上述の電気製鋼もそ
の一つだが, 照明技術としてヤブロチコフ (P. Jablochkov) がアーク灯 (1876)
を, エディスン (Thomas A. Edison) が炭素フィラメントを用いた白熱灯
(1879) を, それぞれ実用化した.

また 1873 年にグラム型発電機を電動機として利用できることが発見され,
これを契機に電動機の開発が進み, 蒸気機関にやがて取って代わる動力の新分
野が登場した. アメリカでは早くも 1890 年代に工場動力の電化が普及し始め
ている. 電動機の利用は輸送手段にも及び, ヴェルナ・ジーメンスは蒸気鉄道
に代わる新しい乗物として電気鉄道を 1879 年に開発しており, 1884 年には

Frankfurt am Main と Offenbach 間で実用的な電車の営業が開始されている．それから遅れることわずか4年，1888年にアメリカでも Richmond に大規模な市街電車網が出現した．

　電気の利用方法はさらに多岐にわたって開発された．ホール (Charles Hall) とヘル (Paul Héroult) は 1886 年に別個にアルミニウムの直接電解法を発明し，やがて鉄と並ぶ重要素材の量産に途を拓いた．通信も電気利用技術として脚光を浴びた．電池時代のモールス (Samuel Morse) の有線電信を含め，ベル (Alexander Bell) の電話 (1876)，マルコウニ (Guglielmo Marconi) の無線通信 (1894) は，電気通信という新技術領域を開拓した．

　以上のほか，さらに二つの重要な新技術領域がこのころ登場している．その第一は，パーキン (William Perkin) が 1856 年に発明したアニリンおよび 1868 年に発明したアリザリンを先頭とする合成染料の開発と，それを出発点とした合成化学の発展であって，ここからやがて広大な化学工業の技術領域が提供されることになった．

　第二の重要技術は内燃機関の開発である．いわゆるオットー・サイクルに基づく内燃機関の開発に成功したのはドイツのダイムラー (Gottlieb Daimler, 1885) であるが，この内燃機関がただちに馬車に代わる自動車を生み，また航空機を生み，20 世紀の基幹産業を発達させる原点となったことは，人の知るごとくである．

　このように，19 世紀半ば以降，鋼，電気，内燃機関，合成染料など，それまでにない新技術が出現した．19 世紀後半から 20 世紀初めころにかけて，技術開発の重心はこれらの領域にあったと見てよい．そしてこの技術領域に係わる新産業こそが，この時期に最も多様な展開を遂げ，経済発展の起動力ともなったのである．

　産業基盤となるような新しい技術が出現した第三の高潮期は，第二次大戦後の数十年である．新エネルギー源として原子力の商業的利用[8] (1956)，新原

---

8)　原子力を利用した発電技術のなかで，炉の冷却材に炭酸ガスなどガスを用いるガス冷却炉はイギリスが早くから開発し，1956 年にコールダーホール型として第 1 号が完成した．冷却材に軽水を用いる軽水炉はアメリカで開発され，発電所としては 1957 年に第 1 号が完成した．

動機ジェット・エンジン (1930/1941), 電子計算機[9] (1940年代) やトランジスタ (1947) など電子工学技術, 石油化学, ペニシリンを先駆とする抗生物質, ナイロン (1939) と合成ゴム (1941) を先駆とする高分子化合物など, 1940年前後に生まれた新技術が戦後に開花したのである. そして, 原子力技術を別として, 他のいずれも, その後さまざまの利用技術および応用技術の開発を伴いながら, 20世紀の第四・四半期には大きな技術領域を形成し, 各種の新産業がそれを基礎に発展し始めた.

ことに電子計算機と通信技術を結合した情報技術 (いわゆる Information Technology) は, アメリカで開発が進んだ軍用技術から民間用技術に展開するや, その情報量の多さ, 伝達の速さと世界同時性, そして利便性のゆえに, たちまちに業種と地域を超えて, 世界的に経済活動の中核的技術の一つとなった. 情報技術は新たな企業活動の土俵を作り出し, 経営行動と企業組織に大きな変化を起こさせようとしているだけでなく, 消費者行動にも影響し始めている. またこの電子の技術によって可能となった生命科学を基礎にした遺伝子工学の出現は, 遺伝子組替え技術によって, 農林畜産業や食品産業と医療に変革をもたらす可能性が見え始めた. こうしてこれまでの人間の歴史の中で恐らく最大級と言ってもよい幾つかの新技術分野が20世紀の末に登場した.

およそ以上のごとく, 産業革命期から現在までの間に, 新技術と新産業が特定の時期に集中的に登場した. これら新技術は, 単発の出現と言うよりも, むしろ一時期に相互に関連を持ちつつ現われた. たとえば19世紀後半の一群の新技術について見ると, 電気技術の起点となる発電機と電動機は磁性の点で鋼を不可欠としたし, 電気製鋼は大容量電力を不可欠とした. 内燃機関の製造は鋳鋼があって初めて可能であり, 合成化学における高圧反応塔も特殊鋼の使用によって実現可能となったものである. こうして, 新技術は相互扶助的に開発が進められたと言えよう.

---

9) 電子式計算機の前身として, 電磁石と歯車装置を組み合わせた自動計算機たる電気機械式計算機は, 第二次大戦中にドイツおよびアメリカで開発され, ハーヴァード大学のMark-I が知られている. 現在の電子計算機の原型は1947年にペンシルヴァニア大学で完成した ENIAC であるが, プログラムを内部記憶装置に蓄積した機械としてはケムブリッジ大学の EDSAC が最初であり, 商業用の機械としては1951年発表の Univac-I が最も早い.

　これら新技術は，単に新しいのみか，それが起点となって一連の利用技術と応用技術が開発され，一つの新しい技術領域とそれを基盤とする新しい産業分野の形成を導いたという点で，特別に重視さるべきものである．そしてまた，こうした技術革新こそ，長期的に見た場合，経済発展の起動力だと考えて差し支えないであろう．さらに同時に，このような技術革新の具体的担い手という意味で，個別の経営主体および企業経営体の歴史的役割が明示されることになるわけである．

第2章　近代企業の成立と発展

　工場制度とそれに伴う管理運営上の経営技術体系を具備した企業という意味での近代企業の発達は，時代時代の先導的企業がとった企業経営行動の特徴を基準にすると，およそ次のような画期を持っている．すなわち，イギリス産業革命期に工場制生産体制が出現して最初の段階を画して後，19世紀の前半にはアメリカでいわゆる「アメリカ的生産体制」なる大量生産体制が確立して，経営発展の第二段階を迎えた．このころから企業経営行動の先端的活動は，とくに広大な国内市場を背景としたアメリカ企業の展開するところとなり，1880年代前後から大量販売体制を特徴とするアメリカ的大企業の出現を見た．これと併進して，ヨーロッパでもアメリカでも，競争制限を目指す独占体の形成が特徴的行動として現われた．次いで第一次大戦の前後から経営多角化の指向が大企業に出現し，その後の企業経営行動の大きな特徴となった．これをもって第五の段階と看做せよう．

　なお，以上と併進して，19世紀後半から，大企業の一つの特徴的経営行動として，単なる輸出活動を超えた多国籍経営が登場した．そして，それは20世紀末には世界規模経営という形に展開して，一つの段階を画した．

　これら各段階の企業経営行動は，その形成にあたって，いずれもそれに先行する企業が到達している経営の客観的諸条件を前提とし，継承しつつも，先行の企業経営行動には存在しなかった新しい経営要因を持ち込み，新しい行動形態を創出したものである．それは，経営主体ないし企業経営体の立場から言うならば，その都度，未知の世界に突入したことを意味した．それでは，経営主体が，とくに経営者が，従来からの経営行動のあり方を離れて，未知の新しい方向へと軌道を変更したのは，いったい何故なのか．彼は自分の経営行動についていかなる問題や課題を見つけ，どのような見取図を画いて軌道変更を行い，

そして現在に至ったのであろうか.

第1節　産業革命期イギリス経営者の課題と対応

1.　経営者が受け止めた課題

　工場制度は近代企業の生産的基礎をなしているが,マニュファクチャー期の先駆的事例を別として,それが大量現象として登場し,主要産業に共通の基礎となるのは,イギリスが世界史上最も早く,産業革命期,およそ1780年代ころからのことである.ところで産業革命期の企業経営行動の実態は,通例思われているほど明快に判ってはいない.これまでは,産業革命の成果から遡って,これを生み出した企業経営行動を合理的に想像していたに過ぎず,当時の経営者たちが何を考えて行動したのかという経営主体的視点は欠如していたからである.

　工場制生産体制は,端的に言って,18世紀半ばまでの経営者や職人にとって未知の世界であった.機械を用いることが生産の労働を節約し,利益を増加させる効果があるので,結果として経営規模の拡大を期待できるという認識が,当時一部の経営者や識者の間に存在はしていた.しかし経営者が機械を使用しようと考えたとき,彼は,その後に形成されるような工場制生産体制の正確な見取図を,ことの初めから持っていたわけではなかった.たとえば紡績機械の出現経緯について,それは糸不足の解決策として発明されたと通例語られているが,糸不足は元来毛織物工業に生じた問題であって,綿工業の問題ではなかった.しかもジェニイやミュールは工場制度を見通して開発されたものではなく,出現した初期には小規模な生産者のもとに急速に普及したのである.また蒸気機関の場合も,そもそもは炭坑や運河の揚水ポンプとして開発されたものであり,これを水車に代わる原動機として用いるのは1780年代に入ってからのことであった.

　産業革命期の職人や経営者は,彼らの眼前にあったマニュファクチャー期として爛熟した技術,市場,経営環境その他の経営条件を見極めながら,自分の企業経営の行くべき方向を各人各様に探ったであろう.そして鋭く問題を認識した者のみが,新たな可能性を求めて軌道変更をさまざまに考え,そうしたさ

まざまの方向への努力がいわば社会的試行錯誤として累積し，収斂した到達点が，工場制生産体制だったのである．

　さて，産業革命に先立つ18世紀半ばころのイギリス産業界は，手工業技術を基礎としながらも，経営規模においては数十人から数百人もの労働者を集めた大経営が少なからず発達していた．そればかりか初歩的な機械も一部の分野では用いられ，手工業技術に頼る工業経営としては発達の限界に達しているとさえ言える状況にあった．全国的規模で産業部門の地域特化が進行し，これに対応して国内輸送網も急速に拡充整備され，さらにロンドン，ブリストル，リヴァプールなどの外港は世界に向けた貿易港として繁栄していた．

　このような経済的繁栄状態のなかで，個々の経営者や職人がより一層の経営の発展を求めて少しも不思議ではなかろう．だがより一層の発展を求めようとすると，社会的にはさまざまの局面で発展に阻止的な問題が生ずるに至っていたのである．基幹産業たる毛織物工業では，紡績と織布の生産能力が釣り合わず，慢性的糸不足に悩まされていた．そのためロンドン芸術産業通商振興会[1]が，1761年から1764年にかけて，一度に6本の糸を紡ぐことのできる機械の発明を懸賞募集するありさまであった．製鉄業においては，高炉の燃料と送風動力源の不足が隘路となっており，炭坑では坑内排水問題の壁に突き当たっていた．水車を動力として利用していたさまざまの工業が，いずれも流水量の季節変動，出力不足，立地の制約などに不便を感じていた．

　経営発展に対する制約要因は技術的問題だけではなかった．手工業技術に対応して長年の間に形成された労働慣行もまた，制約要因となることが少なくなかった．すなわち，大規模な経営の場合でも，手工業技術を基礎としている以上，生産活動は基本的に個々の労働者の熟練技能に依存しており，そのため経営者に対する労働者の発言力は強く，また熟練工の賃銀は高かった．これに加えて，さまざまの休日慣行，賃銀支払慣行，競馬，闘鶏，飲酒など労働者なりの遊興等，いずれも生産活動の規則性や連続性を妨げるものであった．このよ

---

1)　The Society for the Encouragement of Arts, Manufactures, and Commerce at London. 通称 Society of Arts. 1754年にシプリ（William Shipley）の努力で設立された産業技術振興を目的とする団体．1909年に王立の組織となり現在に至っている．かのジェイムズ・ウォットの蒸気機関が登場する以前に，蒸気機関や蒸気馬車の開発を懸賞募集するなど，産業革命期の技術振興に産業界の外部から影響を与えた．

うな労働者問題を克服することも，技術的隘路の打開とともに，当時の経営者にとって，経営発展のために課題となっていたことであった.

2. 対応類型

産業革命期の企業経営行動は，以上に述べたようなさまざまの問題をそれぞれに認識した経営者や職人が，彼らなりに課題を解決しようと努力したその軌跡である．彼らの経営行動を工場制生産体制の創出という観点から見ると，大別して4つの類型があったように思われる.

その第一の類型は，技術的問題の打開を目指して機械を発明し，まったく手探りで，それまでの手工業ないしマニュファクチャー経営から試行錯誤を繰り返しつつ，機械を中心とした大規模な作業場の運用と経営技術を開発して，工場制生産体制を創り出した人々の行動である．彼らはいずれも，経営的危険を顧みず，ひたすら自分が係わった革新的技術や発明を企業化して，それを世に問おうとした点で共通しており，文字通り経営的冒険家（ベンチャー）なのである．紡績業のアークライトや蒸気機関製造業ボウルトン＝ウォット商会のボウルトン（Matthew Boulton）などは，この類型の代表であろう.

革新技術の出現は，その後現代に至るまで，多くの場合，こうしたベンチャーによって担われて来た．その意味で，ベンチャー企業は，しばしば誤解されているような，20世紀末の特有現象などではない．産業革命期のイギリスは，歴史上，こうしたベンチャーがさまざまの分野に続出し，それが特に目立った最初の時期なのである.

第二の型は，機械が発明されたのを見て，その企業経営上の利用可能性と有利性をただちに認識し，計画的かつ大胆に工場建設に進むという行動で，製粉業のワイアト（Samuel Wyatt）にその典型を見出せる．ワイアトは1786年に蒸気機関を動力に用いて作業工程を機械化した24時間連続操業の巨大なアルビュアン製粉所（Albion Mill）をロンドンの町なかに建設し，時の耳目を驚かせた．この工場は当時一般の製粉所の数十倍ないしは百倍を超える生産能力を持ち，ワイアトによれば大きな利益をあげられるはずであった[2].

---

2) 大河内暁男『産業革命期経営史研究』第1部第2章を見よ.

Matthew Boulton
(1728〜1809)

ボウルトンが開設した Soho Mint で
1819 年に製造した記念メダル（表）

　第三の型は，先駆者の工場制経営が成功していることを知り，自らも企業機
会を求めて工場経営に進出するか，あるいは同業の工場制企業からの競争を察
知して，それへの対応として自分自身も工場制生産に転出を図るという行動で
ある．綿紡績業では 18 世紀末ころ，マコンネル＝ケネディ商会（M'Connel and
Kennedy）を筆頭に，蒸気機関を備えた「新型」巨大工場が一挙に出現したが，
かかる経営行動は，この類型の前者である．また，毛織物業界にあって，1810
年代に遅れ馳せながら問屋制織元から工場制生産に転進したクラーク商会
（John and Thomas Clark）は，この後者の代表的事例である．
　第四の類型は，以上の三者とは異なって，大規模な工場経営へとは向かわず，
極度な経営特化をしながら小規模専門工場を作り出した経営者の行動である．
たとえば繊維工業について見れば，紡績と織布が別々の企業で営まれたばかり
か，特定番手の太さの糸に専門化したり，特定の織りの生地，あるいは特定市
場に向けた製品に専門化するというように，一企業が挙げて特定製品の生産に
経営特化した．同様に金属工業においても，きわめて些細な品物，たとえば金
属ボタンの柄とか銃の撃鉄だけに専門化する傾向が見られた．この人々は，経
営特化した結果，経営能力を限られた分野に集中すればよく，比較的小さい経
営規模のままでその分野に関して高度な専門技術を開拓し，高い生産性を実現

した．しかも，蒸気機関を中央原動機として備えた工場用建物を区画ごとに賃
貸する制度，いわゆる工場アパートが18世紀末から登場したので，これを利
用することによって，小規模経営も大工場と同様の利便を享受できたのである．

3.　工場経営の先駆——ボウルトン=ウォット商会——

　産業革命期に新技術を基礎として工場制生産体制を創出した代表的企業の一
つは，蒸気機関製造業のボウルトン=ウォット商会 (Boulton and Watt) であろ
う[3]．ウォットの開発した蒸気機関を製造販売した故に，この企業は産業革命
史上名を知られ，別して重要な役割を果たしもした．その点を離れても，新種
産業を工場制生産という形態で作り上げてゆく経営上の試行錯誤を最も早く経
験し，近代工業企業の基本的枠組みを作り出したのは，現在判明している限り，
このボウルトン=ウォット商会であった．そこで，商会が1775年に設立されて
1800年に解散するまでに，新技術の企業化と工場制生産体制の形成について，
経営上どのような問題を発見し，いかに解決しようとしたのか，その概略を見
るならば，近代工業企業の創世期の経営状況を，経営主体的観点から浮彫りに
できるであろう．

　さて，ボウルトン=ウォット商会の実質的所有者かつ経営者はボウルトンで
あるが，彼はバーミンガムで親の代からのバックル製造業を営み，1762年に
は水車場を備えた大作業場を建設し，1,000人もの労働者を使用する大規模経
営を行っていた．この水車の水不足問題をきっかけとして，彼は1765年ころ
から水車に水を送るための蒸気ポンプに関心を持ち始めているが，たまたま
ウォットと知りあった後，1769年ころから自家用蒸気ポンプを製作しようと
思い立った．これはただちには成功しなかったが，やがて彼は蒸気ポンプを自
家用ではなく製造販売しようと決心し，特許を得たウォットを説得して，1775
年に共同企業ボウルトン=ウォット商会を設立したのである．この経緯は，ボ

---

3)　ボウルトン=ウォット商会に関する経営史的観点と方法による研究として，大河内暁男
　『産業革命期経営史研究』第一部第一章「イギリス産業革命期の経営構想」および第二部
　第四章「工場制企業における減価償却の成立過程」がある．以下の同商会に関する記述の
　詳細は同書を見よ．なお，このほか，Erich Roll, *An Early Experiment in Industrial Orga-
　nisation* (1930) も一読に値する．

ウルトンが水車動力を使用する工業経営者の立場から蒸気機関に関心を寄せた
こと，そして彼は揚水ポンプとしてのウォット式蒸気機関の市場性を読んだこ
とを物語っている．

　ボウルトンは，蒸気機関をバックルと同じように自分の製造所で一貫量産す
る予定であるとウォットに説明している．1776 年に出来上がった製品第一号
が成功し，受注も炭坑，鉱山，水道，運河を中心に，好調であった．しかし，
一貫量産という目標の実現はきわめて困難であることが，経営開始の後まもな
く明らかになった．その原因は，まず第一に，バックルなど小金物製造の労働
者は必ずしも蒸気機関製造に適しておらず，その意味でボウルトンのもとには
新技術に適合する熟練が乏しかったことである．第二に，中枢部品たるシリン
ダの製作にあたって，中刳り工程を高度な技術を持つウィルキンスンに全面依
存しなければならないほか，その他の部品も大部分を外注に頼らざるを得な
かったことである．そして第三に，製造現場での労働者の管理が欠如していた
ため，作業が不確実で，多数の部品を組み立てなければならない蒸気機関のよ
うな製品にとっては不都合であった．ウォットは自分の労働者について不満を
顕にしている．

　ともかくこうした事情なので，一貫量産の方針は早くも 1777 年に放棄され，
ボウルトン＝ウォット商会は蒸気機関の設計とノズルなど小型の精密加工部品
の生産にのみ限ることとし，他はすべて外注に切り換えざるを得なかった．だ
が外注部品は自家生産に比べて割高であるばかりか，規格の不統一にも悩まさ
れた．かくて蒸気機関は当初のボウルトンの構想とはほど遠い状態のもとで生
産され，機関自体は好評であったものの，商会の営業成績は低迷を続け，営業
損失をウォットの特許料収入で埋め合わせる状態が長く続いた．

　ところが1781 年にこの生産体制に対して新たな要因が加わり，商会は再び
進路を変更する．それは蒸気機関をポンプとして用いるのではなく，機関から
直接に回転運動を取り出し，さまざまの機械を運転する原動機とする技術が開
発され，この回転機関への需要が急増したことであった．商会は 1783 年から
小型の回転機関を発売したが，この機関は単に需要が多いばかりでなく，ポン
プの場合と異なって，需要家の経営規模は小さく，この種の機械に不慣れであ
り，炭坑や運河のように補修技師も抱えていない，その意味で新市場であった．

ウォットの回転式蒸気機関（調速装置付きの改良型）

ロンドン科学博物館蔵．大きさは馬力によるが，10馬力型で幅約8メートル，高さ約9メートル．

ボウルトンはこうした需要家に回転機関を売り込むために，製品を馬力に応じて標準化し，完成品を納入するとともに，補修にも即応できる体制の整備が必要だと考えた．そこで商会は，部品の規格化を進めると同時に，規格の保持を図るために，外注から内製に切り替えることにした．部品内製化は，労働者の技能養成を前提とするので，容易には進まなかったが，マードク（William Murdock）など超熟練工が中心となって，機械の製造に必要な新型の熟練労働者を経営内に蓄積する努力が払われた．しかし1793年に至っても，内製率はようやく50%に達したに過ぎない．

　このような状況のなかで，1778年には職業的な工場管理者を置いて作業管理に当たらせることを始め，これは近代的工場管理の先駆となった．また熟練工養成については，当時の大規模経営に広く見受けられた請負制の職人ではなく，商会が直接雇傭した労働者を自家養成するという形をとった．そしてこの直傭制下のいわば労働者政策として，労働者の健康保険組合を設立するなど，

熟練確保に苦心を払ったのである.

　ところで，1794年に至っても，商会はその営業赤字をウォットの特許料収入で埋めるという状態が続いていたが，特許は1800年で失効するので，ボウルトンもウォットも，このときまでに蒸気機関製造自体で利益を出せるよう経営を改善したうえで，経営を両名の息子に引き継がせたいと考えていた．したがって，機関の製造費用を引き下げるよう，生産工程をさらに合理化することが，彼らの経営課題となり，しかも時間的余裕はあまりなかった．それに加えて1780年代末にはウィルキンスンからのシリンダ供給に不安が生じ，商会独自にシリンダ製造設備を持つ必要が感じられてもいた．そこでボウルトンはこうした状況を突破する方策として，生産工程の徹底的な合理化を決意し，1795年に新しい立地を求めて蒸気機関専門の一貫量産工場たるソホウ鋳造所（Soho Foundry）の建設に踏み切った．最新鋭の製造設備を揃えたこの工場は翌年1月に操業を開始したが，新工場の設置とともにボウルトン=ウォット商会は赤字経営から脱却しており，ボウルトンの見通しが正しかったことと合理化の効果とを裏付けている.

　生産の合理化と並んで，ボウルトンは会計面からの合理化に努めた．彼はバックル製造について放漫経営だとの指摘を友人から受けたことがあるが，その反省もあったのであろうか，蒸気機関事業については，使用材料の重量に応じて一定の掛率をもって製品価格を算出するという工夫をした．これは原価計算とは言えないが，ある客観的基準によって価格を算出することは，生産の状況を会計的に把握する一つの手段となり，生産の合理化を会計面から促進することにもなった．さらに，工場建物や機械など固定資産を会計帳簿に記載するにあたって，ボウルトンは年々ある比率で資産価値を減額記帳し，その率についてはさまざまに試行した．減価償却の嚆矢である．何年か使用すると廃棄する機械など高額固定資産が増えた際，それが年々価値を減ずると看做して記帳し，帳簿に企業資産の実態をより正確に表示させれば，損益計算と経営方針策定はそれだけ合理化できるわけである.

　機械製造企業として先駆し，集中一貫量産工場を持つボウルトン=ウォット商会は，およそ以上のような経緯を経て，工場制大規模経営を定着させた．集中作業場による大量生産というボウルトンの考え方は，父の代からのバックル

製造業の実情を通して，彼が身につけていたものではあった．しかしそれは，新技術たる蒸気機関の製造にそのまま応用はできなかった．試行錯誤を繰り返すなかで，技術的必要（部品規格化，技能養成など），経営的必要（営業赤字の解消，顧客の要求への対応策など），戦略的必要（特許失効への対策）といったさまざまの企業経営上の問題をボウルトンが認識し，その都度対応策を考え出しつつ，近代的機械製造企業はようやく創出されたものだったのである．

第2節　工場制大企業における経営管理

1.　経営管理の原生的状態

　ボウルトン゠ウォット商会に代表されるような工場制度を技術的基礎とする大企業においては，生産現場は原動機と各種の作業機を系統的に備えた大作業場となり，そこで一斉作業によって大量生産を行うという，明らかに近代企業の特徴を示していた．しかし手工業ないしマニュファクチャーとは技術的にも生産量の面でも，また価値側面として会計的にも著しく異なる要素を含む新生産力を，これを創出した経営者がどのように管理運営したのか，その方法は，産業革命期の当初は旧来と変わりなかった．企業の所有者たる経営者自身が生産も販売も含めて全企業機能を一人で管理し，取り仕切っていた．たとえばボウルトンの場合，1,000人もの労働者を使用しながら，バックル製造では製品デザインも販売もボウルトン自身が行い，作業の管理組織はなかった．経営規模の大きな企業でも，せいぜい日常的帳簿記入や書信事務に書記を用いる程度であった．こうした状態を，経営管理のための組織を備えていないという意味で，後代の企業と比較して，経営管理の原生的状態と呼んでおこう．

2.　管理機能の分割

　産業革命期に工場制生産体制をいち早く創出した経営者は，多くの場合，自分の営業分野に関して，何らかの発明なり改良なり，ともかく新しい技術を考え出し，それを自分の経営の基礎に据えて活動する傾向があった．そこで経営者は，自分が開発した技術に基づく生産については自分で労働者を指導して管理しようとした．しかし経営規模が大きくなると，たとえ経営者自身が優れた

技術者であるとして，企業機能のなかで生産機能だけを取り出してみても，経営者一人でこれを管理することは困難となった．すなわち工場における日常の作業管理はもちろんのこと，技術開発，労働者技能養成など，管理すべき仕事は手工業時代とは比べものにならないほど増加した．この点は，ボウルトンの場合に見たように，当時の経営者にとって新技術に基づく工場制生産を実施して初めて判ったことであった．

　問題は生産機能だけに限らない．販売について見れば，量産に伴う量販，遠隔地への販売方法，需要動向の把握など新しい問題が生じた．購買については新技術に対応した原材料と労働力の調達が大きな課題となった．たとえば先駆的工場制製粉所アルビュアン・ミルが経営に失敗した原因の一つは，原料小麦の仕入体制を持っていなかったことにあった．また初期の紡績企業が工場とともに労働者住宅を周辺に持って，たとえばスコットランドのニュウラナク（New Lanark）紡績工場に典型を見るような，いわゆる"factory colony"を成したのも，立地に制約された企業が多数の労働力を一挙に調達するために考えた方策であった．最後に，財務機能について見ると，手工業時代と比べて資金調達の重要度が高まったほか，企業資産の内容の複雑化に伴う簿記会計技術の開発を要した．

　このようなさまざまの管理問題は，経営者がそれぞれ企業を運営してゆく過程で，それぞれ困難に直面して初めて問題として認識された．そしてそれぞれ企業の内部で管理の機能を分割して，人的な役割分担を工夫することになったのである．

　役割分担の仕方は企業の事情によってさまざまであったが，一般的に言えば，まず経営者の身近で行われている生産工程の作業管理を熟練工等に任せることが多かった．たとえばボウルトン＝ウォット商会では，技術開発はウォット，工場の作業管理は熟練工マードクが行い，ボウルトンは販売，財務など経営全般を取り仕切っている．

　販売機能については，たとえば製陶業のウェジウッド（Josiah Wedgwood）など一部の経営者は革新的な販売技術を開発した．また新技術新製品を販売するために経営者自身が先頭に立って走りまわることもあった．たとえばボウルトンは蒸気機関を売り込むために鉱山地帯をしばしば訪れ，転写器を製造した

キア（James Keir）は機器の宣伝に苦心を払った．このような経営者は販売機能を重視していた．

　けれども全体として見れば，産業革命期のイギリスでは，後述するごとく既に密度高く発達していた流通組織に初めから販売を依存する傾向が強く，製造企業が自ら積極的販売活動を展開することは稀であった．その意味で，販売機能は製造企業において必ずしも重視されていなかったと言ってよい．

　企業機能としての購買のなかでは，労働力の確保が経営者にとっての大きな課題であった．それは，新技術に対応して新しい技能を有する労働者を養成雇傭することが，工場経営に不可欠だったからに他ならない．だが生産現場の管理と密着したこの問題について，経営者は，続いて述べるようなさまざまの工夫により，その管理機能を自分から切り離した．このような状況のもとで，経営者は，企業運営全般にわたる管理のほか，企業機能としての財務については，その管理を自分に固有の役割として把握していたと見てよい．

3.　工場支配人の出現

　生産現場が工場制となり，多数の労働者が厳密な計画と規律のもとに機械を一斉操作する必要が生じたとき，経営者が労働者の就労を直接管理するのでは管理の目は行き届きがたく，円滑な企業経営は困難となった．そうした困難に直面した経営者は，工場の日常的管理を専門の業務とする職業的な工場支配人（manager）を彼の下に置き，現場管理を一定の範囲で任せるという方策をとることが多かった[4]．工場支配人が出現した時期は業種によっても差があり，とくに製鉄，鉱山，炭坑，土木など技術的に経営規模が大きくなる性質の分野では早かった．ボウルトン＝ウォット商会のマードク，紡績業者デイヴィッド・デイル（David Dale）に雇われたロバアト・オウエン（Robert Owen）などは，当時の工場支配人の代表格である．

　このような工場支配人は，そもそもは直接の生産工程管理に登用されたものだが，企業によっては，経営規模の拡大に伴う販売や会計事務の増量に対処す

---

4)　工場現場管理の歴史的研究として，その発生史を包括的に取り扱った Sidney Pollard, *The Genesis of Modern Management* がある．

べく，そうした専門職務の一部も工場支配人が分担するようになった．彼は被傭者の一員ではあるが，仕事の責任に対応して特別の処遇をされており，賃銀も労働者が一般に週払い日給制であったのに対して，工場支配人の場合は年額を定めた俸給制であり，身分的差別があった．しかもその金額を見ると，マードクは 1804 年に 540 ポンド，1810 年には 1,000 ポンドを支払われており，オウエンは 1800 年に 1,000 ポンドを得ていた．一般の労働者の賃銀が週に 2 ポンドには容易に達しないという状況のなかで，工場支配人が破格の待遇を受けていたことが判るであろう．

　工場制企業の経営管理組織は，このようにして，企業所有と経営機能とを兼備した経営者―工場支配人―労働者という形態を取るようになった．だがさらに，工場の大規模化とともに，工場支配人は工場全般の生産活動を監督管理し，個々の現場の作業管理については工場支配人補佐，職長ないし作業監督（under manager, foreman, overlooker）などと呼ばれる熟練工が，工場支配人の下に登用され，職制として，作業内容ごとにきめ細かく作業管理を行うようになった．

　たとえばクォリ・バンク紡績工場（Quarry Bank Mill）では，1790 年に労働者 183 名と徒弟 80 名を雇傭していたが，労働者のうち 78 名は精紡工場に，77 名は梳綿工場に配置されていた．各工場とも複数の作業室から成っていたが，労働者の編成を見ると，精紡工場では作業監督，紡績工，見習，玉揚げ工，捲上げ工となっていた．梳綿工場では作業監督は全作業室を通じて一名であったが，そのかわり各室には主任梳綿工（head）が配置され，その下に梳綿工がいた．賃銀は作業監督が週 12 シリング 6 ペンスないし 15 シリング，精紡工の場合は 4 シリングないし 5 シリング 6 ペンス，梳綿工 4 シリングないし 5 シリングであり，賃銀面でも職制身分の差異が明示されている．

　工場現場の管理について，このように工場支配人よりも下位の管理者が登場したことは，大規模経営における現場管理の難しさを示すものであった．下位管理者の登用に伴って，工場支配人はときとして技師（engineer）の名を称し，工場運営の責任者として経営に大きな発言権を獲得するに至った．

　ところで，工場支配人としての管理能力を有する人材は，そもそも産業革命期に出現した工場制生産体制が要求したものであるから，産業革命期中はもち

ろん，19世紀前半を通して，その社会的蓄積に乏しいのは当然のことであっ
た．したがって工場制企業は，工場制生産に適合的な労働者の確保養成と同時
に，その現場管理者についても，長時間を費やして育成してゆかなければなら
ない状況にあったわけである．

　工場支配人はそのため，需要の急増を背景に社会的地位を急速に高め，単に
高給をもって遇されるというだけにとどまらず，少なからぬ者が雇主たる経営
者から共同経営者（partner）として企業経営に参加することを認められた．こ
の結果，工場支配人とそもそも企業を設立し運営してきた経営者との社会的身
分的区別が崩れるという事態も生ずるに至った．たとえば18世紀末に多数の
工場を運営していた紡績業者ピール家（the Peels）では，技術や販売について
とくに専門知識を有すると思われる支配人を共同経営者に取り立てていた．こ
の経路でジョン・ロバアツ（John Roberts）は捺染彫版工から監督を経て共同
経営者となり，やがてピール家当主ロバアト・ピール（Sir Robert）の片腕とし
て新工場建設に尽力した後，自立して自分で工場を始めている．かかる状況は，
この当時工場制生産体制が急速に展開されたのに対して，工場管理能力が社会
的に著しく不足していたことを物語っている．

4.　内部請負制

　一部の企業においては工場支配人のような工場管理能力を経営内部で養成し，
それをもって工場制生産体制に対応する管理体制を整備しようとしたが，これ
はどの企業にでも簡単に行えることではなかった．そこで工場制生産体制の推
進を目指しながら工場管理能力を獲得できない経営者は，この欠乏を埋め合わ
せて工場制生産を維持する方策として，いわゆる内部請負制（sub-contract
system）を活用した．

　内部請負制は，生産工程の全部または一部分について，特定の熟練工に一定
の金額で作業を請け負わせ，これを請け負った職工は自分の危険負担で労働者
を雇い，経営者の工場で生産し，製品を経営者に納入するという経営形態であ
る．経営者と請負職工との間には直接の雇傭関係があった場合もあるし，また
雇傭関係はなくて独立の請負の場合もあった．この前者においては，経営者と
請負人は雇傭関係にあり，また請負人と彼が使用する労働者とは雇傭関係にあ

るが，しかし経営者と労働者の間には直接の関係はない．したがって経営内の雇傭関係が二層構造となっていた．これに対して後者にあっては，厳密な意味での雇傭関係は請負人と彼の下の労働者との間にしか存在せず，経営者から見れば単純な下請に過ぎない．しかもこの場合は，請負人が工場経営者に対して作業場賃借料や動力その他機械の使用料を支払ったことも稀ではない．たとえば 1810 年代にイギリス最大の機械制毛織物工場と称されたゴット（Benjamin Gott）の工場では，織布工程の大部分は下請に委ねられ，請負人たちは工場使用料をゴットに支払っている．

　内部請負制は既に 18 世紀前半に炭坑や製鉄業などで行われていた管理形態だが，産業革命期以降は繊維工業や金属工業をはじめとして，さまざまの分野で，経営規模の拡大に伴って採用されるに至った．この形態を発生史的に見ると，第一に，炭坑や製鉄業のように元来作業現場の規模が大きく，各種生産工程なり作業現場にそれぞれ多数の労働者を用い，工程なり現場単位で作業が請負経営の対象となり得るほどの規模である場合には，内部請負を実施しやすかった．だが第二に，マニュファクチャーないし問屋経営から工場制生産に展開しようとした場合，それまでマニュファクチャー作業場のいわゆる外業部を成していた小親方や小マニュファクチャー，あるいは問屋の前貸下にあった小親方たちが，大工場建設を機に工場内に吸収される過程でも，請負制が採用された．最後に，商人など生産工程に係わりのなかった人々が工場経営に進出しようとした場合も，作業場管理の経験や人材に乏しいことから，工場は建設したもののその運営は当初内部請負制に頼ろうとして不思議はなかった．先に述べた毛織物工場のゴットはその典型で，毛織物商人から一大工場経営に転進し，しかも彼はほぼ全面的に内部請負制に頼って工場を運営しようとしたのであった．

　いずれにせよ内部請負制を採用した場合は，その限りで経営者は生産現場の作業管理を基本的に免れ，経営に必要な生産上の技術や知識を請負人と分有することによって，管理能力不足を補うことができた．また一定金額をもって仕事を請け負わせるので，経営上の危険も軽減され，さらに生産活動上必要な道具類を請負人に自弁させたり工場使用料を支払わせたりする形で，経営上必要な資金の一部まで請負人に転嫁した．このような内部請負制が広く採用された

結果，産業革命期のイギリスにおいては，資本を所有する経営者が必ずしも労働者と雇傭関係をもって直接に結びつかなかったし，また両者が階級的対立を構えるという状態も，一挙に全社会的に形成されることはなかったのである．

5.　工場に対応した新熟練の養成

　産業革命期に登場した新技術たる機械は，手工業技術の隘路を突破するものであったが，しかしその技術は，人間の労働を不要にするものではなかった．新技術が実現したものは，一つは，たとえば紡績機のように，生産性の飛躍的上昇であり，もう一つは，たとえば蒸気機関のように，従来不可能であった仕事を可能ならしめたことであった．このうち前者は，旧技術とそれを基盤とする労働力をもはや不要なものとして排除はしたが，同時に新技術を操作するための新たな労働力と新たな熟練とを必要とした．また後者は，まったく新規に労働力と熟練に対する需要を創出した．ことに機械工業や金属工業などでは工作機械を操作するための熟練工が必要であり，また蒸気機関を持つ工場では機関と動力伝導装置の運転保守のため，さらに1830年代から登場する鉄道業では車輌の運転と保守のため，機械工，運転技師，機械技師などが必要であった．

　周知のごとく，手工業時代に機械的装置に係わる代表的熟練職種は水車大工と時計師であり，水車大工は初期の紡績工場のように水力を動力源とする工場の建設に活躍したほか，蒸気力工場の場合にも動力伝導装置は彼らの熟練技能によって作られた．しかし蒸気機関にせよ紡績機にせよ鉄道にせよ，産業革命期に出現した新しい技術や機械の製作も操作も，彼ら水車大工や時計師の元来の仕事の範囲ではなかった．その意味で，新しい技術が必要とする職種も熟練も社会的に蓄積されていなかったのである．したがって経営者は，必要とする機械工，熟練工を自分の経営内で養成しなければならなかった．

　そこで，先駆的に工場経営を展開したような大企業においては，多くの場合，自分の経営の基礎となっている技術体系，たとえばボウルトン=ウォット商会の場合にはウォット式蒸気機関という技術体系に適合的な熟練工を自社養成することに努めた．その結果，それぞれの企業でそれぞれの技術の鋳型に嵌めた機械工や機械技師が，およそ18世紀末ころまでにある程度養成され，ボウルトン=ウォット商会，コウルブルックデイル製鉄所（Coalbrookdale Company），

マコンネル=ケネディ商会というような企業に蓄積された．そしてその技術と熟練が核となって，地域や同業者に波及する形で，工場制生産に対応する新熟練が社会的に蓄積され始めたのである．

　このような養成労働力や養成熟練は，当該企業にとってさしあたり掛替えのない経営資源であり，したがって経営者はこの熟練工を確保するために多大の努力を払っている．熟練の中核となる技師や職長が先に述べたように優遇されたのはそのためであったし，前述のボウルトン=ウォット商会が労働者のために健康保険組合を設けたのも同様の目的からであった．またコウルブルックデイル製鉄所においては労働者用住宅を工場周辺に数多く建設したが，これは2寝室と居間および台所をもって標準とした[5]．同製鉄所はこのほか労働者向けに成人学校を設けてもおり，自家養成労働者を長期確保するために並々ならぬ苦心をしている．

　ところで，産業革命期に出現した新技術とそれを実現した新熟練は，いずれも企業経営上の日常の必要に迫られて，それへの対応として経験の積重ねのなかから工夫発見され，養成されたものであった．この当時，科学はいまだ技術開発の基礎を成すには至っておらず，また技術の組織的な研究開発が行われることもなかった．技術開発はもっぱら並み外れた職人的技術者の現場経験と才能とに依存していたのである．たとえば蒸気機関の開発にしても，熱力学に負うことはなく，かえって熱力学は蒸気機関の性能を向上させた技術的経験のなかから発達した．

　しかも，繊維機械にせよ蒸気機関にせよ，経験的職人技術によって開発された新技術が工業的成功をもたらし，企業活動を躍進させたということは厳然たる事実であった．そしてこの事実は当の経営者たちが誰よりもよく体験しており，それ故に工業技術における強固な経験主義を生み出すことになった．それは同時に他面で，自分の経験に基づかない技術に対しては，それを受け入れようとしないという熟練工の態度を醸成することになった．

---

5)　建物の詳細は，Grant Muter, *The Buildings of an Industrial Community : Coalbrookdale and Ironbridge* (1979) を見よ．

第3節　資本形成

1.　先導的工場経営者の社会的源泉

　産業革命期に出現した工場制生産体制は，いまだ巨大とは言えないまでも，工場建物と機械を中心とした大きな企業資産を持っており，その価額は，手工業もしくはマニュファクチャー経営の資産と比較するならば，飛躍的に大きい．18世紀末でも普通の労働者の賃銀は週2ポンドには容易に達しなかったし，クラーク家のように手広い商売をしていた織元の場合でも固定資産と看做せるものはたかだか200～300ポンド程度であった．ところが蒸気機関は1基1,000ポンド以上しており，したがって工場建設がいかに多額の投資を要し，それが当時の職人や経営者にとって困難なことであったかは想像できよう．

　それにもかかわらず，新技術を開発して工場制生産体制を創出し，もって産業革命の先導力となった経営者，シュムペータ流に言うならば創造的対応（creative response）を示した人々の中核は，社会的出自を見ると，職人，独立の小生産者ないしマニュファクチャー経営者など，直接生産に携わる，ベンチャー企業家とも呼ぶべき人々であった．そのなかには，製鉄業者ダービ家（the Darbys）のように18世紀前半から一族数代の家業を積み重ねた者もいれば，産業革命期ににわかに登場した者もいたが，ともかく，一介の職人から技術開発力を武器に，大工場経営を展開した立志伝が数多く伝えられている．

　もちろん，問屋制前貸人や商人など，直接生産者ではないが産業についての知識と資金を持った人々で，工場経営に進出した事例も少なくない．しかしこうした人々は，元来自分自身に技術開発力があるわけではなく，先駆した工場制生産の成功を見て，それへ対応して自分も工場経営に向かったものである．これはシュムペータの言う適応的対応（adaptive response）にあたるであろう．したがって，工場制生産体制という進路設定をした企業の社会的基盤＝出自を問題とする限りでは，それは技術開発能力を備えた職人，小生産者もしくは中産的生産者層に求められよう．しかしそれでは，資金が豊かとも思われないこうした人々が，工場という大きな資産を入手し運営できたのは，いったい何故であったのか．

　産業革命の先導的企業は，当時としては先端的新技術を，試行錯誤を繰り返しながら開発し，その実用化を試みている．したがって，新技術が突然出来上がってさっそく大規模に運用されたわけではなく，その意味で新技術は徐々に形をなすという経緯を辿っている．この点は開拓的先進企業とこれを見習う後追い企業との差異であり，小生産者的発展が可能となる一つの理由であった．けれどもこうした企業がひとたび経営に成功すると，しばしば驚くべき速さでその規模を拡大している．たとえば鋳物業者ウォーカー家 (the Walkers) の場合は，1746 年の企業資産額は約 600 ポンドであったが，1780 年には 122,000 ポンドとなっており，平均年率 17% の拡大を示した．このような拡大は，一つには新技術の効果であろうが，それと並んで，経営者が節約を重ねて利益を積み立て，再投資に向ける努力をした成果でもあった．

2.　作業場賃借

　産業革命期の経営者は，刻苦精励によって得た蓄積を基盤に経営を展開したが，その際，必ずしも企業経営に要する資金をすべて初めから持っていたわけではなかった．しかし不足を補う手段として，経営者が経営資金を節約できるような特異な経済的制度があり，経営者は，経営規模の大小を問わず，それを活用できたのである．すなわち，作業場の敷地はもちろんのこと，建物や主要な生産設備，たとえば大は製鉄所の高炉や蒸気機関から小は紡績機まで，工場経営者が自分で所有するかわりに賃借して，それを運営するという，いわゆる作業場賃借経営 (lease) が，この当時も広く行われていた[6]．蒸気機関が原動機として普及し始めると，先にも述べたように，大きな作業場建物に中央動力として蒸気機関を据え，各階各室に動力を配力したうえで，1 部屋ごとに分割賃貸する工場アパートも出現しており，一介の職人でも 1 部屋を借りれば蒸気動力で機械を運転する小工場経営者になり得た．

---

6)　この問題について唯一のまとまった研究は，大河内暁男『産業革命期経営史研究』第二部第二章「工鉱業における作業場賃貸借制の展開とその意義」，および，同「18 世紀イギリスの作業場賃借経営における追加投資問題」『経済学論集』46 巻 3 号である．固定資産の賃借経営は，工鉱業のほか海運業においても古くから広く行われ，ここでは船舶の owner と operator が別種の企業として成り立っていた．

　たとえば紡績業者マコンネル=ケネディ商会は，1795年に設立されるととも
に，年間100ポンド余の賃借料を支払って作業場を借り，それを拠点に事業を
開始した．またダービー一族が経営したコウルブルックデイル製鉄所の場合は，
工場敷地はもちろん，高炉も賃借していた．ウィルキンスンの鋳造所において
も，作業場賃借に頼って事業が発足した．炭坑業は坑区賃借経営を基本として
いたし，その他の事例も枚挙に暇がない．

　このような作業場敷地，建物，機械その他生産設備の賃借料 (rent) は，18
世紀から産業革命期を通して，賃借物件価額の5％を標準としており，それ以
上になることは稀であった．ちなみにこの5％という率は，当時の法定最高利
子率に一致している．そこで，工場経営者は作業場等を賃借して，その資産価
額のわずか5％を賃借料として支払うだけで，自己資金を作業場など固定資産
取得のために投下することを免れ，工場経営を発足することができた．した
がってこの作業場賃貸借は，固定資産に投ぜらるべき資金を，工場なり機械と
いう現物形態で賃貸借しているわけであり，工業金融の一つの形であったと見
てよい．この制度は，工場経営者が投下資金を節約できることを意味し，した
がってこの制度がない場合と比較して，より少ない資金でより大きな経営を可
能ならしめ，そのことを通して経営者のもとへの資本形成を促進する効果を有
した．

　作業場等を工業経営者に貸した持主は，多くの場合，マナ領主，中小の地主
もしくは富裕な商人たちであった．たとえばダービー一族が経営したコウルブ
ルックデイル製鉄所は，工場が所在するメイドリ・マナの領主が所有者であっ
た．また毛織物工業地帯について「好況時には，単独もしくは複数の賃借人に
貸す目的で，毛織物工場を建てることは，儲かる投資だった．大地主はわけて
もこの事業に積極的であった」[7]という．地主や商人たちはこうした形で工業
金融を行っていたと言えよう．

---

7)　Herbert Heaton, "Financing the Industrial Revolution", *Bulletin of the Business Historical
　Society*, Vol.11, No.1. 所領内に工場を建て企業を誘致することは，賃貸料収入を増加させ，
　また開発によって所領の資産価値が高まることが期待できた．しかし，工場経営自体に進
　出することについては，多くの場合，地主はむしろ消極的であった．

3. 商業信用

　産業革命の以前から，国内取引と海外取引の全般にわたって，商品流通とそれを基礎とする商業信用組織が発達していた．この商業信用組織は，生産者が原材料を調達する場合には容易に信用買いを可能とし，また製品を販売するに際しては，売上金の早期回収を可能としたのである．

　繊維工業においても金属工業においても，羊毛商人や棉花商人や鉄問屋など各種原料を取り扱う商人たちは，製造業者に原料を信用売りで販売しており，掛売りの期間も半年に及ぶことさえあった．他方製品の販売については，規模の小さい生産者の小口取引の場合には，問屋や専門買取商が即金ないしきわめて短期間内の支払で製品を引き取った．しかし多くの場合，取引には商人の為替手形が用いられ，そこで生産者たちはこの為替手形を割り引いてもらい，売上代金をただちに入手できた．

　製造業者の立場から見ても商人の立場から見ても，このような取引形態にとって重要な問題は，為替手形の決済ないし割引が円滑に行われることであった．ロンドンの金融市場がこの手形取引で中枢的役割を果たしていたことは言うまでもない．しかしバーミンガムやマンチェスタなどに代表される新興工業地帯においては，ロンドンでは必ずしも名の知られていない製造業者や商人が日々手形を振り出しており，そうした手形の割引を主たる業務とする銀行，いわゆる地方銀行[8] (country bank) が，1760年代ころから地元に出現している．たとえばバーミンガムの製鉄業者ロイド (Sampson Lloyd) を中心とするテイラー゠ロイド銀行 (Taylor-Lloyd Bank) はその代表格である．地方銀行の数は1815年におよそ900にも達している．このような金融機関の機能に支えられた結果，製造業の経営者は，流動資本として投下すべき資金を節約でき，その面からも，より少ない資金をもって工場経営に容易に進出可能となったのである．

---

8)　地方銀行は，金匠銀行 (goldsmith bank) とは発生史をまったく異にして，製造業者が，手形決済と賃銀支払用の小額貨幣入手を直接の目的に，本業に対するいわば兼業として始めたものである．包括的研究としては，L. S. Pressnell, *Country Banking in the Industrial Revolution* がある．

4.　パートナーシップ経営と株式会社

　産業革命期に工場制生産体制を築いた企業は，多くの場合，企業形態として
は個人企業もしくはパートナーシップ（partnership）によっていた．パート
ナーシップは形式上は合名会社であるが，実態は家族ないし一族出資の会社組
織であるか，もしくは工場経営者を中核として，経営上従属的役割を持った出
資者がいわば従のパートナーとして集まるという形か，このいずれかであった．
たとえば毛織物工業でイギリス南部随一の工場制生産体制を展開したクラーク
家の場合は，ジョン，トマス兄弟および母親アンの3名でパートナーシップを
結んでいた．実質的経営者はジョンであり，出資金も1805年末で見ると3名
で合計1,763ポンド，このうちジョンが大部分の1,384ポンドを出していた．
パートナーシップとは言っても，クラークの実態は家族企業である．

　これに対してコウルブルックデイル製鉄所の場合は，企業の出発点で見ると，
経営者エイブラム・ダービ（Abraham Darby）にブリストルの鉄器商人トマ
ス・ゴウルドニイ（Thomas Goldney）がパートナーとして加わり出資していた．
ダービは製品をゴウルドニイを通しても販売しているが，しかしゴウルドニイ
が製鉄所の経営に直接関与した形跡は見当たらない．したがってこの場合は，
経営者の一族ではない者がパートナーシップに入っているけれども，経営の実
態から見て，ダービ家の企業だと考えてよい．

　パートナーシップに従の形で加わるパートナーは，多くの場合，ゴウルドニ
イのように製品の販売で関係のある商人であったが，しかしそうした関係のな
い純出資者もいた．また作業場建物などの現物出資を行った者や，特定の技術
ないし発明といった無体の資産が評価され，出資と看做されたパートナーもい
た．たとえばボウルトン＝ウォット商会の設立時にボウルトンは自分の作業場
の一部のほか，経営資金，ウォット特許の期間延長に伴う経費を提供または負
担することとした．ウォットは蒸気機関特許を提供し，これを商会の出資金の
3分の1に見積もっている．

　ところで，パートナーシップにおいては，会社設立が参加者個人の人格や寿
命と密着しており，パートナーの異動はただちに会社の解散と組織変更を意味
した．このことが企業の継続性にとって好ましくないことは言うまでもない．
ことに産業革命を契機に経営内に固定資産が急増してから後は，なおのこと経

営の継続性が望まれるようになったので，パートナーシップ経営の限界がしだ
いに判然とすることになる．しかも当時は，パートナーシップの出資者数は，
1720年の泡沫会社条令によって，最大6名以下に限られており，この制限は
多数の出資者から資金を調達することを妨げていた．したがって，パートナー
シップは，工場制生産体制を基礎とする企業形態としては，必ずしも都合のよ
いものではなかったわけである．

　それにもかかわらず，イギリスの企業は19世紀後半に至るまで，主として
パートナーシップをもって運営されていた．その理由は，一つには，産業革命
によって一挙に大工場＝大企業時代が到来したわけではなく，先にも述べたよ
うに，工場経営の小生産者的発展の経路が19世紀半ばまでは依然として健在
であったことである．第二に，出資金を大量に集中するには有効な手段である
株式会社について，泡沫会社条令がその設立を厳しく制限したことで，1825
年に同条令が撤廃されるまで，株式会社を設立することはきわめて困難であっ
た．その後も株式会社は一社ごとに特別立法もしくは特許状によって認可され
ることになっており，1825年以降は鉄道会社や水道会社など，公共性のある
企業が株式会社として設立されたが，それは企業形態としては限られた事例た
るにとどまった．

　株式会社の法人格を認め，一定の要件さえ満たしていれば会社設立が自動的
に認可される準則主義が法的に決定されたのは1844年の会社登記法[9]におい
てであり，有限責任制が確定するのは1856年の会社法（Joint Stock Companies
Act）に至ってのことである．法の整備を受けて株式会社企業は鉄道，ガス，
水道など一挙に大投資を要する公共性の高い業種を中心に，徐々に出現したが，
しかし産業界全体として見れば，株式会社形態が広く利用されるのは1870年
代以降であった．なお，株式会社の法的整備については，イギリスよりもプロ

---

9)　1844年の会社登記法（Companies Registration Act）は，仮登記によって企業活動を認め，
　その企業が法の定める一定要件を満たしていることが確認されて後に，改めて本登記を
　行って法人格を与える二重登記制で，会社設立を認可した．ただしここでは有限責任出資
　は認めていない．その後1855年に有限責任法（Limited Liability Act）によって，1844年
　法が緩和され，有限責任出資の会社も二重登記制によって認可されることとなり，翌1856
　年の会社法を経て，最終的には1862年の会社法（Companies Act）によって法整備は一応
　完了した．本間輝雄『イギリス近代株式会社法形成史論』を見よ．

イセンがむしろ先行し，1843年の株式会社法は，準則主義を除けばよく整備
されたものであった．

第4節　経営特化した流通組織

1.　流通革新

　産業革命期にさまざまの新技術が開発され，それに伴って新製品が登場し，
また工場制生産体制に乗って商品の大量供給が可能となった状態のもとで，商
品流通はいかに行われていたであろうか．産業革命の先頭に立って技術開発を
進めた経営者のなかには，新生産技術をもって大量に生産される製品の販売に
ついても，独自の方法を編み出し，生産過程の革新と相俟って，経営を成功に
導いた者もいた．製品販売と市場開発においておそらく最も斬新な経営行動を
展開したのは，製陶業者ウェジウッドと，金属工業および蒸気機関製造業のボ
ウルトンであろう．

　ウェジウッドは緑色の釉薬を発明したほか，クリーム色の陶器「女王好み」
(Queen's Ware) や色無地に白色で模様を浮彫りにした陶器「ジャスパー」
(Jasper) など，高級陶器をもって業界に頭角を現わしたが，製品の宣伝を目的
に，ロンドンやバースなどに全製品の展示場を兼ねるサロンを開設した．ここ
では陶器の直売と卸商談が行われたのはもちろんだが，王室をはじめ上流社会
人士の出入りを誘ってウェジウッド製品の名を広めるイメイジ戦略が試みられ
た．そしてその評価を基礎に，日用陶器についての差別化が目指された．彼は
また品質保証制度を打ち出し，顧客がウェジウッド製品に不満があるときは代
金を返却するという大胆な方策をとった．ウェジウッドは比較的早い時期から
輸出にも熱心であったが，ここでは輸出先の言語でカタログを作成するといっ
た配慮を行い，また相手国の市場に受け入れられやすい製品を開発する努力も
された．

　他方ボウルトンは新発明商品たる転写器の発売にあたって，各地での実演，
新聞広告，ダイレクト・メイル，当時としてはビジネス・マンの溜り場であっ
たコーヒー店への広告掲出，転写器の販売店に対する事前の技術教育など，周
到な準備をしたことが注目される．ボウルトンがバックル製造業者として積ん

でいた経験，蒸気機関の製造販売を通して得た新製品販売のノウハウ，そして
友人キアの助言などの総合として，このような市場開拓方法が考え出されたも
のと思われる.

　以上のような従来にない販売方法や市場開拓方法の開発は，新たな生産技術
に対応した流通革新だと言って差し支えない. もちろんこうした新手法がただ
ちにどの産業分野にも採用されたというわけではない. しかし，新技術に基づ
く新製品が，たとえば綿糸とか鍛鉄というような中間素材ではなく，そのまま
最終消費者の手に渡る最終商品である場合に，その生産者がただちに流通革新
を展開した事実は注目して然るべきことである. それは後に見るようなアメリ
カにおける流通革新にはるかに先行していたのであった.

2.　国内の流通組織

　産業革命期に一部の大企業は上述のごとき流通革新を試み，また独自の販売
網を作り上げた. しかしイギリスでは，産業革命以前にすでに全国的規模で単
一の市場構造が形成されており，流通組織は複雑な発達を遂げていた. そこへ
製造業者が新たに独自の販売網を全国展開するということは，いかに彼が新技
術新製品を発明したにせよ，決して容易ではなかった. しかも産業界全体とし
て見れば，工場経営者の小生産者的発展傾向が顕著であり，そうしたほとんど
の製造業者にとって，独自の販売網を作ることは不可能であった. また実際そ
れは必要でもなかった. 既存の流通組織が産業革命後の工業製品の流通を担う
だけの力を有していたのである. そしてイギリスの製造業者は，その流通組織
を前提として，工場制生産体制を作ろうとしたと言って差し支えない.

　さて，一部大企業の直売制を別とすれば，工業製品の販売は，産業革命期に
もそれ以前とほぼ同様に，近隣の週市や大市などで行うか，代理商を介してロ
ンドンなど商業的拠点に持ち込むか，それとも商人が製造業者の店先に買付け
に現われるか，このいずれかの形をとっていた. とくにバーミンガム，シェ
フィールド，マンチェスタ，リーズなどのように工業の大中心地ともなると，
全国から商人が仕入れに集まってきたので，そうした商人のために種々の商工
人名録が発行され，しかもそれが版を重ねるという状況であった.

　流通過程を担った商人は "middlemen" と総称される専門化した商業企業で

あった. 彼らは取扱品目において細目に分れた経営特化をしていただけでなく,
生産者と消費者とを結ぶ流通の全行程のなかでも, さらに機能分化を遂げ, 生
産者からの買付け, 集荷, 中継ぎ, 大卸, 卸, 小売というような組織ができて
いた. たとえば金属加工業のなかでも最も零細な経営の多かった製釘業[10]に
ついて見ると, ここでは独立経営と問屋前貸制とが併存していたが, 釘の流通
過程は釘問屋 (nail master) が握っていた. 大手の釘問屋はいくつかの支店を
持ち, さらにその下に代理人を置いて原料前貸と製品買取りを組織化していた.
この前貸関係には入っていない多数の釘製造業者は, 直接に市場で販売するこ
ともできたが, 多くの場合, 地元の小規模な釘商人 (fogger) または前貸代理
人などに売り渡され, こうして釘は釘問屋のもとに集められた. 釘問屋が自分
の支配下にある系列生産者以外に, 釘商人などを通して外部からも釘を購入し
たのは, 多種類大量の在庫を抱えずに市場に必要な釘を調達する方法としてで
あった. 他方, 釘の製造業者から見れば, 近隣の週市などで売る以外に, 自力
で釘を市場に出す力はほとんどなく, 釘商人に頼ることになったのである. こ
うして釘問屋に集荷された釘は, 金物卸売商に直接販売されたほか, ブリスト
ルの釘取引所 (Nail Exchange) で大量に取引された.

　原料の流通過程にも専門化した組織があった. たとえば, 金属工業の原料で
ある鍛鉄の場合は, イングランド中部の町ビュウドリ (Bewdley) が産業革命
期まで全国取引の中心地であったが[11], この町に店を構える鉄問屋のもとに
各地から鉄が運び込まれ, そこへは鉄工業者に素材を販売する鉄商人が仕入れ
に来るという組織になっていた.

　また綿工業の原料たる棉花の場合を見ると, 産業革命期にはリヴァプールが
棉花輸入港として圧倒的地位を占めており, 専門の棉花輸入商の手でこの港に
原棉は輸入された. ちなみに, 棉花輸入量の推移を見ると, 1780年には700

10)　Emrys I. Davies, "The Hand-Made Nail Trade of Birmingham and District" (未公刊, バー
　　ミンガム大学, 1933) が唯一の文献. 製釘機の出現後は急速に衰退に向かったが, 零細に
　　して劣悪な経営条件の代表的業種とされている. 釘流通についてはデイヴィスに拠る.
11)　ビュウドリの鉄市場の経済的意味については, 大河内暁男『近代イギリス経済史研究』
　　第三章「18世紀前半イギリス国内市場の価格組織——いわゆるビュウドリ相場とその意
　　義——」を見よ. この町で付く建値が鉄の全国相場となっていたが, 取引の機構は判然と
　　しない.

万ポンド (重量) であったが, 1800 年には 5,600 万ポンドとなり, 1820 年には 15,200 万ポンド, そして 1840 年には 45,200 万ポンドへと急増しており, 綿工業の急成長を裏付けている.

　ところで, 綿工業の中心地は言うまでもなくマンチェスタであったが, その紡績工場にリヴァプールから棉花が送り込まれる経路[12]は, 一つはマンチェスタの棉花商人が輸入商から直接仕入れて, 紡績工場に販売するというものであった. 第二の経路はリヴァプールの輸入商が, 手数料を支払って仲買人に販売を委託し, この仲買人がマンチェスタの棉花商人に棉花を販売するという形であるが, マンチェスタの棉花商人は自分たちの原料買付けのために仲買人を使うことを始めたので, 結局リヴァプールの輸入商とマンチェスタの棉花商人との間に, 販売側の仲買人と買付側の仲買人が介在することになった. これはたしかに組織を複雑化したが, しかし, 綿工業の発展に伴って棉花輸入量が膨大となったのみでなく, さまざまの原産地からさまざまの品質の棉花が流入したことと, 紡績工場が経営特化してそれぞれ特定の品質の棉花を求めたことに対応して, 棉花流通の専門化が行われたわけなのである. しかも仲買人どうしの取引は私的な競争の形をとっていたが, 1808 年にはリヴァプールに棉花取引所 (Cotton Exchange) が設けられるに及んで, 棉花の売手も買手もそこで常時必要な取引相手を見出し, 円滑公平な流通が保たれることになった.

　以上のごとくして, 工業製品についても原料についても, 高度に専門化した流通組織が全国を覆っていた. この組織は複雑ではあったが, 極小規模の生産者であっても, あるいはきわめて特殊な製品に専門化した生産者であっても, 専門商から原料を入手もできれば, また製品を買付商の手で全国市場に投入することもできたのである.

3.　輸　出　組　織

　産業革命の進展とともに, 工業製品の輸出も活発となった. もっとも当時の

---

12)　リヴァプールからマンチェスタに至る棉花の流通機構については, 中川敬一郎『イギリス経営史』第二章「リヴァプール棉花市場の発達」を見よ. 棉花売買のなかから生み出された「リヴァプール棉花取引所」は, 制度化された常設の大規模商品取引所としては世界で最も早いものと思われる.

花形産業の一つであった機械工業については，蒸気機関を例外として，その他の機械はすべて輸出が禁じられていた[13]ので，その禁止が解かれる1825年以前については，詳しい状況は明らかでない．綿製品の輸出について見れば，これは1780年に通関公式価値で35万ポンドであったが，1800年には585万ポンド，1830年には4,105万ポンドとなっている．

　輸出も国内流通と同じく専門化した商人の手によった．当時ロンドン，ブリストル，リヴァプールの三大外港がイギリスの貿易拠点であったが，このなかでロンドン港は主としてヨーロッパ大陸との貿易，ブリストルはアジアおよびアフリカ，リヴァプールはアメリカという具合に，取引地別に専門化し，それぞれ相手国の事情に詳しい輸出商が店を開いていた．また輸出品目別に，ブリストルは後背にバーミンガムを控えている関係から金属製品の取扱いが多く，リヴァプールはマンチェスタの綿製品の海外への出口でもあった．これら工業都市や外港においては，国内市場を担う専門商とはまったく別個の輸出商が，工業製品輸出の窓口として活躍していた．

　こうした輸出商は多くの場合特定の仕向地との取引に専門化しており，相手国の市場に通じ，その国の流通組織と密接な関係を持っていることも少なくなかった．たとえばボウルトンがバックルなど金属製装身具を輸出するにあたって協力を得たジョン・フォザギル (John Fothergill) は，イタリーやフランスの代理取引事情に詳しい輸出商人であった．なかでもマンチェスタに拠点を置いて綿製品輸出に従事した専門商，いわゆる "Manchester shipper" は，取引国を限定した者が多かったが，彼らは1830年代ころになると外国に代理商を置いたり販売員を派遣するなど，独自の販売ルートを海外に作り始め，さらには輸出商の商標で販売に乗り出す者もいた．このような専門輸出商が輸出流通経路を把握している力はきわめて強く，彼らを通さなければそれぞれの地域への輸出は困難であったと言われている．

---

13)　イギリスで発明された機械によって外国の製造業がイギリスの競争相手となることを恐れて，繊維工業機械を中心に，各種の機械，道具，熟練職人，技術情報の海外流出は18世紀半ばころから相次いで禁止された．23 Geo Ⅱ c.13, 14 Geo Ⅲ c.71, 21 Geo Ⅲ c.37, 25 Geo Ⅲ c.67, 26 Geo Ⅲ c.89, 35 Geo Ⅲ c.38. 厳しい輸出禁止は1825年に解かれたが，1843年までは許可制度が維持された．

　ともかくイギリス産業革命の成果たる大量の工業製品は，これら専門化した
輸出商の手で輸出され，また彼らの手に委ねれば輸出が可能だったのである．

4.　専門化した流通組織の功罪

　国内市場，輸出市場のいずれについても，以上に述べたような専門化した商
業企業，さらに特化した商人たちが作り出した流通組織が，先に見たごとき極
度に特化した製造企業に対応し，その流通過程を担っていた．自分では製品を
販売しおおせるだけの力のない小経営者も，また近隣の顧客だけではとうてい
商売として成り立たないような特殊な製品の生産者も，専門商人の流通組織に
助けられて，その製品を国内海外の市場に送り出し，存立が可能となったので
ある．

　だが同時に，生産者たちが新技術の開発や経営特化によって実現していた高
い生産性と低いコストの故に，その商品は品質と価格の両面で競争力があり，
そこで，その製品だけを国内市場なり海外市場に販売する専門商社が存在可能
となりもしたのである．こうして生産と流通の双方における経営特化と，相互
に依存しあった経営活動が，一つの構造として出来上がっていた．したがって
当時の製造企業の経営者たちは，そのほとんどが原料にせよ製品にせよ，流通
過程について苦心することはなかった．彼らは資金も組織も技術も挙げて生産
過程に投入し得たわけで，その限りできわめて有利な経営条件を持っていたと
言えよう．

　しかしながら，流通過程を専門商人に依存した結果，製造業の大部分の経営
者は，製品の販売についてはもちろんのこと，どのような製品をいつ生産する
かといった製品政策や，さらには市場開拓などについて，自分で方針を立てて
経営活動を展開することを疎んずるようになった．たとえばモスリン製造業者
サミュアル・オウルドノウ（Samuel Oldknow）のごとき大企業経営者が，自分
で製品計画を立てることができず，彼と取引関係にあったロンドンの専門商社
ソルト商会（S. and W. Salte）に尋ねていたのは，その一例である．製品政策ま
でを専門商人に依存するということは，製造業者としての自立性を半ば喪失し
たに等しい．

　このような事態は，専門商社の製造企業に対する発言力を自ずから強めた．

マンチェスタの綿製品輸出商マンチェスタ・シッパーたちが，単に製品輸出業務に専念するだけでなく，自ら生産者に発注して特定の織物を作らせたり，自社商標をもって輸出を始めたのも，その現われに他ならない．かくて製造業の経営者は，専門商社の販売政策をそのまま自分の製品政策として鵜呑みにし，それに基づいて日常の経営を行うという状態にさえ立ち至ったのである．もちろん製造業の経営者すべてがかかる事態に満足していたわけではない．専門商社の手を経ずに直接輸出を試みた経営者もいた．たとえばブラック・ダイク毛織会社 (Black Dyke Mills) は専門商社を避けて梳毛糸の直輸出に踏み切った．しかし商社の激しい切り崩しにあい，元来目的とした毛織物自体の直輸出はついに実施できなかった．こうして製造業者と商人の力関係において，後者の優位は明らかであった．だがこのことは，製造業者を市場から遮断するという重大な意味を持っていたのである．

第 5 節　持続的発展への不適応

1.　技術革新に対する方向感覚喪失

　1851 年にロンドンで開催された第一回万国博覧会は，産業革命をいち早く終えたイギリスがその工業生産力と技術と富とを世界に誇示しようとする一大催事であった．しかし結果から見ると，この博覧会は言わばイギリスの経済的繁栄の頂点に位置したものであって，その後 19 世紀後半に入ると，ドイツやアメリカが工業生産力においても技術力においても急速な発展を示し，そうした国に対するイギリスの経済的優位性は相対的に低下の一途を辿ることになる．そればかりかイギリス企業は海外各地で市場を喪失し，また 19 世紀後半から一群を成して出現した新技術，たとえば鋼の大量生産，電気，合成化学など，重要な産業基盤技術の企業化でも遅れを取った．産業革命の先陣を切り，これまでに見てきたような工業発展に有利な条件を持ったイギリスの企業活動は，いったい何故 19 世紀後半にも発展を持続し得なかったのか．他国における近代工業の発達がイギリスの地位を相対的に低下させたことは確かだが，しかしイギリス企業が活力を失って停滞に陥り，技術革新で遅れを取るという事態は，企業経営の内部事情から説明されるべきである．

　この問題について，これまで幾度か論議されたことは，19 世紀後半におけ
るイギリスの経営者の判断の誤りによる失敗，もしくは彼らが怠慢で為すべき
ことを為さなかったが故の失敗に原因を求めるという考え方である．では何故，
イギリスの経営者はにわかに経営判断を誤るようになったのか．あるいは，彼
らは果たして怠慢であったのか．

　イギリスが他国と比べて相対的に経済的停滞に陥っているとして，その危機
を最初に訴えたのは Ernest E. Williams, "*Made in Germany*" (1896) である．ウィ
リアムズは次のように述べている．

　　「ドイツ製．しばしば口にされる言葉だが，とくに気をつけて調べでもしない人には，
　　ドイツ製がどれほど広まっているのかおそらく判るまい．諸君，身のまわりを観察し
　　てみたまえ．……諸君の衣服の何着かは多分ドイツで織られた生地を使っていること
　　に気づくだろう．諸君の夫人の服も何着かはドイツからの輸入品にまず間違いあるま
　　い．……家の中を歩きまわってみれば，どこもかしこも，大は応接間のピアノから小
　　は台所の食器棚にあるコップに至るまで，たとえマーゲイトよりなどと銘が入れられ
　　ているものでも，不吉な［ドイツ製という］しるしが諸君を迎えるだろう．床下にも
　　ぐり込めば，下水管がドイツ製であることも否応なく判るだろう．……1878 年にはド
　　イツの銑鉄生産高は 2,147,000 トンだった．95 年には 5,788,000 トンになった．78
　　年にドイツの製鋼量は 492,512 トンだったが，94 年には 3,617,000 トンとなった．
　　……80 年の鉄の輸出総量はわずか 1,301,000 トンであったが，94 年には 2,008,000
　　トンに達した．(同じ時期にイングランドの鉄輸出量は減少した．) 綿製品については，
　　1883 年にドイツは 14,666,100 キロ輸出し，93 年には 33,350,800 キロ，127% 増で
　　あった．(同時期のイングランドの増加率はわずか 2.5% に過ぎない．)」(10-13頁)

ウィリアムズは鉄鋼，造船，機械，繊維，化学など，当時の主要産業を取り
上げ，生産量も輸出量も急進しつつあるドイツと比較して，イギリスの停滞を
説明し，あわせて現状打開策を種々述べているが，そのなかで次のような指摘
をしている．個々の企業にとって「さらに重要な問題は，工場に最新式の生産
設備を設置すべきだということである．わが鉄鋼業の惨状は，大陸の製鉄業者
たちがわれわれよりも優れた機械装置を有していることに主として起因してい
る．わが化学工業が荒廃している主たる原因は生産設備に資金を惜しんでいる
ためである」(172頁)．

ウィリアムズは必ずしも産業技術に詳しく立ち入って発言しているわけでは

表 2-1 新規発注紡績機数

（単位：万錘）

期間 ＼ 機種	ミュール	リング
1880～1890	1,219(93.9%)	79(6.0%)
1891～1900	820(87.9%)	113(12.1%)
1901～1910	1,637(81.3%)	376(18.7%)
1911～1915	522(70.2%)	222(29.8%)
1916～1920	108(45.8%)	128(54.2%)

(出所)　G. R. Saxonhouse and G. Wright, "New Evidence on the Stubborn English Mule and the Cotton Industry, 1878-1920", *Economic History Review*, 2nd Series, Vol. 37, No.4, p. 509 より作成.

ない．しかし当時のイギリスの工業経営者が新技術の積極的導入に熱心でないことに対し，彼は明確に批判を加え警告を発しているのである．

　基幹産業たる綿工業について事情を見よう．19世紀後半以降にイギリス綿工業が国際競争力をしだいに失った原因は決して単純なものではないが，主要原因の一つが紡績部門における新技術導入の立遅れにあったことは，事実の問題としてほぼ明らかである．すなわち，ウォータ・フレイムの機構を進歩させたリング紡績機がアメリカのジョン・ソープ（John Sorp）らの手で1828～1833年ころに開発され，さまざまの改良を経て1870年代に実用の域に達した．当時イギリス紡績業が用いていた紡績機の主力はミュールであったが，そのミュールと比較すると，リングは全体としてミュールよりも生産性が高かったが，どちらかと言えば太番手の紡糸においてことに高生産性を発揮した．しかしリングがアメリカで実用化され，その高生産性が明らかになったとき，イギリス紡績業者たちはこの新技術の導入にきわめて消極的であった．ミュールとリングの設置台数の推移からも，この点を読み取れよう．

　イギリスの紡績機製造企業主要6社に対してイギリスの紡績会社がリング紡績機を初めて発注したのは1880年であるが，その後1920年までの6社のリングとミュールの新規受注の推移は表2-1のごとくであった．プラット社（Platt Brothers & Co.）を含むこの6社は紡績機製造の約8割を占めていたので，紡績業者の発注の大勢はこの表から読み取れるが，少なくとも第一次大戦が終わるころまで，積極的にリング紡績機に切り替えてゆく意欲はとうてい見

ミュール紡績工場 (1830 年代)

Edward Baines, *History of the Cotton Manufacture*, 1835 より.

受けられない. むしろ第一次大戦期までに紡績業者が発注した紡績機の圧倒的部分はミュールであったことに, 当時のイギリス紡績業経営者の判断が明瞭に示されていると言えよう. したがって, イギリス紡績業全体として見れば, 19世紀末以降もミュール紡績をもってアメリカや日本のリング紡績と国際市場で競争し, そして敗れることになるのである.

　だがイギリスの紡績業者がただに怠慢であったが故に, 決定的な時機にリング紡績機を導入し損ねてしまった, というわけではなかった. 産業革命期以来築き上げられてきた綿工業の組織を前提とするとき, 糸の需要構造において細番手に比重があるためリングのミュールに対する優位性は減殺され, また糸の流通問題において, リングは紡錘の構造上ミュールの場合とは異なった流通機構を作る必要があり, それは織布部門にも影響を及ぼすことであった. こうした経営技術的観点から判断して, 敢えてリングを導入する必要はないと紡績業者たちは考えたのであった.

　しかも新たにリングを導入する場合, 生産力増大を目的にミュール工場とリング工場を併存させるならば糸流通も二重としなければならず, またミュール

2. 経営者の社会的地位

産業革命期の工業経営者たちが，その社会的出自において職人ないし中産的生産者層を主力としていたことは，先に述べた．けれども彼らの企業経営行動について，その目的や日々の目標という観点から見ると，マックス・ヴェーバー流の経済倫理に支えられた経営の精神が彼らの全活動を貫いて，その活動によって社会の支配的地位を獲得したとは言い切れないところに，産業革命後のイギリスの経営者の問題があった．

たしかに工場制生産体制を創出してイギリスの大飛躍をもたらしたのは工業経営者たちであった．しかし彼らが新技術を開発し，工場制生産体制を創出するに際して，貴族や地主など大土地所有者たちは作業場等の賃貸の形で，また商人は流通機能と信用授与とによって，それぞれ新しい生産体制の形成に一定の役割を担った．この過程で，土地所有者層も商人層も，産業革命の進展に即応して積極的に近代工業社会の重要な一翼を担うことに成功し，支配階層としての社会的地位を維持したのである．こうした状況のもとでは，工業経営者は，外見の華やかさにもかかわらず，いまだ新興の階層に過ぎず，彼らの社会的地位や威信は大土地所有者や商人ににわかには及び得なかった．

この状況は，工業経営者の立場から見れば，経営者としての成功も彼個人の社会的評価の点では限界があることを意味した．そこで経営者たちは，より一層の評価と威信を得て社会的地位の向上を図ろうと思えば，工業経営に一定の成功を収めたとき，工業経営による蓄財を基礎に「所領を取得し，準男爵の位を得，議員となり，そしてついに貴族に列せられる」[15] (グリーヴズ) ことを目指し，いわば横すべりの努力を始めるのである．かくてアークライトと手を組んで綿紡績工場経営に先駆したジェデダイア・ストラット (Jedediah Strutt) の孫は1856年にベルパ卿 (Lord Belper) となり，またダウラス製鉄所で産を成したジョン・ゲスト (John Guest) は1845年にキャンファド所領を買い取って

---

15) H. Greaves, "Personal Origins and Interrelations of the House of Parliament", *Economica*, Vol. 9, p. 181. イギリスの経営者のこのような側面については多くの議論があるが，さしあたり中川敬一郎『比較経営史序説』第十章「イギリスにおける企業者活動」のほか，Peter Payne, *British Entrepreneurship in the Nineteenth Century*, および，Derek Aldcroft, "The Entrepreneur and the British Economy, 1870-1914", *Economic History Review*, 2nd Series, Vol. 17, No. 1 を見よ.

貴族への足掛かりを築き，息子の代 1880 年にウィンボーン卿 (Lord Wimborne) に叙せられたという具合である．

　向上心盛んな工業経営者は，こうして人生の究極目標においては貴族への成込みを願い，そのための日々の活動として工業経営の成功に努力するという，特異な社会的存在となった．工業経営者自身がこのように考え，また社会も工業経営者をこのように位置づけて評価しているとすれば，工業経営にある程度成功すると経営活力は減退し始めて少しも不思議はないであろう．

3.　初等・技術教育の立遅れ

　産業革命期の技術開発が基本的には経験技術の積重ねによって行われ，しかもそれが成功した結果，イギリスにおいては技術に係わる経験主義が定着していたことは，既に述べた．この経験主義は，技術者ないし労働者の技能養成について見れば，極度に専門分化した職分に関する現場教育にすべて任せておくことになった．ところが 19 世紀半ばころから登場した新技術は，電気にせよ製鋼にせよ合成化学にせよ，単に新しい技術であるにとどまらず，科学の知識や発見を基礎としており，その技術を取り扱うには，少なくとも新技術の基礎を理解できるだけの知識と能力が必要であった．たとえば単に勘で操作するのではなくて，量，時間，力，温度など作業を数値的に処理する能力，計算能力，さらに数値から作業の状況を判断し対応する能力など，新しい型の熟練が不可欠となったのである．これは体が覚えた技能だけでは対応できない問題であり，しかもさまざまの新興工業にいわば共通の問題であった．

　この解決は一定水準の知識教育[16]を施す他にない．たとえばコウルブルックデイル製鉄所の場合は，地元の小学校を支援して初等教育振興を図るとともに，成人教育を目的とした国語科学学院 (Coalbrookdale Literary and Scientific Institution) を 1853 年に設立している．しかし基礎教育は一企業の課題である

---

16)　教育制度と企業経済との関連は文化構造の観点から見て大きな研究領域となるであろうが，これまで研究は制度史に重点が置かれている．John Lawson and Harold Silver, *A Social History of Education in England* (1973), Brian Simon, *Studies in the History of Education, 1780-1880* (1960), Gordon Roderick and Michael Stephens, *Education and Industry in the 19th Century* を見よ．

よりは，地域の課題であり政府に課された問題であった．もっとも19世紀に入ると教会による小学校建設が進むが，宗派による格差や自治体の学校と教会系学校との格差が少なからず，そこで政府は1833年以降，小学校拡充のための補助金を出すことに踏み切って，初等教育に介入を始めた．

　けれども政府は国民の教育水準の向上に必ずしも熱心であったわけではなく，また国民の側も関心が薄かった．1860年代には6歳から13歳までの学齢期の児童のうち学校に通う者は半数に満たないと言われ，一説によれば入学年齢の児童のなかで実際に入学する者は5分の2程度，そのうち大部分は中途退学してしまい，学校教育の全課程を学んで卒業する者は4分の1に過ぎなかった．つまり同年齢のなかで初等教育を受けた者は1割そこそこという状態であった．初等教育について政府が本格的に取り組み始めるのは，1870年に制定した初等教育条令（Elementary Education Act）からのことであり，1880年に至ってようやく初等教育が義務化される．

　このようにして初等教育もほとんど受けていない国民が大部分であれば，そのうえに多少とも科学的知識に対応できる人材を養成することはきわめて困難である．19世紀後半のイギリス工業においては，労働者の資質の面でも，危機が足元まで迫っていたと言うべきであろう．それは，ドイツにおいて初等教育やギムナジウム（Gymnasium）のほか，工業高等専門学校など専門技術教育が制度として急速に整備され，工業活性化の基盤となったことと比べるとき，対照的な事態であった．

第3章 巨大経営への企業機会

第1節 アメリカ的大量生産体制

1. アメリカ型機械化観の形成

　イギリスが産業革命の成果を誇ろうとした1851年の第一回万国博覧会は，皮肉にもイギリスに取って代わる次の工業国の存在を披露する場ともなった．その一つはクルップ製の4トンもの鋳鋼大鋼塊を出品したドイツであり，これはベッシマ製鋼法発明以前にドイツが高い冶金技術を持っていることを意味し，イギリスを驚かせた．もう一つの国は，各種の農業機械と量産コルト銃とを展示したアメリカであった．当時はいまだヨーロッパ諸国に比べて後進の農業国と看做されていたアメリカが，農業機械はともかく，精密加工技術を必要とする銃砲を大量出品したことは，イギリスの産業界にとって衝撃的事件であった．この展示品によって，アメリカの工業技術の水準がイギリスにとり侮りがたいところに到達していることが明らかとなったのである．

　アメリカの製造業者たちは，農業機械とコルト銃だけでなく，ミシン，タイプライターをはじめ，さまざまの耐久消費財を，機械を駆使して大量に生産し始めていた．また繊維産業においてはリング紡績機を開発し，さらに製鉄業ではベッシマ転炉とほぼ同様の製鋼法をベッシマと同時期にケリー（William Kelly）が発明している．こうしてアメリカでは，イギリス産業革命の技術的成果をさらに改良した新しい技術と工業製品の開発が進められており，それを基礎として新しい経済体制が創り出されつつあった．

　ところで，アメリカの工業経営者が機械を使用し，また改良を試み，あるいは農業機械やミシンを開発しようとした，その動機は，イギリスの経営者とは

1851 年第一回万国博覧会の開会式

第一回万国博覧会（1851 年 5 月 1 日～10 月 15 日）は現在のハイドパークで開催された.
図は開会式に向かうヴィクトリア女王（左下中央）. J.Nash 作リトグラフ

かなり異なっていた. イギリスで産業革命期にさまざまの機械の使用が考えら
れたのは, 手工業技術による労働生産性と作業精度の限界, ならびに自然的条
件, とくに動力源としての水が, 経営拡大の阻止要因となり始めたことへの対
応策であった. これに対してアメリカでは, イギリスの技術開発の成果を利用
しつつも, イギリスにはなかった事情, すなわち工業労働力の不足と, それに
相関する高賃銀という, 人口に係わる二つの事情に対処するために, イギリス
を超えた機械の使用に向かうことになったのである.
　アメリカの人口の推移を見ると, 1800 年にはおよそ 530 万人であったもの
が, 1830 年に 1,287 万人, 1850 年に 2,319 万人と増加し, 1870 年には約
3,900 万人, そして 1890 年には 6,300 万人へと急増している. この人口増は
ヨーロッパからの移民によるところが大きい. たとえば 1820 年代には年平均

1万人以上，1840年代には年10万人以上と推定される移民による社会増が，19世紀アメリカの人口を急成長させていた．

ところが，開拓期のアメリカにおいては，西部へ向かって1860年代まで領土の拡張が続いていた．そこで，ヨーロッパからアメリカ東部に辿りついて商工業に職を得ていた移民労働者は，新領土の獲得とともに，中西部に開拓農民として大量に転進していった．いわゆる「西漸運動」(westward movement) である．ニューイングランドのロウエル綿布工場では1842年に次のように語られている．

「職工は週に10ドルないし20ドルの賃銀を得ているが，生活必要品をすべて買ったとしても週に5ドルから10ドルは残すことができる．だから2年か3年で彼らは金を貯めて西部に行き，1エイカーあたり1ドル4分の1で土地を買い求めるか，自分の家でささやかながら独立の商売を始めるかするのだ．」[1]

ここにも述べられているが，中西部の公有地は1820年当時から連邦政府の手で1エイカーにつき1ドル25セントで払い下げられていた．ところがその当時熟練工の賃銀は1日1ドル25セントないし2ドルと言われており，したがって労働者が決意すれば，中西部に行って広い土地の払下げを受け，農民となることは決して困難ではなかったのである．こうしてアメリカでは，賃銀労働者が労働者として滞留し蓄積されることなく，土地を入手して農民となってしまうという，いわゆる「土地への溶解」現象が生じていた．

土地への溶解が工業企業に与えた経済的影響は二重であった．第一にその分だけ工業労働力の供給が減少し，また工業地帯への定着が妨げられた．その結果，東部では絶えず労働力不足を引き起こしたばかりか，定着性が乏しい故に熟練の形成も蓄積も進まず，総じて労働力の質はイギリスに比べてはるかに劣らざるを得なかった．東部の工業経営者はこのような労働者を前提にイギリス製品に対抗しなければならず，そこで西部へ流出しがちの労働者を引き留めておくために，賃銀以外にさまざまな労働者対策を行う必要に迫られた．たとえ

---

1)　J. S. Buckingham, *The Eastern and Western States of America*, I (1842), H. J. Habakkuk, *American and British Technology in the Nineteenth Century*, p. 13 に引用．労働者の賃銀については，1800～1830年には平均1日80セント程度，1840～1860年には1ドルから1ドル25セント程度であり，機械工やミュール紡績工など熟練工はその約2倍を得ていた．Herman Krooss and Charles Gilbert, *American Business History*, pp. 137-139.

ばウォルサム紡績工場が寄宿舎を建てて労働者を厚遇したのはその一例である．ここではニューイングランドの農村から若年女性労働者を集めるため，住居環境の整った寄宿舎を用意し，日常生活，教育，信仰にまでわたって健全な生活を保証しようとした．

　第二に，劣質の労働力であるにもかかわらず，イギリスに比べてきわめて高い賃銀水準を作り出した．それは，工業労働者が容易に自作農に転進し得る状況のもとで，彼らを工場に引き留めておくには，農民に転じた場合の所得水準を考慮して工場賃銀を決めなければならなかったからである．アメリカ中西部の農業は，一般的に言えば，地味にも恵まれて生産性が高く，しかも経営規模が大きかったので，農民1人当りの所得もイギリスなどよりかなり多い状態であった．そこでこの高い農業所得が，工業労働者の賃銀水準を，熟練不熟練にかかわりなく，一斉に押し上げる作用をしたのである．その結果アメリカの不熟練工の賃銀は，もちろん熟練工の賃銀よりも安いのだが，その格差は，イギリスにおける不熟練工と熟練工との賃銀の格差に比べれば，はるかに小さく，その分アメリカの不熟練工の賃銀は割高であった．

　およそこのような労働力を前提にした工業経営においては，労働力不足を解消できるような機械，しかも不熟練工で操作でき，それのみか割高な不熟練工をも節約できるような機械の採用に対して，経営者の関心が向けられることになった．ここから，イギリスと比べてアメリカ型とも呼ぶべき，独特の機械化観が出来上がる．

　すなわち，およそ生産技術は一定の生産を達成するために資本と労働とを組み合わせて用いるが，その量がいずれも少ない方が技術としては好ましく，経営上良い結果を生むものである．しかし現実にはいずれか一方の生産要素を相対的に犠牲としている．つまり労働力を多量に用いてでも資本を節約するか（労働集約型），資本を多量に用いてでも労働力を節約するか（資本集約型）のいずれかである．イギリスでは豊富な労働力と工業経営の小生産者的発展という状況のもとで，経営者は作業場賃借をはじめとする資本の節約を行いつつ経営を展開していた．したがって，機械化もどちらかと言えば資本節約＝労働集約をもって進められた．それは農業において土地単位面積当りの収量を増加させる方向で技術改良が進められたことと軌を一にする．

これに対してアメリカでは，少数の不熟練労働者で大量の生産を可能とすることを機械採用の目的とし，そのための技術開発に努力するとともに，ヨーロッパからの技術と技術者の獲得に躍起となった．こうしてアメリカの工場では，作業の徹底した機械化，作業分割，専門作業機や専門工作機械の開発など，イギリスと比べれば資本集約＝労働節約型の経営が目指されることになった．それは農業においても同様で，ここでは1人の労働者でどれだけの農作業をこなせるかが問題であり，土地単位面積当りの収量は二の次であった．そこでホィットニイ (Eli Whitney) の綿繰り機 (cotton gin, 1792) を先頭に，マコーミック (Cyrus McCormick) の収穫機 (reaper, 1834)，ディーア (John Deere) の鋼製犂 (steel plow, 1837) などが現われたわけである．そしてこの農業機械が1851年の万国博覧会でも，アメリカの技術の一つの代表となったことは上述のごとくである．

2.　互換性部品制度の発達

　19世紀半ばに世界の注目を集めたアメリカの機械や機械製品の特徴は，それが互換性を持つ部品によって組み立てられていたことであった．多数の部品から成る機械や機械製品を大量生産しようとすれば，否応なく直面する技術問題の一つに部品の互換性 (interchangeability of parts) がある．同じ機械製品を大量に生産するには同じ部品を大量に作ることが必要だが，同一部品をまったく同じ加工精度をもって大量に作ることは，技術的に決して容易なことではない．しかも多数の部品を組み合わせて複雑な製品を作る場合には，それぞれの部品の加工精度の如何が，できあがった製品の性能に大きな影響を与えかねず，極端な場合には製品としての機能を発揮しない．

　部品の互換性という技術思想は，ボウルトン＝ウォット商会において，回転式蒸気機関を量産する際に，顧客の求めに応じて機械の保守と修理を迅速に行うために必要だとして登場していた．とくにアメリカでは，収穫機，ピストル，ミシンなど，機械には素人の大衆が使用する耐久財が量産されたという事情もあって，部品を標準化し互換性を持たせて保守を容易にすることに積極的であった．

　さて，互換性部品の思想を大々的に取り入れた最初の工業経営者はホィット

ニイだとされている．彼は1798年に連邦政府と小銃1万挺の製造契約を結ん
だが，その際兵器廠に修理されないまま放置されている小銃の山を見て，「別
別の銃の同一部品は相互に代替できるべし」という技術原則を考え出した．だ
がそのためには，銃は同一規格で，その部品もすべて規格化され斉一性を持っ
ていなければならない．そうしたことは，伝統的な製造方法によって，手工的
熟練職工の手で芸術的に部品を摺り合わせて組み立てている限り，不可能で
あった．

　ホィットニイがそこで考え出した工夫は，一つは銃の母型を作り，この型に
合わせて部品を鋳鍛造するという方法で，これは仕上げの工数を減らして精度
と効率をともに高める効果があった．彼はさらに部品を切削するための機械加
工工程について，部品それぞれに適した治具[2]（jig）とフィクスチャー[3]
（fixture）を開発した．ホィットニイが当初用いた工作機械はイギリス型の汎
用機であったが，後に彼は専門工作機械を自ら開発するとともに，製造する部
品それぞれの加工工程に対応して，多数の機械を配置し専用の治具とフィクス
チャーを装着した．これにより標準化した部品の量産が可能となり，しかも手
工的熟練への依存を減少させた．

　工作機械を専門化して用いることは単能型の専門機械の開発を誘ったが，同
時に作業工程の細分化がさらに進むことになった．たとえばホィットニイの生
産方式をまねたスプリングフィールド兵器廠では，機械工の職種が1810年に
は20であったが，1830年には98，そして1850年には151に増えている．こ
れに対して1職種当りの人数は10人，3人，2人と減少した．このように細分
化した各工程に専門工作機械を配置するので，一経営内の機械の数は自ずから
急増することになった．たとえばコルト（Samuel Colt）のハートフォード銃器
工場では，実に1,400台もの専門工作機械を設置していた．かくて，不熟練工
でも容易に操作できる単能の専門工作機械を工程順に大量に配列して，一定の
加工精度を確保しつつ，高い労働生産性の実現を可能とする，新しい生産体系
が作り上げられるわけである．

---

2)　旋盤など工作機械に装着して，加工材に対して，加工すべき穴や面の位置を一定に保つ
　　ことができるよう，刃を把持する工具．
3)　工作機械の刃に対して，被加工材の中心線を保持するための工具．

コルトのハートフォード工場（1860年頃）

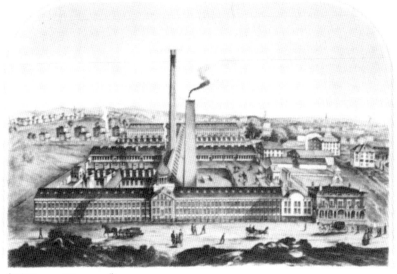

米国 Library of Congress 蔵.

　他方，工作機械自体の開発と改良も試みられた．ホィットニイは複雑な形状の切削を高速で行える平フライス盤（plain milling machine）を1818年ころ発明した．これは円筒の外周と端面に多数の切削刃を持つ工具（フライス）を，固定された主軸で回転させ，被加工物を前後，左右，上下に動かしてフライスにあて，切削する構造で，フィッチ（Stephen Fitch）が1845年に発明したターレット盤とともに，その後アメリカで開発される工作機械のいわば母体となり，また工場に設置される工作機械の中核を占めることになった．

　このような生産体系と機械とをもって製造される部品が，規格どおり正確に出来上がっていれば，部品は互換性を有し，また各部品を組み立てればそれで所期の性能を発揮する製品が完成するはずである．しかし実際には，部品加工精度に完全は期しがたく，多少の誤差は避けられなかった．そこでさまざまな部品を組み合わせて一つの製品を作る場合には，一つ一つの部品を正確に組み付けるために微細な切削摺り合わせを行い，互いに馴染ませるという工程が最終的には不可避であった．そしてそれは熟練工の仕事であった．だがこれは，

同一部品の互換性を奪い，また機械による大量生産の隘路となる技術問題で
あった．

　製造した部品が規格どおりの寸法で仕上がっているかどうか，加工精度の斉
一性を確認するためには測定器が必要であった．長さの測定はもちろんである
が，厚みや内径，外径を測るには特殊な器具が不可欠であり，機械による部品
量産が始まるとともに，そうした測定器の開発も始まった．その嚆矢はウォッ
トが発明した厚み計（micrometer）と考えられている．しかしウォットの厚み
計は取扱い方法が難しく，工場現場での実用性は備えていなかった．これに対
してアメリカでは，ブラウン・アンド・シャープ社（Brown & Sharp Co.）が
1851年に副尺付のノギス（vernier calipers）を開発しており，これは取扱いが
比較的容易で，1,000分の1インチまで読むことが可能であった．また同社は
1868年にウォットの厚み計を改良して，取扱いを簡易化し，1万分の4インチ
を読めるマイクロメータを開発した．

　これらの測定器は，測定精度は高いのだが，一つ一つ対象物にあてがっては
ネジを操作して目盛りを読み取るという手間と熟練とを要した．ところが製品
の実用上の観点から見れば，部品が完全な精度をもって加工されていなくとも，
また部品と部品が100パーセントの精度をもって摺り合わされておらずとも，
ある範囲内の精度で製作されていれば使用上は支障がない．要するに加工精度
は厳密であるに越したことはないが，実用上は許容誤差＝公差の範囲に収まっ
ていればよい．そこで，製品の仕上がり寸法が公差の範囲内にあればその部品
は摺り合わせをせずとも実用上十分であるという技術思想に基づいて，製品の
寸法が公差内にあるかどうかだけを誰にでも簡単に確認できる測定器として，
限界ゲージ（limit gauge）が開発された．こうして互換性部品の量産技術が
揃ったわけである．

　1851年の万国博覧会でコルト銃がイギリス人を驚かせたのは，アメリカで
連発銃を作ることができたことではなく，製造に高度な手工的熟練を必要とす
る銃器が，互換性部品に基づいて量産されているという事実であった．もっと
も，互換性部品の採用はホィットニイを皮切りに，スプリングフィールド兵器
廠，コルトなど銃器生産にまず広がりはしたが，完全な無差別部品の組立てと
いう域には容易に達せず，それは19世紀後半に持ち越される課題であった．

コルト銃とともに 1851 年の万国博覧会にアメリカから出品された収穫機の製造業者マコーミックもまた，互換性部品制度をいち早く取り入れた一人であった．その互換性部品の効用について，1859 年のシカゴ・トリビュン紙は次のように報じている．

> 「以前に機械を買ったイリノイやミズウリの農民は，自分の機械を購入した年と作ってもらいたい部品の名前を告げさえすればよい．鋳型工か鋳造工が修理室から彼の機械の型を取り出して，すぐに注文に応じる．」[4]

3.　アメリカ的大量生産体制

　製造工程を細分して専門機械を配列する生産体系は，当然に機械と機械，工程と工程の間をどう連結するかという技術問題を提起する．作業工程の連続化について，早くは 1787 年にイヴァンス（Oliver Evans）が製粉工場でベルトコンベアを用いた事例が知られている．しかし専門機械の発達と関連した連続化は，機械工業を中心として，典型的には組立ライン（assembly line）という形で 19 世紀半ばころに登場し，工場全体としての生産効率を高めることになった．そうした工場の一つたるマコーミックの工場の様子について，1851 年のシカゴ・デイリ・ジャーナル紙は次のように描写している．

> 「工場に入ると，目の前には多数の鋼製小車輪が縦，横，斜めの軸に取り付けられた装置がある．それは止まっているように見える．ところが，何も加工していない木塊がつぎつぎと小さなレールの上を，何か不思議な力によって引き寄せられるように，この鋼の車輪に近づいてゆく．木塊が輪に触れるや，動くに連れてたちまちに溝が切られ，扇形に切られ，丸く削られてゆく．工具はほとんど何も手を下さないで，ゆったり休んでいるように見える．別の軌道に移され，ギロチンのような装置に来ると，ほぞ穴が作られ，他の穴もあけられる．あっと言う間に次に運び去られ，そこでは人手なしで休みなく動いている平削り機がうなりをあげて木を研磨する．こうして滑らかに形を仕上げられると，収穫機に組み付けられる．」[5]

以上のごとくして，19 世紀前半のうちにアメリカで銃器製造業を起点に発達した工場制生産体制，すなわち作業工程の細分化，専門機械の大量使用，作業工程の連続化，一貫生産という製造工程上の特徴と，互換性部品という製品

---

4)　Cyrus McCormick, *The Century of the Reaper*, p. 42 に引用．

5)　*Ibid.*, p. 37 に引用．

上の特徴とを備えた大量生産体制は，イギリスで展開された工場制度とはかな
り異なった特殊アメリカ的なものであった．1851年万国博覧会でアメリカの
機械製品に注目したイギリス政府は，1853年のニューヨーク博覧会に際して
視察団を派遣した．当時イギリスで最高の機械技術者ホィットワース（Joseph
Whitworth）を含む視察団は，博覧会のほかアメリカの工場をいくつか訪問し，
そのなかにはスプリングフィールドの連邦政府兵器廠も含まれていた．この視
察団の報告を受けて第二の調査団が，銃器工場の調査とアメリカ式銃器工場の
新設に必要な機械と見本の購入を使命として，派遣された．王国兵器廠バーン
大佐以下3名の調査団はアメリカに数ヵ月にわたって滞在し，スプリング
フィールドおよびハーパーズ・フェリの両兵器廠のほか，労働節約的新機械を
使用している多数の民間工場を訪れているが，その報告書[6]はアメリカの技術
の特徴をよく捉えている．

　「アメリカにおける労働力不足と高賃銀の結果として，また労使ともに，労働節約機
械装置は双方にとって利益であると確信して，その導入にきわめて熱心であるためも
あって，実にさまざまな産業がイングランドの木綿工業と同じやり方で運営されてい
る．つまり，大きな作業場で，ほとんどすべての工程に機械を用い，労働は極限まで
細分化し，ほとんど完璧な製造システムにまとめあげられている．機械工や機械製造
業者が通常使っている機械の水準については，全体として見ればイングランドよりも
劣っている．しかし，一つ一つの作業のためにそれぞれ特別の装置を使うということ
が，ほとんどあらゆる産業分野で行われており，この点でアメリカ人は大変な才能と
果敢な活力を発揮している．」

調査団の主目的は銃器製造技術の調査にあったので，その報告は詳細をきわ
めている．

　「連邦政府の機械製マスケット銃の相互間での部品の交換の問題は，これまで大変議
論を呼んでいるところであり，本調査団もとくに重点を置いた．そこで可能な限り十
分にこれを実地試験する目的で，リプリ大佐の許可のもとに，スプリングフィールド
兵器廠から，1844年製から1853年製まで製造年の異なるマスケット銃10丁を選び，

---

6)　*Report of the Committee on the Machinery of the United States of America* (Parliamentary
Papers, 1854-55, L)．なお，この当時イギリスにおける銃器の主要生産地であったバーミ
ンガムの製造業者は，この調査団の報告に高い関心を示し，アメリカの方式を脅威と受け
取った．Samuel Timmins, ed., *The Resources, Products, and Industrial History of Birmingham
and the Midland Hardware District* (1866) を見よ．

調査団の目の前で分解し，各部品はそれぞれ一緒に混ぜて箱に収めた．次いで，銃器
『組立』工に組み立てるよう命じた．部品は調査団員が任意に取り出して職工に手渡し
たが，職工はねじ回し1本で，しかも1丁ごとにそれぞれの部品を慎重に分けてある
イギリス製マスケット銃を組み立てるのと同じように迅速に，組み立てた．

　部品のなかで何らかの印がついているのは銃身と引き金で，製造年が入っている．
試験する銃の製造年が全部異なるので，調査団は同じ年の銃身と引き金が一緒になら
ないよう注意し，その組合わせは次のようになった．すなわち1847年の銃身と1849
年の引き金，1844年の銃身と1852年の引き金，（中略）他の部品は特別の印はなく，
任意に渡された．このようにして部品を相互交換したマスケット銃の組付け具合は，
調査団の見るところでは，部品を相互に交換する前と同様にぴったりしており，同様
に作動した.」

主として銃器工場の調査に基づく結論のなかで，調査団は次のように述べて
いる．

「次に着目すべきことは，あらゆるところで，しかも通例とくに重要とは考えられて
いない産業部門においてさえ，取り入れられている，素晴らしい生産のやり方につい
てである．それは，工具や機械の選択，応用の仕方，工場内で原料が加工されてゆく
工程の組立て方についてだけでなく，労働者の規律とまじめさについても言えること
である．

　この国では機械を工夫したり製作したりすることは日常茶飯であり，多くの人が大
変精力的に働いているので，わが国においても同じようにならないと，賃銀に差が
あっても，アメリカの製造業者は遠からず，諸外国のみならずイングランドに対して
も，製品を輸出するようになろうと懸念される．かかる事態が万一にも生ずるとすれ
ば，その原因は必ずや，イングランドの製造業者が機械の改良や機械を用途ごとに専
門化して使う努力をしないことにある.」

イギリス人は，このように脅威を感じたアメリカの生産方法を，とくにそれ
が全体として体系化されている点に特徴を見出したが，やがてそれはアメリカ
的製造システム（American system of manufacturing）と呼ばれるようになった．
このアメリカ的大量生産体制は，銃器産業で開発されてのち，ミシン，自転車，
収穫機，既製服，既製靴などにたちまち導入され，1920年代初めにできあが
るフォード（Henry Ford）の自動車一貫製造工場たるリヴァー・ルージュ工場
（River Rouge plant）において，発展の頂点に達する．

ところで，作業の分割と単純化，機械化，連続化を編成原理とするアメリカ

の大量生産体制は，それに先行していたイギリスにおける経営特化という形の生産体制の合理化に特殊アメリカ的条件が加わって，徹底的に作業分割を進めた到達点であった．したがってそれは，作業分割による機械と労働の生産性向上という限りでは，合理化の極限が目指され，また達成もする．しかしそれは，この生産体制に組み込まれた経営主体，とくに労働者の主体性という観点から見るならば，出来ることなら人間の技能や判断や主観を生産工程から排除したい精緻な機械体系に対して，機械を操作する者の主体性はまったく無視された存在となることを意味した．それが人間の労働の場たる工場のあり方として問題だという批判は 1930 年代ころから生ずるが，しかしいわゆる科学的管理法が脚光を浴びている折に，労働における主体性などという問題に経営者は目を向けようとはしなかった．

4.　イギリスの大量生産とアメリカの大量生産

　工場制生産体制を創り出したと言っても，イギリスとアメリカとでは，主導産業と製品から見て，著しく内容を異にした．イギリスでは綿工業，製鉄業，機械工業などが産業革命期の主導産業であったが，このなかで機械工業の製品たる蒸気機関や各種の機械類などはほとんどが注文生産であり，不特定市場向けの量産はしなかった．綿工業と製鉄業の製品は市場向け量産品であったが，それはさらに加工されるための工業素材ないし中間生産物であり，消費者に直結した最終生産物ではなかった．

　他方アメリカに登場したアメリカ的製造システムを持つ大量生産の代表業種，すなわち銃器，ミシン，収穫機，既製服，既製靴などは，いずれも不特定市場向け量産を行い，しかもそれは加工素材ではなく最終生産物であった．したがって，アメリカの大量生産商品は市場に出される最初から用途が限られており，消費者は画一的に同一商品を用いるという生活様式がここから創り出されることになる．

　工作機械についてもイギリスとアメリカでは技術思想が異なっており，そのことが作業組織や工場編成にも影響を与えた．産業革命期に登場し 19 世紀前半に発達したイギリスの工作機械は，一般的に言えば多能型の機械であり，たとえば旋盤の場合，円柱ならばどんな外形も切削できたし，ある程度の穴刳り

もできればネジも切れた．この機械をすべてにわたって操作するには相当の熟練を要し，それをこなすことが一人前の旋盤工の技能と考えられた．

ところがアメリカでは，不熟練工に操作でき，しかも熟練を要する摺り合わせを省きたいという目的を持っていたので，機械の用途を特定化した単能型の開発が進められた．多能型と単能型の機械を比較すると，後者の方が操作が容易であり，かつ生産性も高い．しかし単能である故に，工場経営のためには各種の単能機を組み合わせて一連の機械体系を作り上げ，各工程を連続化する装置を開発する必要も生じ，かくて工場は大規模化し資本投下量も大きくならざるを得なかった．こうしてアメリカが開発した生産体制は，高い生産性と大規模投資に見合って，イギリスよりもはるかに大量の生産に自ずと向かう特性を有していたわけである．

このことは製品の販売にも影響を与えずにはおかなかった．イギリスで工場制生産が出現したとき，大量生産は特徴的に中間生産物の分野で行われたので，その製品の販売先は一般に最終生産物を製造する工業企業であった．しかも流通組織が発達していたので，工場経営者が製品の販売に係わる負担は必ずしも大きくなかった．これに対して 19 世紀半ばにイギリス人の注目を引いたようなアメリカの大量生産体制は，いずれも最終生産物の分野に出現した．したがってここでは，製造業者は，最終消費者たる大衆を直接の顧客として，大量生産した製品の大量販売を自分の課題とせざるを得なかった．しかし大量販売すべき市場はと言えば，広大な国土に散在して農民に戻ろうとする自営化指向の強い大衆消費者であり，それに加えて流通組織はイギリスのように発達してはいない．このような状況であったので，大量生産体制を創り出した工業経営者は，製品販売の面においても，独自の工夫を迫られ，やがてこの時期としては特殊アメリカ的な経営を展開することになった．

第 2 節　アメリカ的大企業の発生

1.　経営基盤の地理的拡大

大量生産体制を創出したアメリカの工業企業が，大量の商品を売り捌こうとするとき，その購買力の持主たる大衆は，東部商工業地帯から中西部へ土地を

表 3-1　農業人口から見た 19 世紀前半のアメリカとイギリス

年	アメリカ					イギリス		
	国 土 (万km²)	人 口 (万人)	人口密度 (人/km²)	農業従事者 (万人)	 有業人口中の比率	人 口 (万人)	農業従事者 (万人)	 有業人口中の比率
1800	83	531	6.14	111	72.8%	1,050	170	35.9%
1830	206	1,287	6.25	277	70.5	1,630	180	24.6
1850	298	2,319	7.78	490	63.5	2,080	210	21.7

(注)　イギリスについては1801, 1831, 1851年の数値である.
(出所)　鈴木圭介編『アメリカ経済史』147, 190頁および Phyllis Dean and W. A. Cole, *British Economic Growth 1688-1959*, PP.142-143.

求めて進む西漸運動のさなかにあった. 総人口は, 表 3-1 に見られるように,
19 世紀前半に約 4 倍に増加しているが, 領土もまた急速に拡大しつつあった
ので, 人口密度はこの間ほとんど変わっていない. しかも 1850 年に至ってさ
え, 農業人口が 6 割を超えており, この人々は広大な国土に分散しているので
あるから, 工業製品の市場として大衆消費者を標的にすると言っても, それは
容易にできる状況ではなかった.

ところで, 人口の西漸運動を支え, またそれとともに発達した鉄道が, 国内
市場の形成に大きな役割を果たした. アメリカの鉄道建設は 1827 年にボル
ティモア゠オハイオ鉄道 (Baltimore and Ohio Railroad) が路線免許を得て,
1830 年に 13 マイルの部分開業をしたのが始まりで, 1850 年に路線延長は約
9,000 マイル, 1860 年に 3 万マイルに達し, 中部以東については 20 世紀の路
線網がこのときまでにほぼ完成した. とくに 1850 年以降は, 州政府および連
邦政府による積極的な鉄道建設促進政策[7]も手伝って, ミシシッピ河以西の鉄
道建設が急速に進んだ. 1869 年にはシカゴから西進したユニオン・パシ
フィック鉄道 (Union Pacific Railroad) とサンフランシスコから東進したセン
トラル・パシフィック鉄道 (Central Pacific Railroad) の軌条が結ばれて, 初の

---

7)　奨励策は大別して, 州政府による鉄道債券買付け, 免税, 出資などと, 連邦政府の助成
　策とがあった. 連邦政府もまた巨額の貸付けを大陸横断鉄道に実施したほか, 次のような
　用地優遇策を講じた. rights of way——通例, 線路敷として 200 フィート幅の土地と操車場,
　車庫, 駅舎用地を無償供与. free timber, free stone——路線建設用の木材と石材を公有地か
　ら無償供与. grant of lands——資金援助のかわりとして, 路線の両側の公有地を 6 ～40 マ
　イルの幅で無償供与. この土地供与は 1871 年に中止となったが, そのときまでに中西部
　および西部の公有地およそ 3 億 2,300 万エイカーが鉄道会社の手に渡った. Ross Robert-
　son, *History of the American Economy*, pp. 246 ff. を見よ.

表 3-2　都市の成長

（単位：1,000人）

都　市　名	1850	1870	1890
Atlanta	3	22	66
Baltimore	169	267	434
Boston	137	251	448
Chicago	30	299	1,100
Denver	—	5	107
Indianapolis	8	48	105
Kansas City	—	32	133
Minneapolis	—	13	165
New York	696	1,478	2,507
Omaha	—	16	140
Philadelphia	340	674	1,047
San Francisco	35	149	299

（出所）　B. R. Mitchell, ed., *International Historical Statistics : The Americas and Australasia*, pp. 97-99.

大陸横断鉄道が出現し，そして 1880 年ころにはほぼ現在の全国路線網が完成している．

鉄道と並んで電信の建設が進んだことも，国土の広いアメリカにとっては重要な経済基盤整備となった．モールスが有線電信を発明したのは 1837 年であったが，10 年後には東部地域に電信網の発達を見ており，1861 年には鉄道に先駆けて電信回線がカリフォルニアに到達している．電信は鉄道の運行管理にさっそく利用されたほか，商業取引に活用されて，広大な国内の遠隔地間取引を即時に可能ならしめた．

鉄道は既存の商工業地域を結びつけて商品流通を促進する機能を果たしたばかりでなく，建設が進められる初期には，鉄道が延長されるとそれだけ人々が西部に入ることを容易にし，その人々が荒野森林を農地に変え，新たな農村をそこに出現せしめるという，開拓的機能をも果たした．ところが全国的路線網が一応出来上がる 1870～1880 年代ころになると，鉄道交通の拠点となっているような重要分岐点を中心に，鉄道路線に沿って新興の都市がにわかに急生長を見せ始めた．そうした都市の代表はシカゴやカンザス・シティなどであるが，その成長の速さは，表 3-2 でニューヨークやボストンなど古くからの都市と

比較してみれば，一目瞭然である．こうした大小の都市の発達に伴って，一旦
は農村に拡散した人口もしだいに都市に集中し始め，1900年に至ると全人口
の4割以上が都市人口に数えられている．19世紀後半に以上のように進行し
た鉄道と都市の発達は，当時の製造企業にとって経営的にどのような意味を
持ったであろうか．

　1860年代までのアメリカの産業構造は，大づかみに言えば農業部門および
農業経済に対するサービス部門としての商工業という二部門から成り立ってお
り，非農業部門は，鉄道を別とすれば，農産物加工と農民に対する工業製品
——たとえば農機具や小銃その他金属製品，ミシン，衣料品，一部の食料など
——の供給を主内容としていた．ところが19世紀後半にも依然として人口が
急増するなかで，都市への人口集中と有業人口中の非農業従事者の比率の上昇
が見られたことは，取りも直さず生活消費財需要がそれだけ増大することを意
味した．それは産業構造の重心が移動し始める兆候だと言ってもよい．しかも
全国的鉄道網が出来上がったことによって，商品を大量かつ迅速に全国どこへ
でも輸送できることとなり，生産者にとってはこの面でも市場の範囲が飛躍的
に拡大した．だがこのことは，鉄道と電信を媒介にして，生産者が全国競争に
巻き込まれる可能性が強まったことでもあった．

　大量生産体制を生み出した製造業が活動の舞台とする国内市場は，19世紀
半ばにこのように大きな構造的変化をまさに生ぜしめんとしていた．

2.　大規模経営への企業機会

　全国鉄道網の発達と人口の都市化という，製造企業にとって新しい経営条件
が出現したことに対して，この新条件を積極的に利用して経営行動を展開しよ
うとした一群の経営者が，さまざまな産業分野に登場した．この人々は新技術
や新商品をそれぞれ自分で開発し，分野によってはアメリカ的製造システムの
技術を活用しつつ大量生産に向かい，鉄道網を利用して全国市場に進出を試み，
独自の流通組織を構築した．収穫機のマコーミック，ミシンのシンガー，食肉
冷凍加工のスウィフト，紙巻たばこのデューク，型入石鹸のプロクタなどがこ
うした新しい経営行動で先駆した代表者である．
　（1）　マコーミック収穫機会社（McCormick Harvesting Machine Company）

マコーミックの収穫機の広告（19 世紀半ば）

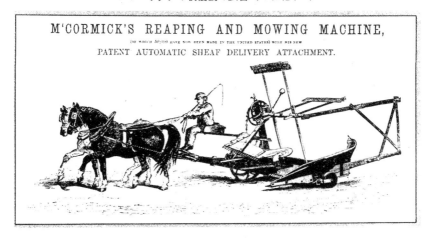

サイラス・マコーミックはヴァージニア州リッチモンド近郊の農場主の子と
して生まれ，1834 年に収穫機の特許権を取得した．小麦は実ったのち，きわ
めて短かい期間内に刈り取る必要があるので，労働力不足のアメリカでは，刈
り取りの機械化は農業経営改善のための重要課題だったのである．もっとも，
マコーミックの収穫機はまったくの新発明というわけではなく，機械の主要な
構成部分 7 つのうち 6 つまでは既に他人が発明したものであったと考えられて
いるが，マコーミックはそうした在来の機構を集大成し，それに自分の工夫を
付加したのである．ともかく彼の機械によって，実用的な収穫機の原型が出来
上がった．
　マコーミックはリッチモンドで 1847 年までに数百台の収穫機を製造したが，
同時に，地域を限定して特許実施権と製品販売権を譲渡したので，彼の収穫機
は直営工場製と提携企業製の二系統が農民に提供されることになった．ところ
でマコーミックは，広大な中西部の農業地帯こそ収穫機の需要が最もあるとこ
ろだと見込んで，中西部への交通の要衝であるシカゴに 1848 年に新工場を建
設し，これを生産の本拠とすることにした．この工場は動力として蒸気機関を
使用し，互換性部品の考え方に基づいた部品を製造し，これをコンベアの流れ
作業で組み立ててゆくという最新の生産体制を持っており，1848 年一年のみ
で 1,500 台もの収穫機を製造できた．なおシカゴ工場の操業とともに，部品の

互換性を維持するうえからも，従来の特許実施権と地域専売権の譲渡を一切やめることにした．

　量産される収穫機の販売方法については，市場を地域割りした販売区(territory) に分けて，各区ごとに販売責任者たる特約巡回代理人と各地の代理店を指定した．この人々は製品の展示，販売，アフターサービス，代金回収等をマコーミック社から委託され，取扱手数料が支払われた．こうしてマコーミック社―特約巡回代理人―代理店という形の販売組織が編成された．ところが1860年には収穫機の生産台数は年産16,000台にも達し，経営規模が拡大するに伴って，代理店の数もまた増加し始めた．他方この頃から農業機械業界には新規企業の参入が相次ぎ，販売競争は激化する兆しを見せていた．こうしたなかで，従来の代理店組織で委託業務を統制することはしだいに困難となってきた．そこでマコーミック社は，1870年代に入ると，代理人と代理店をマコーミック社専属に切り替え，取扱手数料は給料に変更し，これによって代理販売組織を直営販売店網に組織替えしてしまった．この結果マコーミック社は全国的な直営販売組織を持つことになり，大量生産される収穫機はシカゴ工場から鉄道によって全国販売店に出荷され，販売店はアフターサービスにも即応するという，全国的な生産と販売の体制が作り上げられた．

　(2)　シンガー・ミシン会社 (I. M. Singer & Company)

　シンガー (Issac M. Singer) が実用性のある裁縫機を発明したのは1846年である．取扱いの簡便なこのミシンは，拡散した農村地域に需要があると思われたが，機械の存在を消費者に知らせるにも，また修理を行うにも，既存の流通組織には利用できるものが見当たらない状況のもとで，シンガーは1851年にクラーク (Edward Clark) と共同でミシン製造に乗り出した．

　シンガーは早々から互換性部品の制度を採用し，組立と修理の迅速確実を期したが，販売についてはマコーミックの当初と同じく，地域ごとに代理店を置き，地域専売権を譲渡した．シンガーは，この専売権の譲渡代金を経営資金として自分は製造に専念し，代理店はミシンの宣伝，実演，販売，修理を行うという体制で，代理店の力で新商品たるミシンの市場を開拓しようとしたわけである．しかしこの方法ではシンガーは代理店から製品を買い叩かれ，値引率は時に4割にも及んだ．しかも，代理店は必ずしもシンガーが期待したようには

実演や修理サービスを行わないという問題があった.

　シンガーはミシン販売上のこれらの問題に対処するため,直営店を設けて直接販売を試み,1852 年にボストンにまず 1 店を開いた.その後 1855 年から販売権譲渡方式を中止して,主要地域に直営支店を開設する方針に転換し,1859年には支店 14 を数えた.こうした支店にはシンガー社から技術員を配置し,宣伝,販売,修理,情報蒐集を直接行う体制とした.他方,旧来の代理店については専売権を買い戻すか,シンガー社に吸収するかの努力を重ね,南北戦争が終わるころには,シンガー社は製造と販売組織とを一貫統合した経営体制を作り上げ,その販売組織は全国を覆うものとなった.このような体制において生産台数は 1855 年以降急増し,1860 年 13,000 台から 1870 年代には年産 20万台ないし 30 万台と称されるに至った.

　(3)　スウィフト社 (Swift and Company)

　ガスタヴァス・スウィフト (Gustavus Swift) はボストンで精肉業を営んでいたが,食用牛の産地が中部であるため,大消費地たる東海岸までの輸送経費が嵩むことに対して,解体冷凍した牛肉を冷蔵貨車で輸送することに関心を持った.この考えはスウィフトの独創ではなく,ハモンド (George Hammond)が 1868 年に食肉の冷凍輸送を始め,1872 年には中部からボストンに定期輸送を開始している.しかしハモンドの場合は肉が変色してしまうなど,技術的難点があった.スウィフトは,この難点が解決できれば冷凍肉の輸送が食肉流通の優れた方法であると信じ込み,冷凍技師チェイス (Chase) と共同で技術研究に取り組んだ.その結果彼らは,冷蔵貨車 (Zimmerman car) とチェイスの食肉冷蔵装置 (Chase meat cooler) を組み合わせて信頼度の高い冷蔵貨車を開発し,1878 年に冷凍肉をシカゴからボストンに輸送する実験に成功した.品質を落とさず食肉を長距離輸送することは,これによって技術的には可能となったのである.

　スウィフトはシカゴに工場を設けて冷凍肉の販売に乗り出そうとしたが,消費者の偏見も少なくはなく,とくに食肉小売業者は顕な反対を示し,取扱いを拒否する者が多かった.冷凍肉を鉄道輸送するスウィフトの方式は大量に実施されて初めて経済効果が発揮されるのだが,食肉店が取扱いを拒否していたのでは,スウィフト方式自体が成り立ちがたい.この事態を打開するため,ス

ウィフトは在来の食肉流通組織を利用することを諦め，直営店を設けて宣伝と販売を進める方針を固めた．1880 年代に入ると，スウィフトは冷凍倉庫を備えた直営の支店を全国各地に設け，支店を中核に地域ごとに小売店作りを進め，この小売店もしばしばスウィフト社員が経営するなど，流通の末端まで直轄する組織を作った．そして冷蔵貨車を駆使してシカゴから支店に直送する体制とした．このような組織作りと同時に，スウィフトは消費者向けに冷凍肉の安全性と品質についての広告宣伝に努めた．

　ところでスウィフトは直営ないし直轄小売店舗を多数設置した結果，店頭での取扱品目が牛肉だけでは経営効率が必ずしもよくないことに気づき，牛肉の事業がともかく軌道に乗ると，豚，羊，鶏，鶏卵，酪農品と逐次取扱品目を広げた．食肉関連品は何でもスウィフト社で生産し，スウィフトの店で何でも揃うという，いわゆるフル・ライン（full line）生産である．全国的規模で品質とフル・ラインの品揃えを看板に掲げたスウィフト社は，地域ごとにそれぞれ生牛屠殺を行っていた在来の精肉業界をたちまちに圧倒し去った．1888 年以降，スウィフト社はカンザス・シティ，オマハ，セント・ルイスをはじめとして，生牛取引の中心的 6 都市に精肉工場を相次いで建設するとともに，各地の屠殺場をも傘下に収めていった．

　こうして一社で大量の食肉を取扱うことになったので，スウィフト社は牛などの買付けを組織化することにも進み，かくて原料買付けから製品小売までの全流通組織を自前で整備し，しかもそれを精肉工場を中核として，冷蔵貨車を媒介に，全国的規模で展開したのである．ちなみに 1917 年には，スウィフト社の支店数 367，社有冷蔵貨車 8,628 輌であり，翌 1918 年における鉄道配送経路は 484 で，これによって 23,376 の町を結んでいた．

　（4）　ジェイムズ・デューク（James Duke）

　デュークは 1881 年に葉たばこの産地ノース・キャロライナ州のダーハムで紙巻たばこの製造を始めた．この当時の紙巻たばこは手巻きで作られていたが，デュークは製造費用の引下げを目的に，1884 年に機械を導入した．この機械は 1 日 10 万本の製造能力があり，手巻熟練工が 1 日 2,000 本ないし 2,500 本程度であったのに比べて，飛躍的な量産と労働節約とが期待されたのである．しかし機械巻たばこに対して代理商は，消費者が好まないという理由で，取扱

いを渋った.

　デュークはそこで，一方で広告宣伝を大々的に展開し，他方では代理商を抜いて直接に小売店にたばこを届ける直販体制を作った．これが成功を収め，機械導入の翌年には日産1,000万本に達した．機械巻たばこで成功したデュークは，その後パイプたばこ，葉巻，噛みたばこなど，たばこのフル・ライン生産を進めた．デュークの経営は，生産合理化を目指した新製品が既存の流通組織に受け入れられなかったことを契機として，自前の直販体制を全国的規模で作り出し，やがて生産のフル・ライン化を図ったという点で，スウィフトの経営行動ときわめて類似していると言えよう.

　（5）　ハーリ・プロクタ（Harley Procter）

　プロクタは伝統的な石鹸業界にあって，良品質を武器に全国市場へ進出を試みた．しかし，小売店頭では練石鹸は製造業者を区別することなく計り売りされていたので，単に品質の良し悪しだけではプロクタ製品が競争上優位に立つことは困難であった.

　1879年にプロクタは，石鹸を小さな型に入れて堅く固める技術を開発し，この成形した石鹸に"Ivory"なる商標を押し，一箇ずつ包装して発売した．これによってプロクタ製品は他の業者の石鹸からはっきり識別性を得ることになったが，プロクタはさらに全国的月刊雑誌に定期的に全頁広告を出し，アイボリ石鹸の利便さと品質の良さを読者に訴えた．当時全国的月刊誌の読者は中・上流階級の人々であったので，プロクタの広告は，中・上流の人は良質の石鹸を使うものであり，アイボリ石鹸は良質であるという印象を作り出し，取扱いの便利さと相俟って，消費者を組織化することに成功した.

　石鹸製造は技術的にはとくに難しいものではなく，参入は容易であり，地域それぞれで小規模な生産者が地元の需要を賄っているという業界であった．その点では精肉業などと同じ状況にあった．プロクタはそこへ固形石鹸をもって参入し，消費者を組織化するとともに，ダース売りなど巧みな販売促進政策によって，旧来の石鹸製造業者に抜きん出て全国市場を捉えたわけである.

3.　アメリカ的大企業

　19世紀半ばころから1880年代にかけて，アメリカでは新技術新商品を武器

に一群の経営者が全国市場に登場した．この人々は，マコーミック以下の例で
も明らかなように，鉄道の進展とともに開かれつつある新たな市場機会に対し
て，新商品と大量生産技術をもって立ち向かった．彼らはいずれも最終消費財
の分野で活躍したが，その新商品の企業化過程は，積極的な技術開発，巧みな
マーケティング，独自の全国的規模での直営販売組織ないし直販体制の構築と
いう点で，経営行動に共通の特徴が認められた．

　これらの経営者は，当初の製品で需要開拓に成功すると，全国市場に供給す
るために工場の拡大を急ぐこととなり，そして直売組織を維持するために，業
種によってはフル・ライン生産体制へと生産を拡大した．このような業容の拡
大，とくに生産部門がスウィフトの場合のように各地の工場にまたがり，また
販売組織が広く全国に及ぶようになると，それに伴って，生産，販売の全般を
強力に管理する必要が生じたのは当然で，その結果こうした企業は，遅かれ早
かれ，中央集権的な本社機構を整備している．そしてこの本社から，広大な全
国市場を睨んだ経営が進められることになったのである．

　19 世紀後半にこのようにして出現した巨大企業は，その成立史から見ると，
いずれも新商品を持つ製造企業であり，かつ，全国的販売組織を作って積極的
に流通過程を掌握し，市場開拓を進めたことが，経営が巨大化する直接の引き
金となっていた．この点は，アメリカ的大企業の特徴として，とくに注目すべ
きことと思われる．そしてそうした経営行動の展開を可能ならしめた主たる誘
因は，先にも述べたように鉄道網の発達と人口の都市化に伴う消費財需要の増
加に求められよう．まさに，かかる企業機会を素早く見抜いた経営者が，新し
い経営行動を考え出して突進し，新しい経営環境にそれを実現したのであって，
そうした革新の成果がいわゆるアメリカ的大企業だったのである．

　ひとたびこのような大企業が成立し，その量産商品が全国市場を席捲すると，
アメリカ人の生活様式は少なからぬ影響を受けることになった．規格化され画
一的な消費財によって，生産や生活の地域性は否応なしに喪失せしめられた．
画一的な商品の生産者の立場から言えば，大量生産による良品廉価は消費者に
とってもよいことなのだが，しかし大量生産・大量販売の体制は自己保存を求
めて，たとえば肉は冷凍肉でなければならない構造を，そしてやがて自動車に
乗らなければ一人前ではないような構造を，社会的に築き上げてしまった．こ

の結果アメリカ人の生活がどれほどのものを喪うことになるのか，その問題を
考える余裕は経営者にも消費者にも見受けられなかった．

第4章　独占的企業の展開と限界

第1節　独占的企業の形成

1. 企業合同運動

　19世紀後半，アメリカでは一部の経営者の革新的経営行動によって，いわゆるアメリカ的大企業の出現を見たが，これと並行して，南北戦争後の長期にわたる不況期に，ことに1880年代から，企業合同運動が激しい勢いで展開された．こうした動向はアメリカ固有のものではなく，イギリスにおいてもドイツにおいても同様であった．たとえばイギリスの木綿工業界では，45もの企業が合同して1899年に Calico Printers Association Ltd. が発足し，またその前年には30の企業が合同して Fine Cotton Spinners and Doublers Association Ltd. が発足した．そのほかセメント，たばこ，醸造，機械，そして銀行に至るまで，企業合同が発生している．ドイツではカルテルの結成が目立ち，わけても1893年に設立された Rheinisch-Westfälisches Kohlensyndikat はライン=ヴェストファーレン地方の石炭の86.7％を支配するものであったし，また1897年に成立した Düsseldorf Roheisen Syndikat はルール地方の主要製鉄企業をほぼ包含していた．このような合同運動は，長期的不況下の過剰生産状態に対処して，産業組織の合理化を目指すという意味で，合理化の一つの型と考えられる．

　ところでアメリカにおいては，1880年代に全国鉄道網が整備されたことが，一面でアメリカ的大企業の出現を促したが，他面では，在来の地方的市場に安住していた生産者をにわかに他地域の同業者との競争にさらした．この事態に対して，経営者たちは通例まず生産力の増強によって競争に立ち向かおうとしたが，それは結果として過剰生産をもたらすことになった．そこで皮革，砂糖，

ウィスキー，塩，ビスケット，灯油などの分野では，1880年代から1890年代にかけて，競争回避を目的に同業者間の水平結合が相次ぎ進行した．また鉄道，製鉄，機械工業などにおいては，競争排除を狙った大規模な企業合同が行われた．この結果アメリカでは，独占体の形成という経路でも，巨大企業が発生することになったのである．

アメリカにおけるこうした企業合同の先駆にして代表はジョン・ロックフェラー (John D. Rockefeller) によって創出された Standard Oil Trust (1882) であるが，そのほか鉄道業界のモーガン・システムとロックフェラー・システム，ビスケット製造の National Biscuit Company (1898)，製鉄業の United States Steel Corporation (1901)，農業機械の International Harvester Company (1902)，ウィスキー醸造の Distillers Securities Company (1903) など，巨大中の巨大企業が続出した．なお，企業合同には至らないカルテルも数多く結成されたが，そのなかでは精肉業界における Veeder Pool (1893) が強力な内容のカルテルとして知られている．

2. トラストの着想と形成

企業支配の形態としての厳密な意味でのトラスト方式は，スタンダード石油会社を経営したロックフェラーの創案である．彼が石油精製業を始めたのは，1859年にドレイク (Edwin L. Drake) がペンシルヴァニア州北西の寒村 Titus-ville に大油田を発見して，石油産業が脚光を浴びた直後のことである．ロックフェラーはその当時クリーブランドで穀物の仲買商を営んでいたが，1862年に地元の石油精製工場に4,000ドル出資してから石油業界に関心を高め，1870年には自ら株式会社オハイオ・スタンダード石油 (Standard Oil Company of Ohio) を設立した．この会社は資本金100万ドルであったが，株式の8割はロックフェラー一族で所有し，事実上家族企業である．同社は設立の年に全国生産量の1割を占め，早々にしてアメリカ最大の石油精製業者となり，そしてわずか9年後の1879年には，全国生産量の95%を支配してしまう．

ロックフェラーがこの独占的地位を築いた方法は，いわゆるアメリカ的大企業とはまったく異なり，新商品や新技術の発明でもなければ，新市場の開拓でもなかった．彼がとった方法は，競争相手企業を不利ならしめて競争を排除す

John D. Rockefeller
(1839〜1937)

スタンダード石油の創立者.

ることであった. その経緯を辿ると，まず 1872 年 1 月にロックフェラーは南
部開発社 (South Improvement Company) を設立し，スタンダード石油の代理
として，同社に鉄道会社と石油輸送の運賃交渉を行わせることにした. 当時シ
カゴと東海岸を結ぶ鉄道は乱立過当競争のさなかにあったので，最大の石油精
製企業たるスタンダード石油は強い立場の荷主であり，交渉の結果ペンシル
ヴァニア鉄道，エリ鉄道，ニューヨーク・セントラル鉄道の各社との間に，い
わゆる差別運賃契約を成立させた.

　これは南部開発社取扱いの石油についてリベートの形で運賃を値引くことの
ほか，他社石油の輸送についても，その運賃から南部開発社にリベートを払う
という内容で，これによってスタンダード石油の輸送費は事実上無料になった
と言われている. 輸送費が製品価格の大きな部分を占める石油精製業にあって，
南部開発社を介した差別運賃により，スタンダード石油はクリーブランド地方
で圧倒的に有利な立場を得て，同地の石油精製業者 26 社のうち 21 社を，1872
年 1 月から 3 月までのわずか 3 ヵ月間で買収してしまった.

　この悪名高い南部開発社は 1872 年 4 月に認可取消となり解散せしめられた
が，ロックフェラーは 1873 年以降，今度は石油パイプラインの取得に乗り出
し，1880 年代初めまでにオハイオ州内の施設の約 9 割を傘下に収めた. とこ

ろがスタンダード石油はオハイオ州法に基づく法人であるため，他州に進出し
たり他州企業の株式を所有することは州法によって禁じられていた．

　ロックフェラーはそこで1882年に，他州にまたがって自分の事業を展開す
る新方法を考え出した．信託 (trust) 方式による企業支配がそれである．すな
わち，彼は同年スタンダード石油信託 (Standard Oil Trust) を設立し，自分を
含めて9名のスタンダード石油代表者をこの信託の受託者 (trustee) とした．
ロックフェラーは，オハイオ・スタンダード石油を含めて，支配したい企業の
株主を勧誘して，株主名義は変えず配当受取権利を保証したうえで，株券と議
決権をトラストに信託させ，トラストはそれと引替えに配当権利信託証書を発
行することとした．この仕組みにより，ロックフェラーは他企業の株式を所有
することなく，その議決権だけをトラストに集中して，スタンダード石油の下
に全企業を統一的に運営しようとしたのである．だがこの方法は1892年に州
法違反の判決を受けたため，スタンダード石油を拠点としてのトラスト運用は
不可能となり，20の企業に分割再編された．

　ところが，それに先立つ1889年に，ニュージャージー州が財政収入増加を
目当てに，持株会社を合法化していた．そこで1892年にオハイオ州で違法判
決を受けたロックフェラーは，ニュージャージー州で1882年以来石油精製を
行っていたニュージャージー・スタンダード石油 (Standard Oil Company
(New Jersey)) の精製および販売施設を大拡張するとともに，同社に持株会社
機能を加え，その後1899年に至って同社をスタンダード石油グループ20社全
社の持株親会社とした．これによってロックフェラーは，ニュージャージー・
スタンダード石油の持株支配を通じて，オハイオ・スタンダード石油をはじめ，
各州にわたる石油精製とパイプライン会社を強力に統制し，一元的に運営する
体制を作り上げたのである．

3.　鉄道業における企業連合

　1880年代に全国的路線網が張りめぐらされたアメリカの鉄道業は，ロック
フェラーに利用されたような過当競争のなかで，たとえばニューヨークとシカ
ゴ間の旅客運賃は崩落してわずか1ドルとなり，鉄道全体としてもトンキロ収
入が1870年の1ドル24セントから，1890年には57セントに下落してしまっ

た．そこで生き残りを賭けた鉄道会社は，輸送需要の大きい地域に割込みを図った．たとえばニューヨークとシカゴ間には1885年当時5社の路線があり，そのうち3社は破産寸前にあったところへ，さらに新規に2社が建設を進めているという状況であった．

1893年恐慌はこのような競争で体力を失っていた鉄道会社にとって，もはや耐えがたい打撃となった．当時鉄道路線は約27万キロメートルであったが，このうち43,000キロメートル以上の路線が1893年に裁判所の手で資産凍結され，1894年から1898年に至る間に実に64,000キロメートル以上の路線が担保として売却された．このなかにはボルティモア=オハイオ鉄道，ユニオン・パシフィック鉄道，ノーザン・パシフィック鉄道などの大会社が含まれていることからも，その惨状は推測できよう．

危機の鉄道の再建に力を尽したのがジョン・モーガン（John P. Morgan）である．ここでは競争回避の手段の一つとしてトラスト方式が用いられた．モーガンはイギリスとの貿易と金融業を手広く行っていたが，南北戦争後はとくに鉄道金融に進出し，鉄道証券をロンドンで販売してロンドン市場の資金をアメリカ鉄道業に導入する投資銀行業者として活躍していた．したがって，投資銀行としては，イギリスの投資家の信用を確保するために，投資家の保護を欠かすことはできなかった．そこで鉄道の危機に対して，モーガンは直接介入をしてでもこれを克服する必要が生じたのである．

これより先，1885年にモーガンはニューヨーク・セントラル鉄道（New York Central Railroad）とペンシルヴァニア鉄道（Pennsylvania Railroad）の競争調停に乗り出し，互いに相手方の並行路線を買収するか，貸与するかして一本化し，競争状態を解消することに成功していた．また続いて1888年にボルティモア=オハイオ鉄道が，営業利益の90％を社債利子の支払にとられ，巨額の流動負債を抱えて経営行き詰まりとなったときも，モーガンは同鉄道が新規に発行する優先株と社債を引き受けて，その窮状脱出を助けようと努力していた．

さて，1893年にモーガンは，行き詰まった各鉄道会社に対して，再建協力策を提示した．すなわち，(a) 流動負債返済のための証券を発行し，それをモーガン商会（J.P. Morgan and Company）が引き受ける．(b) 社債利子を減ら

図4-1　再建期のアメリカ幹線鉄道（1893年ころ）

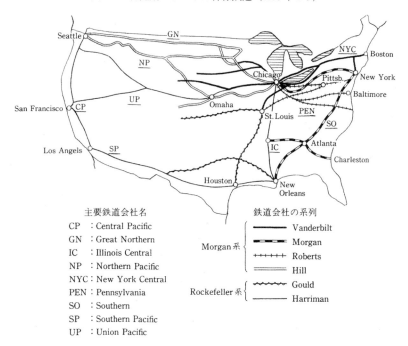

主要鉄道会社名
CP　：Central Pacific
GN　：Great Northern
IC　：Illinois Central
NP　：Northern Pacific
NYC：New York Central
PEN　：Pennsylvania
SO　：Southern
SP　：Southern Pacific
UP　：Union Pacific

鉄道会社の系列
Morgan系 { Vanderbilt / Morgan / Roberts / Hill }
Rockefeller系 { Gould / Harriman }

すため，低利社債への借替えと優先株の発行を実施する．(c) モーガン自身ま
たは彼のパートナーを受託者として，全議決権を5年間だけ信託する．この条
件を鉄道会社とその株主は了承し，それによってアメリカ東部，中西部および
北部の大鉄道のほとんどがモーガンの支配下に入ることとなり，彼の指示のも
とに競争を排除した再建に向かって結束した．ただしユニオン・パシフィック
鉄道など一部の会社は，スタンダード石油を後楯にしたハリマン（Edward H.
Harriman）の手で再建に向かったので，アメリカの幹線鉄道はモーガン系と
ロックフェラー系に二分されることになった（図4-1参照）．

4.　企業合同と企業合併

　鉄道業界では過当競争を企業協調の形で調整克服しようとして企業グループ
が出現したが，鉄鋼，機械，食品などの業界では，競争排除を目的とした大規

模な企業合同や合併が生まれた.

　アメリカの鉄鋼業界は，元来，原料採取，製鉄，加工をそれぞれ独立の事業分野としてきたが，1890 年ころを境として，にわかに企業合同運動が生じた.その原因は，単に競争激化にあったのではなく，むしろ鉄鋼の市場構造が変化したことにあった. すなわち，先にも述べたように幹線鉄道網は当時すでに出来上がっており，加えて鉄道不況のため新線建設の伸びは止まり，レール需要は沈滞してしまった. 製鉄業界にとってレールは最も大口の需要であったが，これが減退し，機を見るに敏な製鉄業者カーネギ (Andrew Carnegie) は，カーネギ製鉄 (Carnegie Steel Company) の主力工場たるホームステッド工場 (Homestead mills) におけるレールの生産を 1887 年に中止している. しかしレールに代わって，都市の建築用鋼材をはじめ，照明，通信，暖房，動力，上下水道など，都市の発達に伴う機器需要が増大し，それに向けての鋼材需要は急増しつつあった.

　このような市場構造の変化を看て取ったカーネギなど一部の製鉄業者は，新しい需要が出てきた最終製品の加工へと進出を試み始めた. この経営行動は従来の業界の分業構造を崩すことを意味し，大規模な製鉄企業が加工部門に参入して競争を仕掛けることに他ならなかった. これに対して加工部門の在来企業は，企業合同によって競争力を保持しようとしたが，それにとどまらず，American Steel and Wire Company や National Tube Company などは，加工部門から製鉄部門に遡って経営を拡張し始めた. そしてそれとともに，これらの会社は，従来原料供給を受けていたカーネギ製鉄との取引関係を断ってしまった. この結果，製鉄側からも加工側からも，それぞれ製造分野の垂直統合が進展することになったのである.

　垂直統合をとくに大規模に行ったのはカーネギ製鉄であった. カーネギは加工部門だけではなく原料部門にも遡及して統合を進めた. すなわち 1896 年に鉄鉱山の買収に進出し，ロックフェラーからメサビ鉱区 (Mesabi) を入手したのを手始めに，五大湖の鉱石輸送船隊，ドック，エリ湖からカーネギの工場のあるピッツバーグに至る鉄道の再建など，輸送手段を自前で確保した. 輸送路を自営したのは，差別運賃が鉱石について行われることをカーネギが警戒したためだと言われている. ともかくこのようにして，カーネギは鉱山，輸送，製

鉄，加工を一貫した生産体制を築き上げた．この垂直統合によってカーネギが直接目指したものは，原料供給の安定的確保と新製品市場の開拓であり，競争排除が考えられていたわけではなかった．だがカーネギの垂直統合方式にはNational Steel Company, Federal Steel Company も追随し，さらに精銅会社にもこれを真似るものが現われた．

このようにして19世紀末のアメリカ鉄鋼業界においては，川上から川下へ，そして川下から川上へと，垂直統合によって，大企業どうしの混戦状態と過剰生産とがもたらされていた．しかも，いずれの企業も業界の競争を排除できず，しかし競争によって斃れることもなく，強力な調整が必至であった．ところで，競争下に水平結合ないし垂直統合を進めようとする場合，各社は投資銀行の資金的援助と助言を受けており，モーガン商会は Federal Steel, National Tube, American Bridge などを支援していた．またムーア (William H. Moore) はNational Steel, American Tinplate, American Sheet Steel, American Steel Hoop などの経営強化を支援し，ムーア・グループを形成していた．モーガンにとっては，鉄鋼業界の混乱は，企業統合を支援した銀行として好ましいはずがなかった．彼はグループ企業の経営不安を察知した．ムーアの場合も同様であった．カーネギは業界最強の企業であったので「もし線材，鉄管，薄板あるいはブリキ板の生産を始めれば，従来からこれらを生産している……大会社に対して十分競争できるばかりか，多分それ以上の力を発揮することは疑う余地がない」と業界では観測されていた．

モーガンがカーネギの会社の譲渡について合意を得たのは1900年の終わりころと推定される．両者のいずれがこの件に熱心であったのかは，必ずしも定かでない．ともかくカーネギは自分の会社を手放し，モーガンはこれを彼が支援している製鉄企業 Federal Steel 社に合併する計画であった．しかしその後，モーガン支援下の残る2社のほか，さらにムーア・グループ4社，独立系の American Steel and Wire，それに Lake Superior Consolidated Iron Mines の10社をモーガンは取りまとめ，混乱を収束させるべく，競争排除を指向した大合同を一挙に実現した．1901年4月に発足した United States Steel Corporation がそれである．新会社は設立当初に全米粗鋼生産量の約66％を抑え，鉄鋼業界は同社を中心として安定に向かうことになった．

US スティール社創設の際の被買収企業株主への公示
（「ニューヨーク・タイムズ」1901 年 3 月 3 日付）

THE NEW YORK TIMES, SUNDAY, MARCH 3, 1901.

FINANCIAL.	FINANCIAL.	FINANCIAL.

Office of J. P. MORGAN & CO.,
25 Wall Street, New York.

To the Stockholders of　　　　　　　　　　　　March 2, 1901.

Federal Steel Company,
National Steel Company,
National Tube Company,
American Steel and Wire Company of New Jersey,
American Tin Plate Company,
American Steel Hoop Company,
American Sheet Steel Company.

The UNITED STATES STEEL CORPORATION has been organized under the laws of the State of New Jersey, with power, among other things, to acquire the outstanding preferred stocks and common stocks of the Companies above named, and the outstanding bonds and stock of the Carnegie Company.

A SYNDICATE, comprising leading financial interests throughout the United States and Europe, of which the undersigned are Managers, has been formed by subscribers to the amount of $200,000,000, (including among such subscribers the undersigned and many large stockholders of the several Companies,) to carry out the arrangement hereinafter stated, and to provide the sum in cash and the financial support required for that purpose. Such Syndicate, through the undersigned, has made a contract with the United States Steel Corporation, under which the latter is to issue its Preferred Stock and its Common Stock and its Five Per Cent. Gold Bonds in consideration for stocks of the above named Companies and bonds and stock of the Carnegie Company and the sum of $25,000,000 in cash.

The Syndicate has already arranged for the acquisition of substantially all the bonds and stock of the Carnegie Company, including Mr. Carnegie's holdings. The bonds of the United States Steel Corporation are to be used only to acquire bonds and 60 per cent. of the stock of the Carnegie Company.

The undersigned, in behalf of the Syndicate, and on the terms and conditions hereinafter stated, offer, in exchange for the preferred stocks and common stocks of the Companies above named, respectively, certificates for Preferred Stock and Common Stock of the United States Steel Corporation, upon the basis stated in the following table, viz.:

For each $100 par value of stock of the class mentioned below, the amount set opposite thereto in Preferred Stock or Common Stock of United States Steel Corporation at par:

US スティール社の設立に伴い，出資者団を代表したモーガン商会が，被買収 7 社の株主に対して株券，社債の提出交換を求めた公示．カーネギ製鉄の株式と社債は，カーネギ個人所有分を含めて，実質的にすべて買収手続を終了したと記されている．

　ちなみに，1901 年に US スティールが設立されたとき，その傘下に入った工場現場は，輸送会社を含めると 213 に達し，鉱山は 41，鉄道路線 1,600 キロメートル，五大湖上の鉱石運搬船 112 隻，そして高炉 78 基を数えた．生産量で見れば，銑鉄は全米の 45％，粗鋼は 66％，レール 65％，構造用型鋼 58％，鋼板 59％，線材 72％で，いずれも圧倒的な占有率を持つことになった．

　US スティールはこのような経緯で，法的手続としては，モーガン商会を代表とする投資シンジケートが鉄鋼 10 社の株式をほぼ全株買い取って，それを US スティール社に引き渡し，同社はこれに見合う新株式をシンジケートに交付するという形で発足した．当初の会社の機能は，事実上持株支配であった．もちろん競争回避のために各社間のある程度の再編成は行われたが，しかし企業の合併には至らなかった．したがって US スティールは企業全体として見れ

ば，持株会社たる US スティール社を中心に，同社をただ一人の株主とする企業が連合体を形成し，US スティール社は各社に対して，唯一の株主であることによって，統制を利かせるという形になっていた.

　こうして，US スティール社は事業会社ではなくて持株会社であり，その傘下の各社は，株式こそすべてモーガン商会を経て US スティール社の手に集められていたが，企業としての経営の自立性を奪われてはいなかったのである. そこでたとえば価格政策にしても，技術開発にしても，組合対策にしても，各社に大きな裁量権があり，US スティール社発足後の数年間は，傘下各社の紛争調停を US スティール社が行わなければならないような状態であった. 同社は企業組織の合理化を目指して，1903 年にカーネギ製鉄，ナショナル製鉄，アメリカン・スティール・フープの3社を新会社ニュージャージー・カーネギ製鉄 (Carnegie Steel Company of New Jersey) のもとに合併させ，またアメリカン・シート・スティールとアメリカン・ティン・プレートの2社を同年末に合併せしめて新会社に衣更えするなどの努力もしている. しかしこうした事実は，US スティール社が全体としてきわめて緩やかな企業連合体として発足したことを示すものであり，統一された一つの企業組織と呼ぶにはほど遠い状態であった. 同社が本格的に全社を統轄する本社機構を設けるのはかなり先のことで，それは 1930 年代まで待たねばならなかった.

　US スティール社の成立は，その規模の大きさにおいて未曾有のものであったが，農業機械業界においても，同じころ，市場占有率の高さでは US スティール社を凌ぐ圧倒的な企業合併が出現した.

　収穫機製造会社は，1860 年代にはマコーミックをはじめとして 2,000 社を超えていたが，その後の競争の過程で淘汰されて，1890 年代には企業数は3分の1ほどとなり，上位数社で生産量の8割以上を占めるに至っていた. そのなかで当時業界第1位のマコーミック社は，第2位の企業ディアリング収穫機会社 (Deering Harvester Company) との激しい競争に悩まされ，サイラス・マコーミックは競争排除のためにディアリング社の買収を決意した. そこでマコーミックは買収の仲介調整をモーガン商会に申し入れたが，モーガンの勧めたことは，ディアリング社の買収ではなく，さらに大規模な企業合同であった. マコーミックは結局このモーガンの勧めに従うこととし，モーガンの仲介に

よって 1902 年にマコーミック，ディアリングの 2 社のほかに Warder, Bushnell and Glessner Company, Plano Manufacturing Company, Milwaukee Harvester Company を含めた 5 社が事実上合併し，International Harvester Company を結成した．

この新会社は収穫機の市場占有率 85% に達し，企業間競争は形式的には解消した．だがしかし，マコーミックとディアリングの確執は続き，たとえばこの 2 つの旧社名をそれぞれ商標とする製品と販売組織が，新会社にそのまま残ったという状態であった．

第 2 節　独占の限界と合理化運動

1.　独占禁止法の運用強化

1880 年代以降，石油精製業を先頭に，鉄道，鉄鋼，機械，食品などさまざまの産業分野に出現した独占体は，基本的には同業種の内部での水平結合を特徴としており，それは，競争激化に対応して業界規模での組織の合理化を図るという意味を持っていた．しかし一般的に言えば，水平結合を行った独占自体によって，長期的に競争の排除に成功したことは稀であった．多くの場合，独占自体はすぐに行き詰まり，競争抑止力を保ち得なくなった．

そこで独占的企業は，まず結合した企業内部で生産工程の再編成に着手し，散在する工場を集約して市場に最も便利な立地で集中生産するよう改め，次いで生産工程の組織化，製品の標準化など，一連の生産過程全般にわたる合理化を推進した．業種によってはさらに，販売部門の強化や原料購入部門の合理化をも試みている．

企業合同運動の過程で出現し，独占的地位を得た一群の大企業は，企業成立後もこのようなさまざまの努力を行って，業界における地位の確保に努めた．しかしこうした努力をもってしても，競争を排除し続けることはできず，また社会的な反独占の風潮と，いわゆる独占禁止法（シャーマン反トラスト法 Sherman Antitrust Act, 1890）の運用が 20 世紀初頭から強化されだしたという状況のなかで，独占的企業は進路変更を迫られることになった．

シャーマン法は，制定後しばらくの間は州際取引の独占行為にのみ適用され

るものとして運用された．そこで 1895 年に E. C. Knight 製糖会社が全米生産能力の 75％ を支配する大合同を行った折にも，同社が精製専業であるという理由で，最高裁判所は同社をシャーマン法違反には問わなかった．そればかりか，合併ないし合同によって企業規模が大きくなることをシャーマン法は妨げるものではない，このように裁判所は判決を下した．

　ところが 1899 年に Addyston Pipe and Steel Company の合同問題が最高裁判所に提訴された際は，シャーマン法は競争企業間の企業協定にも及ぶことが裁判所によって明示され，そして 1904 年に Northern Securities Company が提訴された事件では，裁判所はシャーマン法の規定は持株会社にも適用されると決定し，独占的企業にとって法的状況はにわかに厳しいものとなったのである．このような法の運用の変化は，一つには 1890 年代以降に進行した企業合同運動が全社会的には弊害を伴ったことへの批判の現われであり，また一つには大統領ルーズベルト（Theodore Roosevelt）が，反独占の社会的潮流を反映して，独占企業解体を政治公約の一つに掲げていたことに対応するものであったと考えられる．

　独占の維持による経営に自信を失った企業は，多くの場合，独占を基盤とした価格競争や原料独占による優越的地位の確保という従来の経営方針を放棄した．それに代えて，これら企業は，原料から最終製品までの効率的一貫生産組織を作り，広告や商標などによって製品の識別性を消費者に伝え，消費者を自社製品に誘導組織化し，もって生産の効率化と市場の安定的確保を図る方向へと，政策の転換を進めることになったのである．

2.　独占の限界の認識と経営合理化

　19 世紀末にビスケット業界で業界支配を目的とした大規模な企業合併が行われた．すなわち同業界の大手 3 社たる New York Biscuit Company, American Biscuit and Manufacturing Company, United States Biscuit Company の 3 社が合併して，1898 年に National Biscuit Company を設立した．この合併の目的は，合併して結集した力をもって業界における価格と生産を支配統制することにあった．同社の営業報告書はつぎのように述べている．

　「当社が発足したとき，われわれは競争を支配しなければならないと考えていた．そ

のためには，競争を戦い抜くか，買収するかのいずれかを選ばなければならなかった.」[1]

ナショナル・ビスケット社はそこで販売攻勢を仕掛けたが，それは失敗に終わり，同社自身も競争企業も損失を受けただけで，価格と生産の支配という目的は達成されなかった. ふたたび同社の言葉を引用しよう.

　「[競争を戦い抜くことは] 破滅的な価格競争と，その結果として大損失を被ることを意味した. 競争相手を買収する方法は，絶えず資本を増加させなければならなかった. いずれの途も，たとえ我慢して突き進んでみても，企業の成功をもたらすどころか，必ずや破滅をもたらすということは，実際行ってみてすぐに判った. そこでわれわれは競争を支配することが必要なのか否かを改めて考え直すことになった.」

1901 年にナショナル・ビスケット社は経営方針を転換し，競争支配ではなく，企業内部の合理化と製品販売方法の改善とによって，市場の維持を図ることに決定した. まず製品について，統一した商標 "Uneeda" をビスケットに刻み込み，箱入りとし，美しい包装紙で包み，消費者に一目で判る識別性を与えた. これはプロクタが石鹸販売で効果を実証済みの方法である. ナショナル・ビスケット社はさらに，大規模な広告を行い，製品の標準化を進めて雑多な品目を整理した. 生産工程については，ニューヨークとシカゴに所在の工場での集中生産に切り替えるとともに，工場のレイアウトを改善し，もって生産効率の改善を図った.

1901 年の営業報告書は，この点をつぎのように記している.

　「わが社は，事業の内部的管理の改善，原料の大量購入による利益の追求，製造費用の節約，販売部門の組織化と効率化，そしてとくに，何にも増して，わが社の製品の品質ならびに製品が顧客に届けられる流通過程の改善に，全力を傾注した.」

市場支配から一転して，ナショナル・ビスケット社はこのように生産，販売，購買の全域にわたって合理化に取り組み，また新製品の開発を始めた. こうした方向転換と一連の措置とによって，同社は，従来の独占指向では達し得なかった経営成果を挙げ，これにより，長らくビスケット業界に強大な基盤を維持してゆくことになった.

---

1)　Nabisco 社 1901 年度営業報告書.　Alfred Chandler Jr., "The Beginnings of 'Big Business' in American Industry", *Business History Review*, Vol. 33, No. 1, p.11 に引用.

　独占の限界をはっきり見定めたことはナショナル・ビスケット社経営陣の能力を示すものであり，またそれを株主に説明したことは，新しい経営の方針に対する自信を示しているとも言えよう．このナショナル・ビスケット社の経験は，例外的なものであったわけではない．ウィスキー醸造業界においても同様のことが生じた．

　醸造業は元来地域産業的性格の強い業種であったが，鉄道の発達に伴って，ここでも競争がしだいに激しくなった．そこで 1887 年に中西部の醸造業者 80 余が結集して，Distillers' and Cattle Feeders' Trust という名のもとに企業連合体を作り，競争力強化を目指して思い切った集中生産を実施することにした．その結果醸造所のおよそ4分の3は閉鎖し，1895 年には 21 工場のみが稼働して好成績を挙げるに至っていた．この合理化によって製造原価は相当に低下したはずであり，また他地域からの参入に対しては新会社加盟の地元業者はよく対抗し得て地域市場を守った．その実績に安んじて，醸造トラストは製品価格の引上げを実施した．ところが，醸造業は比較的小資金で始められるうえに，特別に高度な技術が必要なわけではなく，また特定の全国的銘柄があるわけでもなかったので，醸造トラストの高価格政策は新規参入を招くことになった．醸造トラストはこれに対して製品価格の引下げをもって価格競争を挑む一方，新規参入会社の買収に乗り出し，地域市場の支配権を守ろうとした．しかしこの方策はいずれも失敗した．結果として醸造トラストは大損失を出し，1896 年に一時は管財人の管理下に置かれることになってしまった．

　ところで醸造トラストは 1895 年に，地域市場の確保にとどまらず，ウィスキーの最大の市場たる東海岸への進出を計画した．そのため販売組織を持つことを考え，1898 年になって Standard Distilling and Distributing Company および Spirits Distributing Company を買収し，この両社が有していた販売組織を入手することに成功した．醸造トラストはそこで，これまで有していた生産組織と新たに入手した販売組織とを統轄するために，1903 年に Distillers Securities Company を設立して，醸造トラストと買収したウィスキー販売会社2社をともに，新会社に買取り吸収させるという形で，一つの経営組織を作り上げた．この組織再編の後，新会社は，ナショナル・ビスケット社が試みたのと同じように，商標を統一し，包装と広告を通して銘柄を消費者に売り込み，商品

の識別性を利用して消費者の組織化を図り，市場確保を目指すことになった．

3.　規制法の効果と技術革新の力

　アメリカでは全国的鉄道網の形成が市場の地域性を崩し，そのことが競争激化を阻止しようとする企業結合の誘因となった．だがその同じ事情が，全国市場をまたに掛けた巨大企業，いわゆるアメリカ的大企業の発達する下地でもあった．こうした企業は大量生産をもって全国市場における大量販売に対応し，規模の利益を享受しつつ，19世紀の後半に急成長を遂げた．ところが，大量生産による規模の利益は無限に大きくなり得るものではなく，所与の技術のもとでは，ある規模を超えると投資の割には利益は増加しなくなり，時には頭打ちになってしまう．こうした状態のもとで，アメリカ的大企業の経営者たちも競争回避策を講じ始めたのは自然の成行きであった．

　スウィフトを先駆者とする精肉業界は，アメリカ的大企業が活躍した代表的産業の一つであったが，ここでも規模の利益が低下するに伴って，競争を回避すべく独占体の形成が種々試みられた．すなわち，スウィフトおよびこれに倣った Armour, Morris など巨大精肉企業は，まず1885年から1902年にかけて，競争を制限する目的で互いに各種の協定を結んで連合し (pool)，カルテル行為を展開した．その最初のものは，スウィフト，アーマ，モリス，アラータン (Allerton)，ハマンド (Hammond) の5社で結成したアラータン連合 (Allerton Pool) である．この連合は，初めは参加各社の出荷協定に過ぎなかったが，やがて価格，販売領域，受注占有率にまで内容を拡大し，その後1893年に至ると販売領域分割を徹底し，各社の利益率に大差が生じないような価格設定方式を定め，罰則を強化したヴィーダ連合 (Veeda Pool) に発展した．だがこの連合は，1902年にシャーマン法違反として解散せしめられた．

　スウィフト，アーマ，モリスの3社それぞれの所有者 Gustavus Swift, J. Ogden Armour, Edward Morris は，そこでニュージャージー州に持株会社を設立する計画を立てたが，これは失敗した．続いて翌1903年にこの3名はNational Packing Company を設立して，同社がスウィフト，アーマ，モリスの3社を買収するという形で合同が行われた．その後，同社は毎週役員会を開催して傘下3社の共同行為を図ったという理由で，連邦政府に告発されたが，

表 4-1　州際精肉企業の規模(1916〜1917 年)

企業名	支店数	冷蔵貨車数	配車路線数	市場占有率(%)		
				成牛	羊	豚
Swift	367	8,628	484			
Armour	363	10,925	197			
Morris	154	2,731	229	82.2	86.4	61.2
Wilson	121	2,112	187			
Cudahy	115	1,454	200			
5社以外の企業合計	139	不明	141	17.8	13.6	38.8

(出所)　Richard Arnould, "Changing Patterns of Concentration in American Meat Packing, 1880-1963", *Business History Review*, Vol. 45, No. 1 に基づく.

1912 年にこの件自体は無罪と評決された. けれども同時にナショナル・パッキング社の自主解散が勧告され, その結果3社は再び元の姿に戻った.

　ちなみに, 3社が旧状に復した後, 1916〜17 年当時, この3社にウィルスン (Wilson) およびカダヒ (Cudahy) を加えた大手5社が州際営業の精肉業界において占めた地位は, 表 4-1 のとおりで, 販売網, 輸送手段, 家畜屠殺量のいずれにおいても, 圧倒的な力を持っていた. この間 1914 年には, シャーマン法を補強する目的でクレイトン法と連邦取引委員会法が制定されたが, その後も大手企業は共同行為をやめようとしなかった.

　こうした業界事情のもとで, 1920 年にシャーマン反トラスト法に係わる最高裁判所の同意審決 (Consent Decree) が下され, 5社の市場支配力を減殺すべく法的措置が取られ, 5社はこれに従わざるを得なかった. この審決が求めた主たる内容は, (i)競争を阻害する団結行為の中止, (ii)5社が所有している屠殺場, 精肉市場, 市場への鉄道引込線, 冷凍倉庫, および業界紙の放棄, というきわめて厳しいものであった. この審決の結果, 大手5社がさらに強大になることは阻止されたが, しかしこれによって競争が回復したとは言えず, 1930 年代に至るまで, 精肉業界の勢力関係に大きな変化は生じなかった. このことは, 法による独占体の解体に限界があることを浮彫りにした.

　ところが 1930 年代に入ると, 精肉業界の経営環境にいくつかの変化が現われ, スウィフトなど独占的地位にある大手企業の進路に大きな影響を与えることになったのである. すなわち道路網の整備, 冷蔵トラックの開発, チェー

ン・ストアの出現，独立の食肉卸売商の登場など，新しい経営条件がこの時期に集中して現われたが，この変化を利用して，精肉業界に新規参入が起こったのである．新規参入企業は，スウィフトらのフル・ラインとは異なって，生産品目を一種類に限って専門化し，小規模で徹底的に合理化した工場を持っていた．そしてチェーン・ストアが求める自社ブランド品や独立卸売商向けの精肉を，冷蔵トラックを利用して，比較的限られた地域内に販売するという，新しい業態を創り出した．

　市場の変化と新技術とを背景にした新規参入者が登場した結果，やがてスウィフトなど巨大精肉企業の業績には変化が現われた．売上高そのものは依然として伸び続けたが，市場占有率は明らかに低下し始め，スウィフト，アーマ，ウィルスン，カダヒの上位4社の占有率は，1925年の67％から，1956年には47％へと大幅後退したのである．

　スウィフトらはこうした状況を克服すべく，まず1920年の同意審決の撤回を再度にわたって要求したが，それは認められなかった．彼らはまた新規参入者に対抗する新技術の導入も試みたが，既存投資が巨大であるため必ずしも経営効果を発揮し得なかった．そこで残された途は，長年にわたって築いたブランド商品の徹底的防衛に努めることと，有望と思われる新規事業へ進出することの二つとなった．スウィフトは肥料と飼料の生産および金融事業に進出し，アーマは薬品生産を強化し，ウィルスンは運動用具と薬品生産に進出した．

　このようにして，精肉業における独占指向的巨大企業の経済力は，新しい輸送手段と新しい流通組織を結び付けた新企業の参入という革新によって，その基礎を掘り崩された．法的規制のみをもってしては解体しなかったスウィフトらは，こうした状況のなかで競争制限的独占体の形成を放棄し，経営多角化によって企業の存続を図るという方向転換をしたのである．

第5章 大企業の新しい経営戦略

第1節 経営多角化

1880年代以降，さまざまの産業分野に成長した大企業は，競争激化に対する一つの対応策として，前章で述べたように独占体の形成を試みた．けれども一般的に言えば，独占体の形成は，生産活動の根幹に手をつけないという意味で，企業にとっては安易な対応策であった．しかもそれは十分な対応策ではなかった．現に，たとえばナショナル・ビスケット社の場合に見られたように，独占体を形成しても所期の効果を発揮し得なかったこともあった．また独占体の運営が成功した場合にも，法的規制，技術革新，市場構造の変化など，企業経営行動に係わる重要な経営条件が変化するに伴って，独占的行為の基盤が崩れ，当初に目指した市場支配を長期にわたって維持し続けることは困難であった．

そこで，たとえば前述のDistillers Securities社のように，独占体の形成による市場支配の限界を認識して，企業内部の経営合理化に取り組み，技術開発，販売促進策の工夫，組織や生産工程の合理化など，多方面にわたる努力がなされることになった．そうした状況下で，事業内容をそれまでの単品生産専業から多岐にわたる分野に手を広げ，経営の安定的拡大を目指す経営多角化が，大企業によって長期的経営戦略として展開され，大企業の新しい経営形態を作り出した．

1. 先駆的経営多角化

競争激化への対応策として経営多角化を考えた企業のなかで，精肉業のアー

マ社はおそらく最も早期の事例であろう．同社を率いたフィリップ・アーマ（Philip Armour）はつぎのように述べている．

> 「精肉業がかなり成長してから後になっても，業者たちは屑の部分の値打ちに気づかなかった．……やがて精肉場地帯の周辺に，その廃棄物の活用を目的とした関連企業が出現し始めた．そうした企業は，膠，油，獣脂，粗肥料などを生産した．しかしやがて，進歩的な精肉業者は，経営上の必要と競争の激化に対応するために，これらの関連部門を自分でも持たざるを得なくなった．」[1]

アーマは屠殺と精製工程から発生する廃棄物を利用して，さまざまな製品を開発し，それが単に副生品たるにとどまらず，精肉と並ぶ経営の柱となるような多角化を展開したことで知られている．すなわち，まず1880年にオレオ・マーガリンの生産を始め，1882年に肥料を発売し，次いで1884年に屠牛の角，蹄，骨，腱などを活用した膠の生産に手を広げた．翌1885年にはアーマ・ラボラトリーズを設立し，ペプシンを発売，1896年に石鹸生産を開始し，1897年にはグリセリン生産にも進出したという具合に，アーマの経営多角化は進められた．アーマがこのように矢継ぎ早に多角化を行った理由は，必ずしも競争激化への対応として生産費の引下げと経営の安定を目的としただけではなく，発生屑を安易には投棄できなくなった厳しい環境問題への対応策であったという面もある．しかしいずれにせよ，アーマ社は20世紀に入るころには，畜産・食品・化学の総合企業になっていた．

2. 計画的な経営多角化

競争もしくは独占批判への対応策として，計画的に生産分野を多様化し，独占という方法に依存することなく経営を安定させ，かつ長期的に発展の基盤を築こうとする動きも，19世紀末には出現し始めた．そうした企業は，それまでの経営基盤たる生産技術と資源をもとに，そこから展開可能な新製品分野を開拓して，従来の単品生産から脱しようと計画的な努力を試みた．

---

1) Harper Leech and John Carroll, *Armour and His Times*, pp. 45-46 に引用．この言葉からも判るように，アーマが行った経営の多角化は屠牛を丸ごと利用するという計画が最初からあって，それを実現したというものではない．しかし結果から見れば，後述するように，資源を徹底的に活用した多角化が出来上がった．

　化学工業のデュポン社 (Du Pont de Nemours, E. I., & Company) は，火薬生産から出発して大規模な経営多角化を行った点で知られ，計画的経営多角化の代表格であろう．デュポンは 1802 年以来 20 世紀初頭に至るまで火薬生産一筋で経営されてきたデュポン一族の同族企業である．同社は南北戦争 (1861～1865) 後の長い不況期に，戦争中に簇生した同業者による競争が激化するや，これを積極的に買収して経営権を握り，デュポン社を中心とした企業連合体を形成して，火薬業界に圧倒的な支配力を築き上げることに成功した．

　1902 年に社長ユージン・デュポン (Eugene du Pont) が急逝した折に，同社は経営体制をめぐって一連の組織改革を実施した．そのなかで，従来は傘下に収めていた連合企業をすべて新設のデュポン火薬会社 (E. I. du Pont de Nemours Powder Company) に合併し，デュポン・グループではなく，デュポンという単一の社名をもって，同一系列の販売代理店で販売し，単一の経営を行うという方針が打ち出された．これはデュポン・グループ内での競争を排除して生産と販売の中央集権的合理化を目指した改革であったが，この合併の結果，デュポン社は連邦政府向けの軍用火薬の供給を独占するに至った．

　ところが折から反独占運動が盛り上がり，またそれを背景にしたセオドア・ルーズヴェルト大統領の反独占政策のもとで，1908 年に，連邦政府はデュポン社をシャーマン反トラスト法違反として告訴し，それに加えて同社に対する軍用火薬の発注の大半を取り消すという事件が生じた．火薬業界はこれまでも戦時景気と戦後不況との循環を定形的に，しかも極端な形で繰り返してきており，デュポン社が独占を達成しても，製品の性質に由来するこの好不況の事態には何ら変わりがなかったのであるが，それに加えて，反独占の集中砲火が 1908 年にデュポン社に浴びせられたわけであった．

　この事態に直面した社長ピエール・デュポン (Pierre S. du Pont) は，無煙火薬工場の縮小と生産施設の他用途への転用という対応策を考えた．生産施設の転用については，既存の製造装置や技術を活用できるものという基本方針のもとで検討することにした．そこで，火薬の原料たるニトロセルローズを基礎に，火薬製造技術の応用ないしそれと近い技術によって，火薬以外の物質を生産することが考えられ，人造皮革，人造絹糸，パイロキシリン（セルロイド）などが進出可能と思われた．

Pierre S. du Pont (1870〜1954)

経営多角化期のデュポン社の陣頭指
揮をとった.

　これらのなかで，パイロキシリンは多品種少量需要のものなので採算がとれ
そうにもなかった．また人造絹糸については，技術的先進国たるフランスおよ
びイタリーの企業がすでに特許網を張り巡らしており，デュポン社がそこへ進
出することは困難と判断された．これに対して人造皮革は，発明されてから
10 年ほどを経ているが，デュポン社が有する技術をもって容易に参入できそ
うであり，そのうえ火薬と同様に単品大量生産大量販売に適していると思われ
た．こうした条件を勘案して，1909 年に人造皮革への進出を決定したデュポ
ン社は，翌 1910 年に早くも生産開始に漕ぎ着け，経営多角化の第一歩を踏み
出した．

　パイロキシリンの企業化が決定されたのは 1913 年であったが，翌 1914 年に
第一次大戦が勃発して火薬需要が急増したため，この計画は一時中止となった.
ちなみにデュポン社の火薬生産量は，1914 年の 840 万ポンドから 1917 年には
45,500 万ポンドに急増し，従業員数も 5,300 人から約 85,000 人に膨脹してい
る．この間同社は全力を挙げて火薬の増産に向かったものと思われる．ただし
かし，ピエール・デュポンは「われわれの考え方がこの一時的な事情で曲げら
れないように，用心しなければならない．戦争が終わった場合に，以前の状態

に戻るためには，非常に慎重な考慮と操作が要るであろう」と述べて，火薬単品生産からの離脱方針の堅持を明らかにしている．そこで，企業化計画を一時中止したとは言え，パイロキシリンへの本格進出のほか，染料，合成ゴム，化学薬品，ペイント，ワニスなどへの進出が検討され，そのなかでペイントとワニスについては，戦時下の 1917 年から進出した．

　戦後の 1921 年には，デュポン社はつぎの五大部門を擁するに至った．すなわち，①火薬・爆薬，②染料および医薬品，③ピラリン（セルロイドの登録商標），④ペイント，ワニスおよび化学薬品，⑤人造皮革およびフィルムの五部門であり，製品としては人造絹糸も，1920 年前後に進出していた．

　こうしてデュポン社は，独占という組織の合理化によったのでは解決できなかった景気変動への対応と，独占企業への社会的批判に対する対応の両面を兼ねて，それまでの火薬単品生産から多種類の生産品目を揃える経営多角化に向かった．そしてこの多角化がその後のデュポン社の発展を支えることになったのである．

第 2 節　統 合 経 営

　大企業が経営の持続的発展を維持しようとする際，単品生産から多品種生産に乗り出すことは広く見受けられた現象であったが，そのなかには，アーマやデュポンに典型を見出しうるような，一つの素材，一つの技術から出発して，有機的な技術的関連をもってさまざまの製品が展開されるという経緯とは異なった，別種の多品種生産もあった．それは，ある企業が経営を拡大しようとする際，自分の生産領域から直接には展開できないような製品であって，しかも技術上ないし製品の性質上，何らか類縁性ある分野を求めて，既存の他企業を合併もしくは持株支配によって傘下に入れ，これによって多品種生産の形態を整え，市場への対応力を総合的に強化するというものである．

　一例を挙げるならば，白熱電灯照明で成功したエディスン電灯会社（Edison Electric Light Company）は，電気鉄道と電動機の分野で活躍し始めたスプレイグ（Frank Sprague）の経営する電車製造会社 Sprague Electric Railway and Motor Company を 1889 年に買収して，重電機部門を入手した．エディスン

社は白熱電灯に係わる子会社をいくつか有していたが，それらと買収したスプ
レイグ社とを 1890 年に合併し，Edison General Electric Company が設立され
た．こうしてエディスン社は総合電機会社に向かって歩み始めた．

　エディスン社はその後トムスン゠ヒューストン電機会社 (Thomson-Houston
Electric Company) を 1892 年に合併してジェネラル・エレクトリック社
(General Electric Company) となった．この合併は，技術の側面から見ると，
エディスン社が白熱電灯，電気鉄道で優れた技術を有し，トムスン゠ヒュース
トン社はアーク灯で圧倒的競争力を持つほか，変圧器や発電機の技術に優れて
いた．またエディスン社が直流方式にこだわっていたため交流技術で立ち遅れ
ているのに対し，トムスン゠ヒューストン社はウェスティングハウス電機会社
(Westinghouse Electric Company) と並ぶ交流技術を開発していた．こうした
事情なので，この合併は GE 社に幅の広い技術と製品系列とを取得させること
となった．

　GE 社はその後，当時の新技術たる無線通信分野への進出を目指して技術開
発に取り組み，高周波送信機の試作に成功した．だがその企業化のため，当時
はイギリス資本の通信会社 Marconi Wireless Telegraph Company of America
を 1919 年に買収し[2]，これを Radio Corporation of America として組織替えし
たうえ，RCA への通信機器の独占的供給という形で，ようやく目的を達した．
この苦心によって，GE は弱電分野への足場を築いたのであった．

　このようにして GE 社は電気照明を出発点に，発電，配電，動力，電気鉄道，
電気通信などへと，電気エネルギーを共通項とした多角化を展開した．しかし，
デュポン社がニトロセルローズの処理技術を基礎として芋づる的に製品多角化
を進めたのとは異なって，GE の場合は，出発点となった電気照明技術と鉄道
部門の技術とは別種の分野をなすものであったし，通信関係の技術もまた別分
野のものであって，たとえば照明技術から論理必然的に通信技術が導き出され
るという性質のものではなかった．GE は，異質の技術分野を企業買収や合併

---

2)　GE が開発した高周波送信機は当時としては先端技術のものであったが，同社は当面の
　　需要先としてマルコウニ社を目当てとしていた．しかし外資系企業に先端通信機を販売す
　　ることには国防上の反対が強く，この打開策としてマルコウニ社を買収するという手段が
　　取られた．

によって追加統合し，結果として，電気エネルギーの利用に係わるさまざまな製品系列を取り揃えることになったのである．

　缶入濃縮牛乳の生産をもって 1867 年に発足したスイスのネスレ社 (Henry Nestlé Co.) の場合は，競争相手の Anglo-Swiss Condensed Milk Co. を 1905 年に合併して練乳市場を制覇するのと前後して，板チョコレートに進出した．当初は板チョコレートの発明者ペータ (Daniel Peter) の会社に生産を委託していたが，1929 年にこの企業を合併して，ネスレ社の一部門に収めた．その後ネスレ社は保存性，即席性のある嗜好食品分野の企業の買収，合併を通じて，巨大な統合経営を実現した[3]．

　統合経営への動きは，元来専門化の指向が強いイギリス企業においても見られた．その代表的事例の一つはヴィッカーズ社 (Vickers, Sons & Co. Ltd.) であろう．1820 年代に製鋼業者として発足したヴィッカーズ家の企業は，1880 年代のドイツ帝国の躍進と世界的な軍備増強の動きのなかで，1888 年に軍需生産に進出した．その一つは装甲用鋼板の生産であり，他の一つは砲の生産であった．次いでヴィッカーズは「自社工場製の機関を装架し，自社製の砲と装甲板を装備した，すべて完全に自社製の艦を供給する」[4]という目標に向かって歩み出した．

　すなわち同社は，1897 年に，軍艦建造に実績のある Naval Construction & Armaments Co. Ltd. を買収するとともに，機関銃で知られる Maxim Nordenfelt Guns and Ammunition Co. Ltd.[5] をも買収して，いずれも完全子会社とした．

---

3)　ネスレ社はインスタント・コーヒーに参入して，自社開発の Nescafé を 1938 年に発売したが，第二次大戦後に至り，1947 年に即席固形スープの最大手 Maggi の持株会社たる Alimentana S. A. を買収して合併に成功し，その後さらに香辛料調味料のイギリス大手企業 Cross and Blackwell を 1960 年に買収した．なお会社名は 1947 年の合併の際に Nestlé Alimentana S. A. に改めた．

4)　J. D. Scott, *Vickers : A History*, p. 44 に引用．当時の経営者は Thomas Vickers であり，ドイツで技術教育を受け，鋼の強度に関する研究業績や特許権を有する優れた冶金技術者であった．最高度の製鋼技術を要する装甲用鋼板や砲身にトマスが関心をもったことは故なしとしない．

5)　Hiram Maxim の特許機関銃を生産する目的で 1884 年に Maxim Gun Company が発足したが，ヴィッカーズ家はこの企業の設立に加わり，トマスの弟 Albert が取締役会長となった．同社はその後 1888 年に Nordenfelt Guns & Ammunition Company と合併し，さらに 1897 年にヴィッカーズ社に買収された．

その折ヴィッカーズ社は Vickers Sons & Maxim Ltd. と改称した．この新会社
は従来のヴィッカーズ社の生産活動をそのまま継続したほか，買収企業を持株
支配によって統合経営する機能をも併せ持つことになった．この後ヴィッカー
ズ社は積極的な企業買収ないし資本参加を進め，爆薬，造船，自動車，魚雷，
電装品などの企業を相次いで傘下に収めた．さらに 1910 年に至って航空機生
産への参入を計画し，1913 年に複葉式戦闘機 FB. 1[6]の開発に成功して，この
新産業への橋頭堡を築いた．

　1911 年に同社は名称を Vickers Limited と改めているが，ともかく以上のご
とくして，ヴィッカーズ社は製鋼業を創業以来の基盤としつつも，主として他
企業の買収を通じてさまざまな兵器生産部門を取得し，戦艦から潜水艦に至る
まで，また巨砲から銃に至るまで，そして新種の軍備たる航空機をも手掛ける，
総合兵器企業となった．

第3節　多国籍企業の形成

1. 企業の多国籍化の類型

　19 世紀半ば以降，製造業に属する企業のなかにも，その日常的経営活動が
自国内にとどまらず，海外に活動範囲を広げるものが出現し始めた．もちろん
その出発点は貿易商の手による輸出であったが，輸出が恒常的に行われるよう
になると，企業によっては，単に製品を輸出するにとどまらず，(1)海外に販
売組織を作り，生産拠点を設け，(2)法律上は本国と進出先のそれぞれの法に
基づく企業が連合体を形成し，(3)これら企業が出資関係等を通じて密接な連
繋のもとに行動し，国境を越えた企業連合体として，一つの企業意思の実現に
向かって運営されるようになる．国境を越えて複数の国にまたがって展開され
る企業組織は，通例，多国籍企業 (multinational enterprise) と呼ばれている．

　経営活動が一国の範囲を越えて多国籍企業化する場合に，本国企業と海外に
展開している組織との関係はさまざまである．最も単純な場合は，海外の生産

---

6)　ヴィッカーズは最初はフランスの Robert Esnault-Pelterie の単葉機を技術導入したが，
　　まもなく複葉式に方針を変え，1913 年に FB. 1 を開発した．これを原型として 1914 年に
　　FB. 5 が開発され，第一次大戦期に初の実用的量産機種となった．

拠点が形式上その国の法に従った独立会社となり，実質的には本国企業の完全子会社として運営される．その対極には，複数国の複数企業が完全に対等な関係で結びつき，互いに相手企業を支配しあいながら連合体をなす型がある．そしてこの二つの型の中間に，企業間の支配関係の強さから見てさまざまな差異を含む形態が存在する．しかしいずれにせよ，国という組織が存在する以上，複数の国にまたがる企業組織は，それぞれの国の法に従うことを義務づけられ，その国の利害に従わざるを得ない．それ故，事情の如何によっては，国家主権に従えば企業組織としては解体することとなり，企業組織を維持しようとすれば，いずれかの国家主権と対立し争うということにもなる．多国籍企業は，そうした主権問題を必然的に含む企業組織である．

　このような多国籍企業は，その形成の経緯から見ると，二つの型があった．すなわち，一方的な製品輸出を起点として，本国と海外生産拠点との連合体を形成する場合と，多国間で同一業種の企業が相互に輸出競争を行い，これを起点に，元来は国籍を異にする企業が国境を越えた連合体を形成する場合である．前者はとくにアメリカの企業に典型的事例を見出すので，アメリカ型の多国籍化と名づけておく．これに対し後者はヨーロッパの企業に典型的事例を見出すので，これをヨーロッパ型の多国籍化と呼んでおく．

2.　プロダクト・サイクル説とアメリカ型の多国籍化

　企業の多国籍化について研究したヴァーノン（Raymond Vernon）は，アメリカの企業が海外に工場を設ける動機と行動には共通性が認められるとして，単純なモデルでそれを説明している．すなわち，

> 「[まず] 新製品ならびに新しい生産工程をアメリカの企業が開発する．つぎにアメリカ企業はこれら新製品や新生産工程を，輸出を通して世界に紹介することになる．輸出における優越的な地位が脅かされると，彼らは海外に子会社を設けて，自分がなお優位を保っている部分について活用に努めることになる．しばらくの間は，寡占による優位を保持しているが，そもそもの優位をもたらした基礎が完全に崩れ去るにつれて，寡占的優位も失われてしまう．」[7]

7)　Raymond Vernon, *Sovereignty at Bay : The Multinational Spread of U.S. Enterprises*, p. 66.

　海外に工場進出する企業経営行動について，ヴァーノンは，(1)新製品新技術の開発を出発点として，(2)それが市場に伝播し模倣され，(3)製品なり技術として成熟し，そして(4)旧式化して退場するに至る，いわゆる product cycle に対応させて，(1)輸出，(2)相手国における模倣，(3)それへの対抗としての現地生産，(4)優位性の喪失，という経路で説明しようというわけである．

　この説明は，ヴァーノン自身も断っているように，企業経営行動の説明としては単純にすぎる嫌いはある．しかし新製品の社会的伝播を軸にして企業経営行動を捉えるという点では，アメリカ企業の海外直接投資の動機と行動の本質をよく説明しうると思われる．

　製造企業が販路の拡大を求めて海外に向かう場合，その製品は海外市場で何らかの意味で比較優位もしくは特許製品のような絶対的優位を持つものであり，出発点はかかる商品の単純輸出である．それが輸出先でどのように売られるかについては，輸出元の製造企業は関知しない．しかし輸出を継続的もしくは拡大的に実施しようとすれば，相手国に特定の代理商を置くことが便利である．だが代理商は，通例特定の製造企業に専属することなく，取扱手数料に期待して多くの相手と契約している商人であるから，個々の製造業者の立場から見れば，彼の製品の市場開拓や販売促進に必ずしも全力を投入してくれない．またミシンや収穫機のような機械類では，絶えず修理が必要となるが，それに代理商は必ずしも対応できず，したがって耐久性のある機器類の輸出は，代理商に任せていたのでは万全とは言いがたかった．

　そこで，ある程度の規模で継続的に輸出を見込めるような耐久消費財や機器類の場合，代理商に代えて直営の営業所を設け，これを拠点に修理や市場開拓を行い，情報蒐集にも努めるようになる．そしてこうした販売拠点の量的および質的な充実に成功すると，やがて本国から完成品を輸出することに代えて，現地での組立て，加工，もしくは生産への進出を目指して，現地企業への委託あるいは直接の工場建設に踏み切る段階となる．この結果，輸出相手国の内部に企業活動の根幹たる生産部門が入り込むわけで，企業は相手国に対し，単純な製品輸出の場合とはまったく異なった，新しい係わりあいを持つことになるのである．

　生産拠点を海外に設ける目的は，言うまでもなく市場の確保にあるが，それ

は大きな直接投資を必要とし，それだけに危険も伴う．それにもかかわらず海外に生産拠点を設けようとする企業が 19 世紀後半から登場したのだが，その理由の一つは，輸出相手国に同業者が現われ，輸出製品を模倣し始め，技術移転が生じたために，本国から完成品を輸出するよりも現地生産の方が有利だという判断である．第二に，ことにアメリカの企業にとっては，他国における賃銀の安さと輸出に要する運送と倉庫費用の節約も，海外直接投資に踏み切る際の要因であった．さらに第三に，関税を回避することも直接投資の理由であり，たとえばシンガー社がカナダにわざわざ工場を建設したのは，ほかならぬ関税回避策であった．

　もちろん，海外市場の拡大確保によって企業の成長を維持するという場合にも，それを完成品輸出の増大によって実現するか，それとも直接投資によって海外に生産拠点を設けることによって目的を達成するか，それは本来経営者の選択の問題である．しかしイギリスとアメリカを比べるならば，国内流通および貿易ともに商業組織が緻密に発達していたイギリスでは，製造企業は自ずと完成品輸出の途を選択する傾向が強かった．それに対してアメリカの場合には，いわゆるアメリカ的大企業の形成過程において見られたように，製造企業が自力で流通組織を作り出すことが稀ではなく，ことに新技術新製品を開発した企業にはそうした行動が顕著に見られた．そして輸出についても，自力で販路を開拓し，さらに必要と判断すれば工場進出に向かうという傾向が強かったのである．

　海外生産の最も早い事例は，1851 年の万国博覧会で注目されたコルト銃の場合であろう．連発式コルト銃を発明したコルトは，アメリカでの経営的成功を基礎に，ヨーロッパへの進出を計画し，周到な準備のもとに万国博覧会を利用した宣伝を行ったうえで，早くも 1853 年 1 月からロンドンで銃の製造を始めている．もっとも，コルト銃は互換性部品の使用という点で注目されたとは言え，ロンドン進出の直後に新技術が出現したため，機構的にコルト銃は旧式化し，1858 年にコルトのロンドン工場は閉鎖に追い込まれ，コルトの多国籍企業化は成らなかった．

　海外に設けた生産拠点工場が操業に成功するならば，それは差しあたり本国企業に代わって進出先の市場を確保するという代替役を担うわけであるが，同

時にそこでは進出先に対して技術移転が否応なく行われることになろう．そして
てこの移転された技術に基づいて現地工場が運営され，やがて大量生産体制の
整備に成功するならば，この現地工場＝現地企業は，本国の企業と分業体制を
組んで，第三国の市場を目指して輸出に乗り出すのである．たとえばイースト
マン（George Eastman）はアメリカ東部 Rochester に本拠を置いて写真フィルム
を製造していたが，1880年代半ばにはロンドンに代表者を設けて支店を開設
した．そして1889年にこの支店はイギリスの法人企業 Eastman Photographic
Materials Company となるとともに，フィルムの製造も始めることとなり，ロ
ンドン郊外ハロウに工場が建設された．この新会社はイギリス工場からフラン
ス，イタリー，ロシア，オーストラリア，中国など広い範囲にわたってイース
トマンのフィルムを輸出する役割を担い，アメリカの本社と相携えた世界的な
営業網を築くことになったのである．

　ところで，イーストマンに限らず，このころからアメリカの製造業者のなか
には，国内市場一辺倒から海外市場にも眼を向ける者が現われ始めた．それは
業種から言うと，特徴的に，新しく発明され，もしくは根本的に改良された新
製品，とくに機械その他耐久消費財部門に集中していた．すなわち，シンガー
のミシン，マコーミックの収穫機，エディスン（Thomas A. Edison）の電話機
と蓄音器，ウェスティングハウス（George Westinghouse）のエア・ブレーキ，
パタスン（John H. Patterson）の金銭登録機，レミントン（E. Remington &
Sons）のタイプライターなどがその代表である．イーストマンの写真フィルム
もこのなかに数えてよいであろう．

　これらの新製品は，いずれも新種の産業を形成するものであったが，多くの
場合，製品の性質上，機械の修理をはじめとするアフタサービスを必要とした．
そのため，大量に販売するには自前の販売組織と生産拠点を相手国に整備する
ことが望ましく，したがってこのような企業の成長は，自ずから多国籍化への
途を辿ることになったのである．それとともに，本国の母体企業は，一方で技
術開発に従来以上の努力を傾けて，海外の現地工場に対する技術的優位性の維
持確保に努め，他方で海外子会社を国境を越えて中央集権的に管理統制する組
織を展開したのである．

　このような経路で展開する多国籍化は，20世紀に入るとフォード・モー

ター社（Ford Motor Company）や IBM（International Business Machines Cor-poration）も辿った途であった．またヨーロッパの企業のなかでも，たとえば車輌用の空気タイヤの発明から出発したイギリスのダンロップ・ゴム社（Dunlop Rubber Co., Ltd）などは，同じようにアメリカ型の経路で多国籍化した．

3.　国際企業シンガー社の成立

　ミシン製造をもっていわゆるアメリカ的大企業の一角に座を占めたシンガー社（I. M. Singer & Company）は，コルト社を別とすれば，アメリカ企業のなかで最も早く海外に進出して生産拠点を設け，現地法人を傘下に持って国際的経営を展開した企業であった．

　シンガー（Isaac Singer）は 1851 年までにアメリカのみならず外国にもミシンの特許を申請しているが，彼の計画は海外では特許実施権を他社に売却して収入を得ることにあった．この計画が実現したのは 1855 年で，フランスの商人カルボー（Charles Callebaut）にフランスおよびその植民地における特許権を売却した．カルボーがシンガーのミシンの製造を開始したのは同年内であった．ところが，シンガーが要求した権利金3万フランや販売価格の15%にあたる特許使用料の支払をめぐり，カルボーとの間に紛争が生じ，しかもカルボーがシンガー社以外のミシンをも取り扱ったため，シンガーは以後特許権の売却を一切取り止めることにした．

　シンガーはそこで地域ごとに独立の販売代理店を契約することを試み，ブラジルをはじめ，中南米の諸国とカナダおよびドイツには，この方式で 1860 年代初めにミシン輸出を成功させた．イギリスにはシンガー社が直接雇用した代表者（名称は agent）を 1861 年までにまずグラスゴウに，次いでロンドンに配置して，シンガー社直営の営業所を開設した．グラスゴウの営業所はイギリスおよびアイルランドにおける販売を所轄し，ロンドンの営業所はヨーロッパ大陸市場を開拓するという分業体制としたのだが，続いてイギリス国内で営業所の下に支店の増設を始めた．また大陸では，ドイツのハムブルクに 1863 年から営業所を開いた．

　このようにしてシンガー社は海外に直営の販売組織を広げ始めたが，1866

年に至って，イギリスの営業所ではミシンの在庫が底をつき，需要に応じきれ
ないばかりか，競争企業の攻勢が激しく，ロンドンの支配人は「死ぬほど悩
む」事態が生じた．シンガー社が当時なぜミシンをイギリスに十分出荷しな
かったのか，その理由は必ずしも明らかでないが，アメリカ国内事情としては，
南北戦争が終結した直後の時期にあたり，国内販売が好調であったことが一因
であろう．

ところで，シンガー社はこれまで輸出を重視していたのだが，このような内
需好調のほかに，南北戦争が終わってドルの価値が回復し，外国為替に対する
プレミアムが減少したので，それだけ輸出は不利となった．さらに賃銀が上昇
し始めたので「国内の製造業のコストは，世界市場で競争し得ないほど高く
なった」[8]という事情も生じていた．おそらくこうした状況とイギリスにおけ
る他社との競争の激化への対応策として，1867年にシンガー社はイギリスで
ミシンを製造することを決定した．イギリスの営業所では，これによってミシ
ンを確実に入手できるようになることのほか，「莫大な運送費，倉庫費，およ
びさまざまな付帯経費」[9]を削減できるので，イギリス内部での競争力の回復
を期待した．

シンガー社のイギリス工場は1868年にグラスゴウに建設された．この工場
は当初は部品をアメリカから輸入して組み立てることから始め，生産規模も2
週間に100台程度であったが，まもなく週200台へと増大した．そして1869
年にグラスゴウ工場で一貫生産を週600台の規模で実施することが提案され，
部品生産のために新工場が1872年に完成した．これによってシンガー社は海
外に初めてのミシン一貫生産工場を持つこととなった[10]．

1870年代にヨーロッパにおけるシンガー社の販売組織は急速に拡充された．
ロンドン営業所はグラスゴウに代わってイギリスの営業も担当することになっ
たほか，スペイン，ポルトガル，イタリー，ベルギー，フランスに支店の開設
を続け，他方ハムブルクの営業所はドイツのほか，スカンジナヴィア，ロシア，

---

8)　Mira Wilkins, *The Emergence of Multinational Enterprise*, p. 42 に引用．
9)　ロンドン営業所代理人 G. Woodruff からシンガー社宛の書簡．同上書同頁に引用．
10)　Bridgeton に建設された新工場が本格稼動した結果，1876年には週3,000台の規模で生
　　産されるに至った．当時この工場はイギリス最大のミシン製造工場と称された．

オーストリア-ハンガリーに販売網を広げた.

　こうした販売網の拡大とともに,グラスゴウ工場の生産能力では不十分となり,1881年に新工場の建設が決定された.新工場はアメリカの最新の技術を結集して,最新式工作機械をアメリカから導入し,生産規模もアメリカの最大規模の工場並みのものとすることとなり,グラスゴウ西郊のキルボウイ(Kilbowie)に1882年着工し,1885年に完成を見た.キルボウイ工場は5,000人以上の労働者を使用し,週に10,000台のミシンを製造する能力を持つ世界最大のミシン工場となり,しかもアメリカのElizabethport工場と比べて製造費用が30%も引き下げられた.この新工場はヨーロッパ大陸市場への輸出基地ともなった.

　なお,1883年にシンガー社はオーストリアのFloridsdorfに週1,200台の製造能力を持つ小規模な工場の建設を決定した.これは1882年にオーストリアが輸入関税を10%引き上げたことに対する関税回避策であったが,同時に,ヨーロッパ中部に位置するこの新工場は,オーストリアのほか,ハンガリー,ボヘミア,ババリア,プロシアなどの市場への供給基地として,イギリスの工場に代替する役割を与えられた.

　シンガー社はこのようにして1880年代に,アメリカの本社と工場のほか,ロンドンとハムブルクに営業本部をそれぞれ持ち,またイギリスとオーストリアに製造拠点を持っていた.このなかでニューヨークの本社はアメリカ国内のほか,カナダ,カリブ海域,メキシコ,南アメリカ北部の販売を担当し,ロンドン営業本部はイギリス,オーストラリア,アジア,中国,アフリカ,南アメリカ南部,ヨーロッパ大陸の大部分を担当地域とした.またハムブルクの営業本部は北部および中部ヨーロッパを担当領域として,それぞれ営業活動を行っていた.こうして世界に広がる販売組織と製造拠点を,ニューヨークのシンガー本社から営業本部を通して統轄し,営業本部は各国の支店を通して末端の販売組織を統制するという形で,世界的規模で緩やかな中央集権的管理体制が作り上げられたのである.

4.　ヨーロッパ型の多国籍化

　アメリカ型の多国籍化とは異なった経路でも,多国籍企業は成立した.国籍

を異にする同業企業が合同して一体となり，しかも本社機能はそれぞれの国に存続しながら企業としては統一された行動をとるというもので，典型的にはヨーロッパの企業にその事例を見出す．石油精製業のロイアル・ダッチ-シェル・グループ (Royal Dutch-Shell) はオランダとイギリスにまたがり，油脂食品製造業のユニリーヴァ社 (Unilever Ltd.) はイギリス，オランダの両国に本社を持ち，ドイツ企業も加わった連合体である．代表的事例としてユニリーヴァの成立経緯を辿ってみよう．

　ユニリーヴァ社は 1930 年に成立した企業であるが，成立時の構造は図 5-1 のごとくで，およそ次のようになっていた．まずイギリスとオランダのそれぞれに非公開の持株会社があり，この組織がイギリスの持株会社 Unilever Ltd. とオランダの持株会社 Unilever N.V. をそれぞれ 50％ずつの議決権を有して対等に支配した．両国のユニリーヴァ社は，自国内のいくつかの中核的子会社を出資を通じて支配し，この子会社がさらに多数の企業を出資によって支配している．ここに集まっている多数の企業は，石鹸およびマーガリンの生産，販売組織，もしくはその原料供給という点で何らかの関係を有するが，しかしイギリスとオランダの企業集団を結び付けているものは，両国のユニリーヴァ社に対する非公開持株会社の対等出資という関係のみである．このような企業組織がなぜ作られたのか，その経緯を辿ると，アメリカ型の多国籍化とはまったく異なった多国籍化の途もあることが明らかとなる．

　まずイギリス側の事情を辿ると，この企業集団の発端は 1885 年にリーヴァ (William H. Lever) が雑貨商から石鹸生産に進出を決意して，リーヴァ兄弟社 (Lever Brothers Ltd.) を設立したことに遡る．リーヴァは同年末から Warrington で石鹸の生産を始め，従来から自社取扱いの石鹸に付していた登録商標 "Sunlight" をもって自社製石鹸を売り出した．この石鹸は原料に椰子油を用いた良質なものであったうえ，ことに型入り商標付の固形石鹸を紙箱に入れたものが好評を得て，大成功を収め，リーヴァ社はたちまちに石鹸業界の大手企業となった．1889 年に同社は，水路を利用できる工場敷地を求めてチェシアの Bromborough に移転し，工場を中心に労働者住宅などを含むニュータウンを建設して，これを Port Sunlight と称したが，この移転によって生産設備の改善と増大が図られた．リーヴァ社はこの移転と前後して海外進出を試み，

図5-1 ユニリーヴァ社の構成 (1930年)

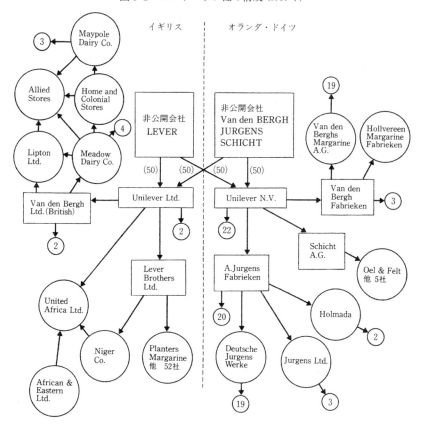

(注) 1. →は出資を示す. ( )内数字は出資比率[%].
2. 小円内の数字は持株支配されている会社数. 会社名は省略.

1890年ころまでにフランス, オランダ, ベルギー, ドイツなど大陸諸国のほか, アメリカ, カナダ, オーストラリア, ニュージーランド, セイロン, 南アフリカなど世界の広い地域に代理店を設置して, サンライト石鹸の販売網を築いた.

しかし, その後の10年の間に, リーヴァは製品輸出から海外現地生産へと方針を転換した. リーヴァは次のように述べている.

「他の国に工場を建設するかどうかは関税の如何による. オランダとベルギーに輸入

される石鹸について支払う関税はかなりの額に達している．関税が高くなって，新た
に工場経営要員を雇い入れ石鹸製造装置一式を揃えるに必要な金額に見合うほどにな
れば，われわれはこの国に工場を建てる見通しを得よう．関税が工場経営要員と製造
装置を新たに準備する費用を上回る場合には，その国に工場を建設する方が経済的で
あって，そうすれば顧客は，輸入するよりも安くその工場から製品を買うことができ
よう．」[11]

　関税回避を主たる目的とし，同時に輸送費節減をも狙って，リーヴァ社は
1890 年代後半からドイツ，スイス，ベルギー，アメリカ，カナダ，オースト
ラリア，そしてさらに南アフリカ，ニュージーランド，オランダ，スカンジナ
ヴィアなどに，あるいは工場新設により，あるいは既存企業の買収によって，
工場進出を果たした．しかし石鹸の製造は，技術的には搾油，精製，硬化とい
う3段階の簡単な工程であり，新規参入も容易であった．そこでリーヴァは，
競争の決め手は良質原料の確保にあると考え，椰子油を目指して 1901 年にソ
ロモン諸島での椰子栽培を試みたのを手始めに，コンゴ，英領西アフリカ等で
椰子園経営，搾油所設置，椰子の実の集荷組織の取得などを進めた．さらに，
椰子の実の取引には物々交換が有力な方法であることから，西アフリカ植民地
向けのイギリス貿易商社を買収もした．こうしてリーヴァ社は椰子油やその他
の植物油を，自給を含めて安定確保する体制を整えるとともに，手広いアフリ
カ貿易にまで業務を拡大し，1920 年には巨費を投じて商社 Niger Company を
買収した．

　ところで，第一次大戦の直前，リーヴァは製品の多角化を考えて，マーガリ
ンの生産を計画した．マーガリンは石鹸と同様に植物油を原料とし，ほぼ同じ
技術によって生産できるので，リーヴァにとって進出は容易であった．しかも
市場については，低所得階層が高いバターよりも安いマーガリンを求める傾向
が，この当時，顕著だったのである．リーヴァは子会社 Planters Margarine
Company を 1914 年に設立して，マーガリン生産に乗り出した．リーヴァは
マーガリン業界でも大手の生産者となったが，しかしその事業は，戦争が終わ
ると需要構造が変化したことと，外国企業との競争が激化したこと，それに加
えて生産技術上の問題が発生して，不振に陥り，工場は低操業に喘ぐことに

---

11)　Charles Wilson, *The History of Unilever*, Vol. I, p. 99 に引用.

なった.

　次にオランダ側の事情を見ると, Oss のバター商人ユルヘンス (Anton
Jurgens) とファン・デン・バーク (Samuel van den Bergh) が1871年以来展開
したマーガリン生産を巡る競争に端を見出す. 小さな町のこの同業者は, ユル
ヘンスが1871年にマーガリン生産に進出するや, ファン・デン・バークがた
だちに後を追い, 1927年に至るまでの半世紀にわたって, 激しい競争を展開
した. この間両者は, いずれもドイツを中心とした大陸市場とイギリスにマー
ガリンの売込みを図った. またユルヘンスは, 原料の植物油を確保する目的で,
カメルーンで農園経営を始めたが, これは失敗に終わった.

　ユルヘンスもファン・デン・バークも, 1900年ころから, オランダ国内の
ほか進出先のドイツとイギリスでマーガリンの販売経路や店舗の整備, チェー
ン店作りを始め, 競争対策に腐心したが, さらに, リーヴァ社とは逆に石鹸の
製造にも進出を試みた. こうしてユルヘンスとファン・デン・バークは, とく
にイギリスを舞台に激しく争い, 石鹸進出計画ではリーヴァ社の利害に触れ,
また先に見たリーヴァ社のマーガリン進出は, オランダ2社と真向から衝突す
るという状況にあったのである.

　ところで, 1906年当時ファン・デン・バークはイギリスで週480トンほど
のマーガリンを生産し, ユルヘンスもまた150トンの規模で生産していたが,
リーヴァ社がマーガリンに進出した1910年代半ばには, ファン・デン・バー
クは1,400トン, ユルヘンスも1,100トンの生産規模に達し, イギリス企業の
最大手 Maypole Dairy Company が1,000トン, リーヴァ系 Planters Margarine
Company は260トンという状況であった. 第一次大戦中にバター代替財とし
てのマーガリンの需要増を背景に, イギリス系の2社は生産能力を増強したの
で, 戦後の1921年当時の4社の生産量は表5-1に見られるような状況となっ
た. ところが1920年代を通じて, イギリスでは, バターの消費が急回復した
のに対して, マーガリン消費は伸び悩み, これを大手4社が奪いあうことに
なった.

　オランダの2社は戦前からイギリスに流通組織を持っていたが, ユルヘンス
は, 1920年に, イギリスのマーガリン小売業界で約1割の占有率を保って
ファン・デン・バークと緊密な取引関係にあった Home & Colonial Stores の株

表5-1 イギリスにおけるマーガリン
大手企業の生産量

（単位：トン／週）

企業　　　　　　年	1915～16	1921	1927
Maypole Dairy	1,000	1,330	780
Planters (Lever)	260	460	290
Van den Bergh	1,400	1,120	1,100
Jurgens	1,100	1,290	1,370

（出所）　Charles Wilson, *The History of Unilever*, Vol. I, p. 229.
Vol. II, pp. 175, 253-254 より作成.

　式を取得して傘下に収め，また1924年にイギリスのマーガリン生産者最大手
Maypole Dairy Company に資本参加し，生産量において圧倒的な力を得るに
至った．これに対抗するファン・デン・バークは，自社系列の Meadow Dairy
Company のみでは形勢不利と見て，600店余の食品チェーン店舗を持つ Lipton
(Thomas J.) Co. Ltd. を1927年に傘下に入れ，流通面から巻返しを図った．こ
のような激しい競争の末，オランダの2社は1927年に合併に合意したが，そ
の際，海外諸国に展開していた両社の組織については，二重課税を回避するた
め，オランダとイギリスに持株会社 Margarine Unie N.V. および Margarine
Union Ltd. を設立して，前者はオランダの両社と大陸の子会社を統括支配し，
後者はイギリスの資産と子会社を支配することにした．なお前者にはドイツの
マーガリンおよび石鹸生産大手企業 Georg Schicht A.G. も加わった．
　1920年代後半には，このようにしてイギリスのリーヴァとオランダのユニ
とが全ヨーロッパ的規模で対峙した．石鹸においてはリーヴァが圧倒的に強力
であったが，マーガリンにおいてはユニがはるかに優っていた．しかしイギリ
ス国内に限れば，リーヴァのマーガリン進出はユニにとって重大事であり，こ
とに，操業度が低いとはいえ，大規模工場をリーヴァが有することは脅威で
あった．企業全体を総合すればユニの方が大きい力を持っていたが，しかし
リーヴァはオランダ勢よりもはるかに広大な世界市場と豊富な原料とを確保し
ていた．こうした諸条件のもとで，リーヴァにもユニにも，相手と手を組み組
織を合理化するとともに，競争を解消することが魅力となったのである．リー
ヴァとユニは1929年に至って合同に同意し，1930年元旦に新組織（図5-1参
照）が発足した．

イギリス側の Unilever Ltd. とオランダ側の Unilever N. V. に対しては，イギリス側リーヴァ一族，オランダ側ファン・デン・バーク，ユルヘンスおよびジヒトから成るグループの非公開会社が，それぞれ 50% の議決権を有することとされ，要するにイギリス側とオランダ側が対等に，そして4家族で，両国の持株会社ユニリーヴァを支配する国際的体制が作り出されたわけである．両国のユニリーヴァ社はそれぞれ役員会を有し，初代社長にはイギリスのユニリーヴァ社はリーヴァ家の長 Lord Leverhulme が，オランダのユニリーヴァ社は Anton Jurgens が就任したが，取締役は両社とも同一人の兼任で，イギリス側代表とオランダ側代表が半数ずつと定められた．

　こうしてユニリーヴァは，基本的にはヨーロッパという比較的限られた国際市場において，国籍を異にする企業が競争の解消と経営多角化を目指す過程で作り出した国際的企業合同（トラスト）だと言ってよい．以上のごとくして，ユニリーヴァ社は，そもそも国籍を異にする企業集団を，事実上同一の経営陣の最高意思決定に従って，国境を越えて統一的に運営することに成功したのである．

第4節　戦後経営環境の変化と世界規模経営

1.　世界規模経営の登場

　大量生産体制を整備した大企業は，より一層の成長を目指すと，海外に市場を求めて多国籍企業化することが一つの選択肢であった．しかし 1930 年代までは，さきに見たシンガー社を別とすれば，世界規模の活動を展開する企業は，自動車，石油精製など，分野が限られていた．ところが第二次大戦後になると，長い平和が続いたことと新種産業の登場とがあいまって，さまざまの分野で世界規模の活動を展開する企業が出現した．

　世界規模の活動と言っても，すでに見た戦前からの単なる世界市場目当ての製品輸出から始まって，営業，製造拠点の世界展開，そしてそれに加えて，第二次大戦後に至って特徴的に出現した，市場分割を超えた製造拠点間における分業体制の構築，あるいはその補完としての国際間企業連携など，さまざまの形態と段階が工夫開発された．

自動車のフォード，ジェネラル・モーターズ（General Motors Corporation）は言うに及ばず，ユニリーヴァ，ネスレ，コカコーラ（Coca-Cola Company），ジョンソン（Johnson & Johnson），IBM，コダック（Eastman Kodak Company），プロクタ・アンド・ギャンブル（Procter & Gamble Co.），マクドナルド（McDonald's Corp.），ゼロックス（Xerox Corp.）などは，第二次大戦後に世界規模の経営を展開した代表的企業であろう．いずれも独自の技術開発力を持ち，大量需要ないし大衆消費を見込める製品が，世界規模経営を目指す土台になっている点で共通している．そしてこの発展の流れに，高度成長期を経た日本の企業も姿を現し始めた．ソニー，日本電気，富士写真フィルム，本田技研工業，日産自動車，三洋電機，吉田工業（YKK）などは，単なる製品輸出を超えて，比較的早くから世界規模経営を指向した企業である．

　もちろん世界規模経営といっても，業種によって絶対的な規模は異なるが，ネスレ社の場合は1998年末で81カ国に進出し，522の製造拠点を持ち，売上高の95％以上を海外で得ている．また日産自動車の場合は，イギリス，スペイン，アメリカ，メキシコ，タイ，台湾，南アフリカ連邦に製造拠点を持ち，そのほか中国，フィリピン，インドネシアに現地組立工場を有しており，販売台数を見ると，1998年の総販売台数は261万台で，そのうち，国内販売は90万台余であった．

　こうした事例が示すように，世界規模経営を目指す企業にあっては，本国市場はもはや市場の一部に過ぎない．そこでは，本国以外の比較的少数の外国に活動拠点がまたがる企業，その程度で考えられていた多国籍企業という概念が，そのままでは当て嵌まらなくなって来たことに注意すべきであろう．

2. 技術と危険の巨大化と国際共同開発

　近代企業の発展は，元来，技術も資源も自分の手元に囲い込んで競争する道を辿っており，まさにそれ故に，競争力の重要な源泉である技術開発に企業は努力を傾注してきた．しかし第二次大戦後，新技術の研究開発費が次第に多額となり，巨大企業といえどもその負担に耐えられないような技術分野が出現し始めた．ヨーロッパ最大の航空エンジン会社であるイギリスのロウルズ-ロイス社が，ただ1種の新エンジン開発の費用負担に耐えられず，倒産してしまっ

たことは，この問題を象徴している．

　これは例外ではない．たとえば自動車産業は，現在では大企業の集まってい
る業種の一つだが，そこでは大気汚染対策として新エンジンの開発が至上の課
題となっている．しかし小手先の改良はともかく，根本的な新エンジンを開発
するには，一社をもってしては，費用負担は困難だと言われている．

　民間航空機の場合も同様である．西ヨーロッパでは，エアバス（A300B
型）開発のため，イギリス，フランス，ドイツ，オランダ，スペインの5カ国
政府が後押しする国際共同事業体を作り，ようやく1972年に開発に成功した．
しかしそれでもエンジンはアメリカ企業に頼った．

　いずれにせよ，研究開発の内容が高度化し，困難な作業になるとともに，費
用も嵩み，しかも成否は定かでないとなれば，私企業は危険負担を恐れる．し
かし同時に，技術を開発しなければ，企業の存続が危ぶまれることになる．こ
の状況の打開策として，国際共同開発という途が登場したのである．

3.　企 業 連 携

　世界規模経営を目指す同業企業が互いに連携し，単なる競争を超えて，国際
的な協力体制を作る動きが1990年代に入る頃から目立ち始めた．それは，一
方で，単独で巨大な組織を作り上げたり維持し続けることの効率の悪さや，経
営的危険負担の増大を回避し，他方でたとえばドイツのダイムラー社
（Daimler-Benz AG.）とアメリカのクライスラー社（Chrysler Corp.）の合併の
場合に生じているような支配権問題を回避しつつ[12]，他国企業と連携して，
相互に補完協力しあい，活動基盤を世界規模に拡充することを狙っている．し
たがってそれは単なる取引上の業務提携とは異なって，世界規模経営の組織を，
共通の意思に基づいて，共同で作り上げようとする点に特徴がある．

　国際航空業界はこの連携がさまざまに試みられていることで知られている．
Global Excellence Alliance (1991), Star Alliance (1997), Oneworld (1998)

---

12)　ダイムラー社とクライスラー社は「合併により真のグローバル企業になる」ことを目指
　　して，1998年11月に Daimler-Chrysler AG（ダイムラー・クライスラー社）として発足
　　した．形式上は対等合併だが，本社はドイツにおかれた．処遇を巡ってクライスラー出身
　　役員の不満は強く，翌年春まで退職者が相次いだ．

などがその代表格であろう．自動車業界ではフォード，ジェネラル・モーター
ズ，ルノー（Renault SA）などがそれぞれ連携網の中心となった．ルノーは日
本の日産自動車のほか，ボルボ，三星（韓国）などと連携しているが，ルノー
は日産の日本および海外組織を利用し，日本のほか北米，メキシコ，南ア連邦，
アジア地域に足掛かりを得，日産はルノーの組織を利用して，フランスのほか
ヨーロッパ東部，中部，南米に足掛かりを得ることを期待した．

4.　経営変革要因としての情報技術

　電子計算機の利用技術の急速な発展と，通信分野への応用とがあいまって，
いわゆる情報技術（IT）とその世界規模のネットワーク（internet）が1990年
代に登場したが，この技術は，基本的には，それに先立ってアメリカで軍事用
途として高度な開発が進んでおり，その一部がまず研究機関用に，ついで商業
用に開放されたものであった[13]．その点でネットワーク情報技術は最初から
十分な実用性をもって登場し，とくにアメリカの「情報ハイウエイ構想」
（1993）に牽引されて，一挙に普及した．さらにネットワークを土台にした企
業情報システム（intranet）も構築され始め，これらを利用する企業としない
企業，対応できる企業とできない企業との間には，情報と経営力の著しい格差
が生ずることになった．
　ことに，この技術の特性である情報到達の速さと範囲の広さは，世界的規模
で情報の時差を解消し，閉鎖性を減少させた．その結果，市場への参加希望者
は，開放的情報交換のもとで，取引が可能となった．このことは，たとえば製
品販売についても部品調達についても，それまでに築かれていた取引関係や人
間関係を無視するならば，最も有利な条件での取引相手を即座に選択できるこ
とを意味する．したがって，情報技術は世界規模経営の一つの手段となり，ま
たそれを容易にする．
　そればかりではない．個人がインターネットを利用して商品を購入し，また
世界情報に参加できる仕組みが出現し，またいわゆる「iモード」対応携帯電

---

13)　1960年代後半に始まった国防総省による計算機ネット間の接続技術開発計画
　　（ARPANET）が母体となり，1983年にこのネットは研究機関用と軍通信用とに分割され，
　　1995年に前者への接続は完全に商業化した．

話の登場が消費者のこうした動きの裾野を広げ，言わば予備軍を社会的に養成
しているわけである．このことは，単に消費者の商品選択の幅が一挙に拡大す
るだけではなく，かつて鉄道網の発達が地域市場の壁を崩してしまったように，
売手の側が世界規模の競争に曝されることを意味する．

　このような経営環境の出現は，膨大な組織を擁する大企業が取引情報におい
ても優位であるという根拠を揺るがす．したがって，企業の経営組織は，これ
までの固定的な仕組みや垣根を超えて，解放性を備えた組織に変わって行かざ
るを得ず，グループ企業，親会社・子会社，系列などの企業間関係も変化を免
れない．こうして情報技術は企業の組織にも，経営形態にも影響を及ぼし，そ
ればかりか，情報を用いる人間に対して，世界同時性と言ってもよいような，
意思決定の速さや行動の速さを，ますます求めることになる．

第6章　近代経営管理の技術と組織

第1節　管理運動の歴史的背景

1. 経営管理認識の形成

　近代の経済活動を担う企業経営体は，産業革命期から現代に至る2世紀間，およそ以上に見たような発展傾向をもって，経営行動を展開してきた．そしてアメリカはもとより，イギリスにおいてもまた，多くの産業は「小規模で互いに競争しあう企業群が支配的な分散構造から，大規模で，しばしば独占的な企業が支配する集中構造へと変容を遂げてきた」[1]．こうして企業の経営規模が大きくなり，たとえばいわゆるアメリカ的大企業のように活動範囲が広大なアメリカ大陸の全土にまたがり，あるいは多角化や統合経営によって日常的経営活動の内容が複雑多岐にわたるようになるにつれて，大規模な企業経営体の全構成要素が企業目的達成に向かって合理的に活動し，また運用されるよう，組織的に管理することが，経営者にとって重要課題となった．

　もちろん，経営管理を欠如した企業経営はあり得ないという意味では，先に見たようにイギリス産業革命期の企業においても，たとえばボウルトン゠ウォット商会のように経営規模の大きい先進的企業においては，職業的工場管理者が登用されていた．また多くの企業で熟練職人が現場管理にあたり始めていた．製造費用を管理するために原価計算や減価償却の概念も芽生え，その手法も試行錯誤のなかで開発されつつあった．

　そればかりではない．バビッジ（Charles Babbage）は産業革命末期の1820

---

1)　Leslie Hannah, *The Rise of the Corporate Economy*, p. 1.

年代に前後10年余をかけてイギリスと大陸の機械技術を広く調査し，*On the Economy of Machinery and Manufactures* という著作を1832年に発表したが，そこで彼は，機械で「もの」を作ること自体の工学的技術とは別に，工場の運営技術や作業工程計画の重要性に着目しており，作業管理技術としての賃銀支払制度にまで言及している．

　また，各種産業のなかでも，ことに鉄道業は，投資規模が他業種と比べて桁違いに大きい[2]ばかりか，日常的経営活動の地理的範囲がきわめて広く，日常業務に必要な職種は多岐にわたり，正確な共同作業を要した．しかもイギリスの鉄道業は発足時点から株式会社形態をとり，沿線住民の資金を集めた場合が少なくなかったし，アメリカの鉄道においても，ボストン商人などのほか，イギリスからの投資に支えられて建設が進められたという事情があったので，投資者への配慮を否応なく求められた．したがって鉄道業にあっては，早期から現場管理と財務管理を組織的に行う必要を経営者は痛切に自覚していたのである．それ故にアメリカでは，現場管理の方法として普及していた内部請負制では事足りず，既に南北戦争の以前から，鉄道会社のほか銀行など一部の大企業は，経営管理の専門家とも言うべき人材，すなわち職業的経営者を，企業出資とは無関係に登用し始め，彼らを活用して，大組織の管理にあたろうとする傾向が強く現われていた．

2. アメリカ企業における規模と管理問題

　管理問題は，ことにアメリカにおいて深刻であった．アンドルー・カーネギは1886年に『民主主義の勝利』の冒頭で曰く，「旧大陸の諸国民は蝸牛のようにのろのろと歩んでいる．わが共和国は急行列車のような速度で驀進している．合衆国は発展しだしてわずか1世紀しか経っていないが，すでに諸国民の最先端に伍すに至っており，遠からず他のすべての国をはるかに引き離してしまう運命にある」[3]．この急速な発展がアメリカ経済の特徴であり，問題でもあっ

---

　2)　たとえばニューヨーク・セントラル鉄道は1860年に3,000万ドルをもって建設されたが，1850年当時最大規模の織物工場ですら原初投資額が50万ドルに達するものは稀であったという．山下幸夫編『経営史—欧米』87頁．

　3)　Andrew Carnegie, *Triumphant Democracy, or Fifty Years' March of the Republic*, p. 1.

た．たとえば工業生産の基礎資材としての粗鋼の生産量[4]を見ると，1870年
には7万トンであったものが，1880年には127万トンになり，そして1900年
には1,035万トンに達しており，イギリスをはるかに凌駕してアメリカは世界
最大の製鋼国となっている．また鉄道について見れば，その路線は1870年に
85,170キロメートルであったものが，1880年に150,091キロメートル，そし
て1900年には311,160キロメートルへと，これまた大拡張し，従業員も100
万人を超えるに至った．

　このような急激な量的拡大は，企業の管理運営上，さまざまな質的問題を生
ぜしめることになった．ニューヨーク゠エリ鉄道（New York and Erie Rail-
road）の総支配人マッカラム（Daniel McCallum）は次のように述べている．

　　「運行距離50マイルの鉄道ならば，監督は1人で十分であり，細かなところまで指
　　図できる．彼は従業員全員を知っており，仕事に関する質問にはすべてその場で答え，
　　実行に移される．……運行距離が500マイルの鉄道を管理するとなると，事情はまっ
　　たく異なる．短距離鉄道の業務と運行の管理には有効な方式も，長距離鉄道の管理に
　　ついてはまったく対応できない．長距離鉄道が失敗するとすれば，その原因は，私見
　　によれば，[経営管理上] 細かな点に至るまで完全で実際問題に適切に対応できる制
　　度を厳格に実施する，そういう制度がなかったことにある．」[5]

　こうして大規模鉄道においては，広い地域にわたって展開する日常業務，す
なわち建設，保線，運転，運行計画，駅務，旅客，貨物，車輌保守，通信，運
賃など，専門技術や知識を必要とする多岐な内容の業務を，組織的に調整し，
管理しなければならなかった．

　このように一企業の作業現場における多数の業務の調整管理が必要となった
業種は，鉄道に限らなかった．アメリカ的大量生産体制を作り出していた機
械工業や金属加工業もまた，作業現場の組織的管理を求め始めていた．これら
の業種は，先に述べたように，徹底的な作業分割に基づいて，専門機械を体系
的に配置するという作業場編成原理を基礎とし，それによって高い生産性を実

　4）　B. R. Mitchell, ed., *International Historical Statistics, The Americas and Australasia*, p. 457.
　　　鉄道も同書656-658頁．
　5）　1855年のニューヨーク゠エリ鉄道事業報告書．Alfred Chandler, Jr., *Henry Varnum Poor-
　　　Business Editor, Analyst, and Reformer*, p. 146に引用．同鉄道は，1851年に完成した当時，
　　　アメリカで最大の路線と人員を擁した．

現していた. この原理は, 細分化した作業工程が厳密に調整され, 一糸乱れず作業が進行することを前提としている. しかし経営規模が大きくなるにつれ, また労働生産性の向上を目指して作業分割が進むにつれ, それだけ調整対象は増え, 作業全体の調整をとることは難しくなった. リッテラ (Joseph A. Litterer) は次のように述べている.

> 「19 世紀末葉の [製造業の業務の流れの] 典型を示すなら, 販売担当部門による注文受領から始まり, それに続いて設計, 工場本部, 鋳造部門, 機械工作部門, 組立部門の仕事, そして最後に発送部という順になろう. だがこの当時, 多くの企業は, この経営内の業務の横の流れにおける各部門や担当の間の調整を保つことがますます困難になってきたことに気付き始めた.」[6]

3. 労働運動と移民問題

経営規模の急拡大のみが管理問題を引き起こしたのではなかった. 1850 年代から, アメリカの労働運動は全国組織の結成を目指して力を増しつつあり, 経営者はそれへの対応を迫られることになったのである. 1852 年に結成された全国活版工組合 (National Typographical Union) がその最も早いものだが, 続いて鋳型工, 機械工, 鍛冶工, 石工などの組合が設立された. なかでも 1859 年に発足した鋳型工組合 (Iron Molders Union) は, 全国組織の組合として強力な統制力を持ち, 強制拠出によって中央ストライキ基金を設け, 統制された行動によって, 鋳型工の賃銀や労働条件の改善を目指した. 1863 年には鉄道機関士友愛会 (Brotherhood of Locomotive Engineers) が結成され, その後に機関車火夫友愛会 (Brotherhood of Locomotive Firemen), 鉄道車掌組合 (Order of Railway Conductors) などが続いた. 1867 年には製靴工の組合たる聖クリスピン騎士団 (Knights of St. Crispin) が結成され, この組合は 1871 年春までに全国に 327 の支部を持つ大組織となっている. こうして 1873 年には全国組織の職能別組合が 41 に達していた. これら職能別組合は, 元来, 熟練工の組合として, 賃銀, 労働時間, 労働条件などの維持改善にもっぱら関心を有していた. だが, 作業現場においては機械化が進展し, また労働力の供給面

---

6) Joseph A. Litterer, "Systematic Management : Design for Organizational Recoupling in American Manufacturing Firms", *Business History Review*, Vol. 37, No. 4, pp. 372-373.

では，鉄道建設が進んだ結果，労働力の移動性がかつてなく高まり，しかも移民が大量に流入するという状況下で，自衛のために全国組織の形成が求められたのである．

　ところで，1867年の景気後退とその後1873年からの大不況期に，労働組合は賃銀切下げに対抗し得ず，消滅するものが相次いだが，そのなかで広く労働者の経済要求と結束とを図ろうとする秘密結社たる労働騎士団（Noble and Holey Order of the Knights of Labor）が1869年に結成された．労働組合員であるが故に解雇されるというような険悪な労資関係のもとで，労働騎士団は秘密結社の利点を生かしつつ，地域によっては職能ごとに，また地域によっては職能の区別なしに，それぞれ支部を設けて，組織を全国に広げた．騎士団は1881年に秘密性を脱ぎ捨てて後，かえって急速に発展し，農業経営者や小売商など自営業者をも含む大組織となり，主としてボイコットを戦術としつつ大企業経営者に対抗しようとした．

　職能別組織を基本とする労働組合から見れば，労働騎士団はこの基本から外れるものであったが，組合運動沈滞期に労働組合に代わる機能をある程度果たしたことは間違いない．だがこの間にも，たとえば1877年にはフィラデルフィアその他で大規模な鉄道ストライキが起こり，多数の死者が出て，その鎮圧のため州兵が出動しなければならなかった．また1884年には，オハイオ州の炭坑夫組合が，半年に及ぶストライキの末，武装したピンカートン警備員に守られたストライキ破りによって屈伏させられるということもあった．

　景気の回復につれて，1880年代後半から労働組合も活気を取り戻し始めた．1886年には，8時間労働制を求めて，さまざまの労働組合がストライキを構える計画を進めるなど，労働組合の全国的組織化への気運が再び盛り上がった．労働組合主導のこの労働時間短縮要求は多くの職能分野において認められ，労働者は経営者から譲歩を得たので，組合は信頼を回復した．他方，ストライキを認めない方針を取った労働騎士団からは労働者が離れてゆくことになった．たとえば従来騎士団の支部を形成していた機械工は，団を脱退して全国機械工組合（National Association of Machinists）を設立した．こうした状況のもとで，労働組合を再び全国的規模で組織化することを目指して，1886年末にアメリカ労働総同盟（American Federation of Labor ; AFL）の結成を見たのであった．

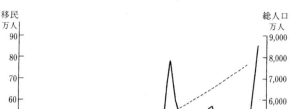

図 6-1　アメリカの移民数および総人口 (1850〜1903 年)

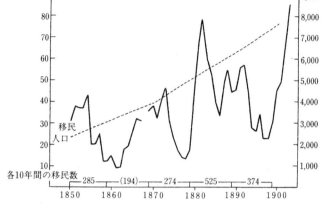

(注)　1868 年の移民数は不詳. 1860〜69 年の合計も, 同年を除く.
(出所)　B. R. Mitchell, ed., *International Historical Statistics, The Americas and Australasia*,
　　　　pp. 138-139 に基づき作成.

　ゴムパーズ (Samuel Gompers) を議長とする AFL の執行部は, 各種の職能別
の新全国組合の設立とその AFL 加盟に努力するとともに, 1890 年 5 月 1 日を
8 時間労働運動開始日と決定し, あらゆる職能に 8 時間労働制の導入を求めて,
計画的な労働時間短縮要求の展開を練っていた.

　労働騎士団にせよ AFL にせよ, ともかくこのような労働者側の状況と動向
に対して, 経営者側, なかんずく鉄道, 製鉄, 機械工業など大規模な作業現場
を抱える業種の経営者は, 一方で, たとえばピンカートン探偵社を使ってまで
の強硬姿勢を労働運動に対して示した. だが同時に, 冷静な組合対策にも取り
組み始めた. その一つは労働力の調達方法であった. 1875 年にある製鋼所の
社長は次のように記している.

　「どのような労働者を採用するかに気を付けなければならない. 法外な高賃銀に慣れ
　ている西部から来た労働者は避けるべきだと思う. また, やれ高賃銀だ, やれ労働の
　短縮だストライキだと, うるさいことばかり言うイギリス人も, できるだけ避ける方

がいい．私の経験から言えば，ドイツ人，アイルランド人，スウェーデン人，それか
ら私が『そばかす』と呼んでいる連中，すなわちアメリカの農村出の少年たち，これ
を上手に混成した場合が，一番効率的で，最も扱いやすい労働力になる．」[7]

　ところが，経営者が使いやすい労働力として期待した移民にも，1880 年代
に入ると大きな変化が現われた．まず第一に量的に見て，図 6-1 に示したよう
に移住者が急増した．1870 年から 1879 年までの 10 年間の移民数は総計 274
万人であったが，続く 1880 年から 1889 年の 10 年間には，その数は 90 ％増の
525 万人に達した．第二に，移民の出身地に変化が生じた．これまで移民の中
心であったイギリス，アイルランド，ドイツ，スカンジナヴィア諸国の出身者
が減少し始め，それに代わってハンガリー，ポーランド，ロシア，セルビア，
ギリシャ，イタリーなどを母国とする，いわゆる「新」(new) 移民が急増した
のである．この人々は技能においても教育水準においても，従来の移民に比べ
て劣っていたと言われている．しかも，それぞれ異なった母国の文化と言語を
背負って，容易には他と同化しないまま，そうした移民の大部分が，不熟練労
働者として，東部および中部の工業地帯に大量流入し始めたのである．

第 2 節　組織的工場管理の展開

1.　能率増進運動と労資紛争

　1880 年代のアメリカ産業界は，長い不況から漸く抜け出ようとしており，
アメリカ的大企業の形成など活発な動きを見せ始めていた．しかし経営者たち
の構想を実現するには，以上に見てきたように，工場現場で解決すべき問題が，
さまざまの産業分野において生じていた．何よりも，雑多な不熟練工を一方で
前提し，他方で労働組合の時間短縮要求をもにらみながら，すでに高度に機械
化された作業現場の労働者組織を調整し，生産工程を円滑に運営する方策が必
要となった．こうした現場の問題に関心を持ち，その方策に取り組んだのは，
工場機械化の進展に伴って機械の工学的専門的知識をもって現場管理に重要さ
を増しつつある，いわゆる機械技師 (mechanical engineer) たちであった．技

---

7)　Henry Pelling, *American Labor*, p. 71.

師たちにとっての中心的課題は，作業そのものの円滑化効率化を目指す生産管理と，労働者の要求への管理手段としての賃銀管理，そして生産活動の貨幣的管理の意味を持つ原価計算であった．

　機械技師の団体たるアメリカ機械技師協会 (American Society of Mechanical Engineers) が設立されたのは 1880 年であるが，この協会に集まった人々は，機械工業界の経営者，工場長，高度な技能を有する機械技師などを中心としており，自分の日常経験を基礎に，情報交換を始めた．そして 1886 年にタウン (Henry R. Towne) がこの協会で提起した「工場管理」問題は，アメリカにおける組織的な経営管理運動の出発点をなすものであった．

　ところで，1880 年代当時，企業間の競争と労働組合からの労働時間短縮要求の両面に対応することを迫られた企業は，賃銀形態として出来高給制を採用し，作業能率を向上させることによって，事態に対応しようとした．工場技師の間では能率増進運動が提唱され，作業手順の改善方法とともに，19 世紀末に至るまで，とくに労働者の能率を向上させる手段としての賃銀形態について，工夫がなされた．タウンが 1887 年に公表した分益制度 (gain-sharing) やハルシ (Frederick A. Halsey) が 1891 年に発表した割増金制度 (premium plan) などのように，割増給によって労働意欲を刺激する，いわゆる刺激的賃銀がそれである．だがこの制度は，作業の方法や速度については労働者に任せてあり，かつての暴力に代えて割増賃銀という刺激を労働者に与え，あとは労働者がどう反応するか，その成行き次第だという意味で，作業管理としては成行き管理にとどまっていた．

　割増給を含んだ出来高給賃銀は，ある範囲で能率増進の効果を発揮したので，好況期には，企業は積極的に賃銀形態を出来高給に切り替えようとした．また競争への対処としては，賃率の引下げを図った．こうした動向に対して労働者は，強力な組合が組織されている職種では時にストライキに訴えて抵抗し，また組合が弱体であったり，ストライキを認めない労働騎士団系の組織の場合を含めて，時には労働者自身による作業規制＝組織的怠業[8]やボイコットなどの

---

8)　systematic soldiering　人間の本性に由来する怠惰と区別して，労働者が集団としてある目的をもって，意図的組織的に作業能率を低下させる行為を指す．労働者たちはこの行為を make-workrule と称した．

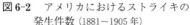

図6-2　アメリカにおけるストライキの
発生件数 (1881～1905 年)

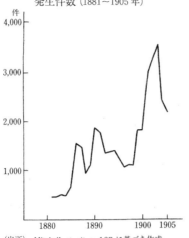

(出所)　Mitchell, *op. cit.*, p. 167 に基づき作成.

手段によって，抵抗した．ちなみに，ストライキの発生件数は図6-2のとおり
である．1888年のバーリントン鉄道 (Chicago, Burlington and Quincy Rail-
road) における蒸気機関車機関士と火夫のストライキ，1892年のカーネギ製鉄
所ホームステッド工場における賃銀引下げ反対の大ストライキ，1894年のプ
ルマン車輌会社 (Pullman Palace Car Co.) における賃銀引下げと社宅家賃据置
に抗議したストライキと，これを支援した全国組織のアメリカ鉄道労働組合
(American Railway Union) によるプルマン車輌ボイコットなど，著名なスト
ライキを含めて，1880年代後半から紛争は急増した．

　労資の力関係において労働者側が弱体である場合には，労働者は抵抗の手段
として作業規制を多用し，機械工組合などがその代表格であった．彼らは，作
業速度や生産量の規制をはじめとして，作業方法として時間のかかる方法の実
施を求め，さらには労働節約的新技術の導入に反対するなどして，賃銀切下げ
を防ぎ，熟練工の地位の保全を図ろうとした．

2.　テイラーと科学的管理法

　時間給制を採用するにせよ出来高給制にせよ，賃銀算定の基礎となる作業能
率については，当時，必ずしも合理的な標準はなく，そしてそのことが賃銀を

めぐる労資紛争の種となった．ことに出来高給の場合には，管理者が標準をど
う定め，割増給をどう付けるか，その基準は曖昧であり，労働者にとって不透
明であった．この事態の解決には客観性をもった能率の基準が必要であった．
このような状況のなかで，テイラー (Frederick W. Taylor) は，ミドヴェイル
製鋼所 (Midvale Steel Works) に不熟練工として 1878 年に就職し，職長を経
て技師にまで登用された経験に基づいて，作業の能率の基準を客観的に定める
方法を開発し，この基準によって賃率を決定することを提唱した．

　テイラーは，仲間の職工が仕事の出来高をわざわざ少なく抑えていることに
ついて，それが仕事の単価を切り下げられるのを恐れての行為であると知った
ことから，そうした不合理な事態は能率の客観的標準がないために起こってい
ると考え，能率の標準を求める研究を始めたのである．彼は現場作業の時間研
究から出発して，作業を構成要素にまで分解して計測した後，なすべき作業に
必要な合理的時間を再計算して，誰もが納得すると思われる適正な一日の作業
量を割り出し，これを課業 (task) という概念で捉えた．そのうえで，この課
業を労働者に作業標準として要求する課業管理を工場現場管理の中核に据え，
課業達成を基準に差別出来高給を導入して，能率増進を図るという構図を画い
た．そしてさらに，課業を達成するよう管理を実施するため，工場組織のなか
に工程管理を行う計画部の設置，職能別の職長制の導入，時間研究に基づいて
基準を設定した個別作業の方法を労働者に指示する作業指図票の活用など，さ
まざまの方策をテイラーは考え出したのである．

　このようにしてテイラーが提案した工場管理の方法は，作業の時間的分析研
究に基づいて構築されていることから，テイラー以前の管理が成行き管理で
あったことに比べれば，少なくとも一定の科学的根拠を有していた．テイラー
が自分の工場管理方法を「科学的管理法」(scientific management) と名付け
た[9]のも，理由なしとはしない．

　もっとも，テイラーは現場管理者の立場から工場管理の合理的方法を追求し
たのではあったが，彼の科学的管理法に対しては，産業界のなかに反対の意見

9)　テイラーは経営の現場を引退後，自分の考え出した管理方法とその思想の普及に努めた．*Shop Management* (1903)，および *The Principles of Scientific Management* (1911) は代表的著作である．

もあり，また労働組合も，テイラーが当初は団体交渉を好ましくないものとしていた経緯から，その導入に反対した．しかも，この考え方が実際に企業に持ち込まれたときには，課業の設定の仕方次第で，労働強化の手段ないし賃銀引下げの手段となる可能性は，依然として残されていた．

　ともあれ，20世紀初頭から，科学的管理法はアメリカの一部の大企業で採用され始めて，鉄道，機械工業，兵器製造業，造船業などが早い時期にこれを導入した．そしてやがて，AFL議長のゴムパーズもこの方法の導入が労働者の利益になると判断して政策を転換し，傘下の職能別組合を説得する立場をとったこともあって，科学的管理法の考え方はしだいに普及を見た．

3．フォード・システムとフォーディズム

　経営管理を工夫した企業のなかでも，フォード・モーター社は他に抜きん出ていた．同社においては，高度な作業分割とコンベア・システムを駆使した大量生産体制を構築し管理運営するにあたって，科学的管理法が徹底的に活用され，いわゆるフォード・システム（Ford system）を作り出した．フォード社がT型フォード（Model T）に生産を絞って単一車種大量生産を開始したのは1909年であり，コンベア・システムを用いた移動組立て機構を稼動させたのは1913年のことである．それは製品と部品の標準化を基礎に，部品を製造する機械とその操作を専門化かつ標準化し，さらに個々の部品の組立てから最終的な車体の組立てまで，全作業の標準化を実施し，ベルト・コンベアを用いた組立てラインにおける流れ作業を導入したものである．この生産組織が順調に稼動するためには，標準化された製品とその部品について，綿密な生産計画を立て，工程管理を正確に行い，各工程の作業統制を厳格に実施する必要があった．したがって，フォードは，単に課業管理にとどまらず，工場の機械体系と作業方法それ自体に，工場の全作業が均衡を保って進行できるよう客観的に管理する機能を内包せしめ，工場の全生産活動を包括管理する制度を作り出したのであった．

　フォードはこの管理制度を駆使する先端的な新工場を建設している．1920年代半ばに全面稼動したリヴァー・ルージュ工場（River Rouge Plant）がそれである（図6-3参照）．ここでは鋼とガラスと木材を含めて，素材から完成車ま

図6-3　フォード社リヴァー・ルージュ工場概略 (1926年)

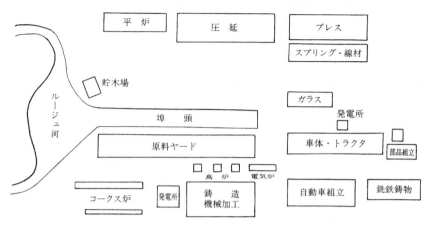

(出所)　Allan Nevins and Frank E. Hill, *Ford : Expansion and Challenge 1915-1933*, pp. 214-215, 284-285による.

で一貫生産体制とし，月曜日に高炉に鉄鉱石が装入されれば水曜日には完成車に出来上がってくると言われるほどに整然と，全生産工程を包括管理することが目指され，それが大量生産方式の工場の理想とされたのである．

　フォードは1926年に自社工場について次のように述べている．

　「大方の認めるところでは，フォード・モーター社が単独経営権下に単一目的をもって大量生産方式の最大規模の開発をなしとげた開拓者とされている．……工場の細目に関して言えば，『簡素』が大量生産のキー・ワードである．これには三つの原則がある．すなわち，(a) 商品が原料から製品まで順序よく工場内を進行するよう生産工程を計画すること，(b) 工員が自分から次の仕事をとりにいくのに任せず，次々に仕事を与えるようにすること，(c) 作業を分析検討して，基本的構成部分にまで分解することである．……原料がどのように動いていくかを計画立てるということは，大規模な工場設計と，この生産ラインに沿った，各工程での加工作業ならびに各工程への資材，工具，部品の供給という問題を当然に含んでいる．個々の作業の進展に従ってこの配列を順序よく稼動させるには，流れ作業のどこか一点で作業が中断してしまわないよう配慮しなければならない．以上の三基本原則は，当然，流れ作業による生産ラインの基本設計の中に含まれるものである．

　このシステムは，最終的組立てラインだけでなく，完成した製品に関連する種々の技術や職種全体にも通じて適用される．自動車の組立てラインでは，何百という多数

表 6-1　フォード車サービスの標準作業時間

Time Study
Engine and Transmission Overhaul

		Hrs.	Min.
1	Install car covers on front fenders, running board, steering wheel and upholstery		5
2	Remove engine from chassis		38
3	Wash engine		10
4	Disassemble engine and wash all parts		40
5	Ream valve and push rod guides		22
6	Reseat valve seats in cylinder block and grind valves	1	10
7	Rebore cylinder block		55
8	Rebabbitt cylinder block and bore out bearings		35
9	Fit crankshaft, run in bearings		45
10	Fit pistons, connecting rods, push rods, camshaft and gears, run in	1	55
11	Assemble valves and springs, and check timing of engine		20
12	Overhaul transmission, including checking and replacing magnets	1	50
13	Assemble magneto coil, feed pipe, transmission to cylinder block		18
14	Replace cylinder head, valve cover, cylinder front cover and fan pulley		30
15	Install crankcase, transmission cover, intake and exhaust manifolds and block test	1	
16	Install engine in chassis		42
		12	**35**

With the exception of removing and installing the engine, in which two men are used, all of the above operations are performed by one man.

（出所）　Ford Motor Company, *Ford Service.*

の部品がたちまちのうちに 1 台の車に組み立てられていくが，そこへ集まってくる部品もまた別の組立てラインで何百という部品から組み立てられてきたものである.」[10]
　フォード社は時間的作業分析を T 型車のアフタサービスにまで及ぼし，サービス手順書には詳細な作業方法とともに，分解された個々の作業に要する標準時間が明記されている（表 6-1）．このようにしてフォード・システムに極限的典型を見るような組織的工場管理は，大量生産方式の基本的管理の方法と

---

10)　Henry Ford, "Mass Production", *Encyclopaedia Britanica*, 13th Edition (1926).

して，その後広く用いられて現代に至り，時間的作業分析も，作業動作をたとえば工具を「取る」，「加工する」，工具を「戻す」というように分け，どの動作が付加価値を生むのかを見極め，価値を生まない動作を必要最小限にする有価作業分析など，高度な手法を発達せしめている．

ところで，テイラーは，誰もが納得する適正な1日の作業量を確定することによって，公平な賃銀体系を作れば，労資関係は明快となり，組織的怠業のような陰湿な運動は解決すると考えていた．またフォードは，徹底的に合理化されたフォード・システムの経済性については確信を持ちつつも，機械化がもたらす人間労働の単調化や熟練の排除に対する労働者の不満や不安については，彼なりの理解を示してはいた．

　フォード曰く，「肉体的な骨折仕事は人の手を離れて機械に負わされる．繰り返し頭を悩ます仕事は，製造作業に従事する者から設計に従事する者へと移される．かくして機械は人間を支配するに至るといった論議に対しては，機械がむしろ人間の環境支配力を増大したと答えられるであろう．……大量生産の下では，熟練工や創意に富んだ才能の持主に対する需要がより大きい．たとえばフォード・モーター社の工場では……彼らは製造自体ではなくて製造用機械類の建設や保守に従事している．……大量生産が他のいかなる産業方式よりも高い賃銀をもたらしたということは，広く認められた事実であろう．社会に，労働者に，そして企業自身にも利益をもたらすように生産を組織することは経営者の課題である．」[11]

合理化された大量生産によって製造原価を引き下げ，良質安価な自動車を大量供給することによって社会に奉仕し，同時に高賃銀によって労働者の福祉を増大する．これがフォードの主張して止まない経営理念であり，それはフォード主義（Fordism）として知られるようになった．しかし問題は，労働者ことに熟練工にとって，自分が意識的に生産活動に参加し貢献しているという自覚を，そして機械化された工場で働く労働者に残された，「もの」を作る人間としての主体性の最後の一片をも，徹底的に管理された大量生産体制が奪ってしまったことにあった．テイラーはこうした認識に欠けていたし，フォードはこの問題を高賃銀高福祉が補償して余りあると考えていた．

---

11)　Ford, *op. cit.*

4.　管理手段としての工業会計制度

　19 世紀末に工場技師たちが作業現場管理の合理化に取り組んだとき，管理の問題は突き詰めたところ生産費用の問題との立場から，原価を正確に把握する計算制度の合理化も提唱された．原価計算と減価償却は近代工業会計制度の基礎をなす手続きであるが，原価計算については，イギリスの製鉄業では早くも 1730 年代に，素朴な形ではあれ，実施されていたと考えられている[12]．また減価償却については，先にも触れたように，機械工業で 1780 年代から明確な形で実施されている[13]．

　こうした原価計算や減価償却は，その考え方と計算手続きにおいて，たしかに近代の制度の出発点に位置するものであった．しかし産業革命期当時においては，そうした会計技術が広く各種の産業分野に普及して制度的に定着したとは言いがたかった．たとえば原価計算についても，事前に製品 1 単位あたりの費用計算を行い，見込利益まで算出して経営管理の指針とした製鉄業者や製陶業者[14]がいたが，先進的企業でも多くはせいぜい事後的に費用計算を試みるにとどまっていた．減価償却についても，一方に 1780 年代からこれを年々実施していた企業があれば，他方に 1830 年代に至っても償却をまったく実施していない大工場もあるという状況であった．減価償却を含んだ原価計算技術の

---

12)　大河内暁男『近代イギリス経済史研究』第三章を見よ．
13)　ソホウ蒸気機関製造所では，少なくとも 1787 年から工場建物について減価償却を実施しており，1794 年からは定率法を用いている．機械については 1798 年から実施している．大河内暁男『産業革命期経営史研究』第二部第四章を見よ．
14)　ウェジウッド (Josiah Wedgwood) は 1772 年にロンドン宛出荷する 9 インチ壺の単価を下表のように計算した．Neil McKendrick, "Josiah Wedgwood and Cost Accounting in the Industrial Revolution", *Economic History Review*, 2nd Series, Vol. 23, No. 1.

陶土	$1^{\text{d.}}$
ろくろ工程	$5\frac{1}{4}$
素焼	1
本焼	3
型取り	2
石炭	$0\frac{1}{2}$
補助労働	3
損耗	4
ロンドンへの 　運賃，梱包	3
破損，不良品	1
販売経費	5
資本利子	3

（素焼〜石炭の項目に対し）賃銀を含む

開発に最も積極的であったのは，レールや車輌など短期間で損耗する固定資産を大量に抱える鉄道業だが，こうした会計制度の情報が交換され，企業間に伝播し，その重要性が社会的に認識されるようになるのは，19 世紀半ば以降のことであった．

ところで，原価の把握のなかで，直接費ないし仕入原価の算定と比べて，固定資産の原価計上は技術的にはるかに難しい問題を含んでいたし，一般に間接費の算定については，19 世紀後半に至っても，その技術は発達していなかった．そうしたなかで，1880 年代からアメリカにおける工場管理の合理化を求めて活躍した人物の一人，兵器廠担当の陸軍将校メトカーフ（Henry Metcalf）は，工場において労働者の作業時間と原料が消費される基礎となったあらゆる作業指図，部品，工具，機械に関する情報を取り集める方法を開発した[15]．こうした情報を得ることによって，作業現場のどの機械でどのように作業が行われているかを正確に記録し，賃銀および原材費に対する支出権限に基づいてなされる仕事と経費のすべてについて，工程ごとに，あるいは製品ごとに，その時点で発生しつつある費用の状況を把握できることになる．メトカーフは，こうして全工場的規模での発生原価の即時把握によって，費用の面から現場作業の進行状況を監視し，適正な管理を行うことを目指したのである．

メトカーフの考え方はただちに機械工業界において試行され，さらに技術的改善が工夫された．ことにチャーチ（Alexander H. Church）はメトカーフにおいて必ずしも明確にされていない間接費の問題を積極的に取り上げ[16]，またエマスン（Harrington Emerson）は，予め生産量を計画した原価，ことに増産の計画をした原価の算定，すなわち標準原価計算を提唱した[17]．このようにして，原価という計数によって，単に製品価格の決定のみでなく，生産工程自体を把握し，目標どおりの生産を円滑に達成すべく工場全体を管理しようとする方法が，20 世紀に入るころから産業界に取り入れられ始めたのである．

15)　Henry Metcalf, *Cost of Manufacture and the Administration of Workshops, Public and Private* (1885)．　Litterer, *op. cit.* における言及を参照．

16)　Alexander H. Church, "The Proper Distribution of Establishment Charges", *Engineering Magazine*, Vol. 22 (1901).

17)　Harrington Emerson, *Efficiency as a Basis for Operations and Wages* (1909).

　会計的手法による工場現場の精緻な計数的管理は，それ自体，またその限り
では，合理的かつ理論的に筋の通るものであろう．しかしこの手法が課業管理
ないしフォード・システム的工場管理と結びついたとき，現場で働く労働者は
金額表示をもってますます精密に作業を管理され，彼の主体性はいよいよ軽視
される．そればかりか，工場内の人間関係まで貨幣関係のみで捉えることにな
る．こうした管理の非人間的側面に強い反発が生じたのは自然の成行きであっ
た．しかし，工場の労働者を主体性ある個人の集団として理解する視点のない
テイラー=フォード的工場管理に対して，その方法論的反省は，1930 年代に登
場する人間関係論（human relations）と戦後に現われる行動科学とを待たねば
ならなかった．

5.　ホーソン実験からカルマール工場へ

　科学的管理法を駆使したテイラー=フォード的工場現場管理の仕方は，人間
労働を機械体系に従属させ，働く人間の主体性を無視するという問題は，
チャップリンのモダンタイムズに揶揄されているように，当初から批判が少な
くなかった．作業能率の向上は望ましいものとしても，機械化と規律に連動し
た賃銀だけが能率を増進させる要素であろうか．さまざまな疑問のなかで，国
家学術審議会は，ウエスタン・エレクトリック社（Western Electric Co.）の協
力のもとに，作業環境と能率との間に関係があるかどうか，実験的調査を試み
た．それは F. J. Roethlisberger と W. J. Dickson を中心に，同社 Hawthorne 工
場で 1924 年から 1932 年にかけて行ったもので，労働者とその作業に及ぼす照
明の効果を手始めに，さまざまの環境要因と能率との関係を調査し，のちに
ホーソン実験として知られるようになった[18]．

　この調査の結果，作業能率に影響を及ぼすのは，照明その他の物的作業条件
や賃銀よりも，むしろ職場の人間関係，それも職制や制度的なものよりも，現
場の非公式な職場集団のなかで形成される満足感や士気というような，人間相
互間の心理的要因ではないかということが解明された．

---

18)　ホーソン実験の調査報告は，F. J. Roethlisberger & William J. Dickson, *Management and
　　the Worker* (1939) で公表された．

　メイオウ（George Elton Mayo）はこの実験調査を基礎に，単に賃銀や作業
条件だけではなく，職場における非公式集団の人間関係や作業員の動機づけな
ど，心理的誘因が，人間行動や作業能率を規定する重要な因子であるという主
張を展開した[19]．作業現場の人間関係を重視する考え方は，やがて広く関心
を集め，人間関係論と呼ばれて，テイラー＝フォード的管理に対する重い批判
の基礎を与えることになる．もっとも，こうした考え方が産業界に受け入れら
れるのは，第二次大戦が終わって後のことである．

　戦後復興が一段落したとき，特にヨーロッパでは，離職，欠勤，山猫ストの
増大という形で，現場労働者が旧来の職場管理体制を批判し，人間性と主体性
の回復を強く求め始めた．そうした環境の変化のなかで，人間関係論が注目を
集めたのは不思議ではない．労働者の主体性を回復する方法として，たとえば
作業現場集団に作業管理について一定の裁量権を与え，参加意欲を高める方法
が工夫されたのである．

　その早期の代表的事例は，スウェーデンのボルボ社（A. B. Volvo）がKal-
marに新設した乗用車組立工場であろう．1971年に建設を決定し，2年後に
稼働したこの工場では，作業工程合理化の一方で，組立工場の当然の必需設備
であったコンベア・システムを設置せず，生産組織の基本を工員の小集団
（チーム）と作業台車（キャリア）においた．さまざまな職種に分かれている
500人の全工員を，1台の乗用車組立てに必要な職種を網羅する20人単位の
チームに編成し，コンベアに代わる電動式の台車1台に1チームが付いて，作
業工程にしたがって台車を自分たちで移動させながら，台車上で1台を組み立
てて行く．したがって，組み立てられたその1台はチームの責任となる[20]．
チームの各工員の職務は，集団内の自主的話し合いを重視し，1人1人の担当
作業を固定せず職務交代制（job rotation）とするとともに，その範囲の拡大
（job enlargement）を取り入れ，多能工化を図った．この様なさまざまな工夫
を凝らしたカルマール工場が経営的にも成功したことが，人間関係論の主張を

---

19)　Elton Mayo, *The Human Problems of an Industrial Civilization*.
20)　「新計画の理想的な目標は，従業員が街を走っているブルーのボルボを見て……"自分
　　があの車を作ったんだ"と言えるようにすることだった」と社長ユーレンハマーは述べて
　　いる．Pehr G. Gyllenhammar, *People at Work*, 第3章．

裏付けるものとなることは，言うまでもない.

　同様の方向を目指す試みは，日本でも行われるようになった[21]. たとえば三菱電機では，1974 年に新設した換気扇生産の飯田工場において，モーター製造工程の自動化を進める一方で，組立てラインを廃して，定位置にいる工員一人で製品一台を組み立て上げる方法を採用した. このやり方を導入するためには，当然ながら，工員の職務範囲の拡大が必要であったし，また工員を小グループに編制して，集団内で職務遂行上の自主的調整を図るような工夫もされた. そしてこの結果は，工員の満足感と生産性，その双方の増大となった.

　もっともカルマールや飯田の工場が成功したことについては，業種や工場，製品の性質，生産規模の問題や，また工場の所在地，そこで働く人々の文化も，考慮すべき要因であろう.

　もちろんカルマール工場や飯田工場の脱コンベア・システムだけが，作業現場における人間性回復と生産性向上の唯一のやり方ではない. 従来の作業の仕組みを改良することで良い結果が得られる場合も少なくないのである. またたとえば日本発の工夫として他国でも導入を試みているカイゼン（改善）や提案制度なども，現場の小集団を前提とした作業員の参加意識を高め，自主性を尊重しつつ，作業能率の向上を期待する方策として知られている.

第 3 節　大企業における経営管理組織の開発

1.　集権的職能部制の発達

　企業の経営規模が拡大し，また活動が地理的には広範囲に及び，業務内容も複雑化するに伴って，企業機能の遂行を統括管理する新たな方法が必要となった. 従来のように一人の経営者がすべてを掌握し管理することは，能力的にも技術的にもますます困難となった. 工場現場管理の方法としては工場支配人制や内部請負制があったが，経営規模が大きくなるとともに，多数の作業現場にそれぞれ工場支配人を置き，また多種類の作業にそれぞれ内部請負人を置かざるを得なかった.

---

21)　たとえばリコー，オリンパス光学工業，東芝，カシオ計算機など.

　鉄道業においても事態はまったく同様であった．ここでは営業路線が長大化するのに伴って，本部と現業とを分離したうえ，現業を路線に従っていくつかの地理的な管区（division）に分けた．管区は工場現場に対応し，そのそれぞれに監督（superintendent）を置いた．この監督は，数百キロも離れた本部の管理者よりもはるかに現場に精通しており，管区内の列車運行のために，乗務員に対してはもちろんのこと，車輌修理工場技師や保線技師に対しても，自分の判断のみで命令することができた．こうして監督や工場支配人や内部請負人は各自の判断と計算で現場の采配を振るったので，大企業の経営活動全体のなかで，それぞれの専門作業なり分野なりの均衡が必ずしも保てず，経営を円滑に維持できないという問題が生じることになった．

　このような状態を克服するには，経営管理自体を組織化し，この組織の権限と指揮命令系統を明確にすることがまず必要であった．そこでアメリカで最初に考え出された代表的な経営管理組織は，経営陣の下に，職能別に一定の権限と命令系統を備え，現場の末端に至るまでの業務の執行を管理する組織たるライン（line）部門と，ライン業務に直接は係わらず，それを補佐する組織たるスタッフ（staff）部門を設け，経営の権限は最終的にすべて社長に集約し，そこで一元的に管理するという仕組みであった．この組織は集権的職能部制（centralized, functionally departmentalized structure）と呼ばれ，そこでは職能部ごとの管理系統を明確にすることによって，生産現場管理だけでなく，販売部門も購買部門も財務も含めて，全企業活動の一元的管理が目指された．

　ライン=スタッフ制を整備した経営管理組織を最も早く作り出した企業の一つはペンシルヴァニア鉄道であった．先にも述べたように鉄道業は，その業態から見て，経営管理上，特別の要求を持っていた業種であるが，1850年代ころには業務の職能上，運転，貨物，会計などの部局（department）が構成され，さらに車輌修繕，保線なども部局化が進んでいた．この職能別の構成のもとで，上述のごとく本部と現業管区監督の権限とはしばしば齟齬を来し，混乱が生じていた．

　ペンシルヴァニア鉄道では，職能上の部局を基軸に，管理業務を列車の運行に直接関係する執行管理系（ライン）と，直接には係わらない補助業務（スタッフ）とに分けたうえ，本部と現業との間の指揮命令と情報伝達の系統を体

図 6-4　ペンシルヴァニア鉄道の管理組織 (1880 年代)

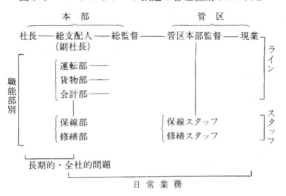

系的に整理して，明確なものとし，社長以下現業に至る命令系統と職務権限を概略図 6-4 のように構成した．ここでは社長から現業に至る職能別の命令系が定められ，管区監督もこのラインの中に位置づけられている．日常業務は総支配人以下において職能別に管理されるが，長期的問題や全社的問題などは社長と総支配人の担当事項とした．こうして大規模組織の日常業務を整然とした職能別命令系統によって効率的に管理し，しかも最終的権限は本部に集中させ，日常業務も長期計画も社長と総支配人が直接関与できる経営管理組織を，ペンシルヴァニア鉄道はおよそ 1880 年代に作り上げた．

　大企業の経営管理組織として，このようにまず鉄道業で工夫された集権的職能部制は，その後，やがて他の業界においても取り入れられ，アメリカでは「第一次大戦末には，経営者が組織問題に多少とも注意を払っていた大企業の多くが，ほぼ同じ組織，すなわち集権的職能部制によって管理を行うようになった.」[22]

　けれども，集権的職能部制にも弱点があった．それは，経営規模が大きくなればなるほど，そしてとくに業務内容が複雑となり，多様化するにつれて，社長など少数の本部役員が多岐にわたる大量の意思決定をしなければならないという問題であった．しかも，命令系統を本部に集中し，権限を一元的に掌握し

---

22)　Alfred D. Chandler, Jr., *Strategy and Structure*, p. 40.

たことは，本部と現業の齟齬を防止する効果を有したが，命令系統上位の権限を強化するとともに，現業下位は，あらゆる日常的問題まで上位の決定を求めるようになったのである．その結果は，意思決定の遅延と決裁の遅滞となって現われた．

2.　経営委員会制

　大企業の経営管理にあたって少数の役員に集中する負担を軽減する方策として考えられたものが経営委員会制 (executive committee system) である．それは企業活動の職能の全般にわたって，計画，調整，決定，命令を担当役員1人に委ねず，数人の役員の集団決定による助言に基づいて行うというものである．この方策の代表的事例は，ニューヨーク・スタンダード石油 (Standard Oil Company of New York) が1886年ころまでに考え出し，その後ニュージャージー・スタンダード石油 (Standard Oil Company (N.J.)) に引き継がれたものとされている．

　ニューヨーク・スタンダード石油は，従来の職能部制組織に加えて，1882年に，経営基本政策の策定を助言する目的で，役員による経営委員会 (executive committee) を設置した．この委員会はやがて本来の目的以外に日常的管理業務についても発言するようになったが，それとともに1886年ころには各種の職能ごとに，それぞれ専門の委員会が作られた．その主要なものは輸送，パイプライン，原油生産，精製，国内販売，輸出，潤滑油販売，樽，缶などの委員会である．これらの委員会は，元来，その職能内の日常経営活動について，経営委員会に対して助言する権限を与えられていたに過ぎない．だが間もなく問題が起きた．これら各委員会が管理活動自体に乗り出し，また巻き込まれてしまったのである．この結果，業務執行ラインの職制権限に代わって，当該職能部門の管理全般の権限を助言委員会が握ってしまうという事態も生じた．たとえば精製委員会は，1911年になると，製油所の大部分を管理するに至っている．本部はそこで，これら委員会を通して現業を管理せざるを得なくなった．しかも，経営委員会と各職能に作られた委員会との権限や責任が明確に定められないままであったため，両者とも大方針も扱えば日常業務にも立ち入り，管理ははなはだ混乱した．社長以下担当役員における単独意思決定の負

担はたしかに経営委員会によって軽減されたが，秩序立った経営行動の管理なども願うべくもなかった．

それに加えて，集団意思決定を建て前とする委員会制は，意思決定に敏速さを欠く傾向があり，またその決定は多くの場合慎重になりがちであった．経営委員会制はスタンダード石油のほか，デュポン社なども20世紀初頭から採用していた．だが，以上のような制度が内包する短所を克服することには成功しなかった．スタンダード石油の場合は，1912年に企業分割を経てニュージャージー・スタンダード石油として新発足した後，積極的な経営拡張方針を打ち出したが，経営委員会制による管理にやがて見切りをつけ，1920年代後半には別種の管理組織，次に述べる事業部制を取り入れてゆくことになった．またデュポン社の場合は，1910年代には経営委員会制を運用していたが，1921年に新たに事業部制を開発して，管理組織を一新したのである．

3.　分権的事業部制の開発

業務内容が多様化した大企業の経営管理組織としては，集権的職能部制も経営委員会制もそれぞれ難点があり，経営者にとって必ずしも満足できるものではなかった．これらの制度の限界を克服して，しかも意思決定の機動性を失うことなく，大企業の管理を円滑に行う方法として，1920年代に開発された管理組織が，製品別の分権的事業部制（decentralized multidivisional structure）である．この管理組織は本部と現業たる事業部をもって全社を編成し，事業部は基本的にはそれぞれ製品別の活動単位組織とされる．本部は全社的問題と長期計画の決定管理，各事業部間の調整を行うほか，財務については事業部に対する予算や利益計画の決定権をもって統制する．しかし現業の日常業務については管理権限を各事業部に委譲し，管理は分権化されている．これに対して事業部は，自分の製品分野に関して独立の経営単位として運営される．デュポン，ジェネラル・モーターズ，シアーズ・ロウバク（Sears, Roebuck and Company），ジェネラル・エレクトリックなど大企業各社は，いずれもこの新しい管理組織をそれぞれこの時期に開発し，この組織革新によって経営の拡大に成功したことが知られている．

このような管理組織は，その成立経緯を見ると，大別して二つの場合があっ

た．その第一は，企業の成長に伴って経営内容が多岐に分化し，経営多角化が行われる過程で考え出されたものである．第二は，統合経営の推進もしくは他企業を合併したことによって，歴史を異にするさまざまな内容の経営活動を取り込み，一つの組織に統合する過程で考え出されたものである．二つの型の代表的事例を見よう．

（1）　デュポン社[23]——多角化に伴う事業部制の開発

　デュポン社の場合は，経営多角化という戦略的経営方針の実行に際して，経営管理組織に問題があることに気づき，その改善策として新しい組織，後に事業部制と呼ばれることになる組織を開発し，この新組織導入の先駆者となった．デュポン社は20世紀初頭には火薬製造専業の企業であり，アメリカ最大の火薬会社ではあったが，その経営管理組織は単純な集権的職能部制をとっていた．社長ユージン・デュポン（Eugene du Pont）が1902年に急逝した際，後継者アルフレッド（Alfred du Pont）が経営者として経験不足のため，従兄コールマン（Coleman du Pont）が社長に，従弟ピエール（Pierre du Pont）が財務部長に就任し，アルフレッドを総支配人に据えてコールマンとピエールが指導する体制をとった．また同時に，職能部制の4部門すなわち製造，購買，工務，販売の各部担当副社長をもって経営委員会を構成し，この経営委員会は社長とともに経営方針の決定や助言を行うこととした．なおこの組織改革の際に本社も創設した．この時点におけるデュポン社の管理組織は図6-5(1)のようになっていた．

　ところでデュポン社は，先に第5章で述べたように，1909年以来，火薬一辺倒の生産から製品の多角化に着手しており，それに伴って，製造部と販売部は業務のなかに多様な部門を抱えることになった．1919年当時の状況は，製品としては高性能爆薬や黒色火薬など爆薬類，セルロイド，人工皮革を含むセルローズ製品，染料，ワニス，ペイント，化学薬品などがあり，これに対応して販売部にも製品別部門が設けられていた．この時点の全社管理組織は図6-5(2)のごとくで，財務部を含めて集権的職能別のライン=スタッフ制の上に，製

23）　デュポン社における事業部制の形成過程については，Chandler, Jr., *op. cit.*, pp. 52-113 に拠る．

図 6-5　デュポン社の経営管理組織

(1)　1902 年

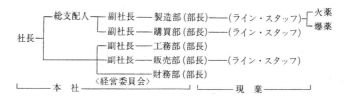

(2)　1919 年

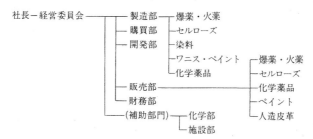

(3)　1921 年

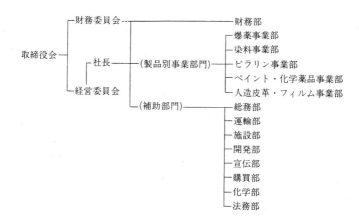

造，販売，購買，開発，財務の各担当部長から成る経営委員会を置いた．化学
部と施設部はスタッフ部門として設けられ，経営委員会には加わらなかった．
　製品の多角化をデュポン社は慎重に進めてきたが，予期しない問題がこのこ
ろ生じていた．それは新規進出の部門が営業上軌道に乗らず，同業他社が好調

ななかで，デュポン社の新規進出製品は予期した収益をあげられないことで
あった．ことにワニスとペイントは，デュポン社が製品に自信を持ち，また第
一次大戦後の民需増を見込まれていたものであったが，1917年には売上高に
対して8.6%の損失，1918年には10.9%，そして1919年にはさらに悪化して
12.2%の損失となった．この間売上高自体は約3倍に増加しており，売れば
売るほど赤字が大きくなる状態であった．

　経営委員会は不振の原因解明を急いだ．その結果，ワニス，ペイント，染料
などは，販売方法が爆薬と異なり，単品を特定顧客に一括大量販売するのでは
なく，多種類の製品を不特定多数の顧客に小口販売するものであり，したがっ
て販売組織も，爆薬とはまったく別種のものでなければならないことが判明し
た．これはデュポン社にとっては「発見」であった．こうした研究の結果，
1920年に至って，製造上の特殊技術や特許問題のない分野で，他社が利益を
あげているにもかかわらずデュポン社では損失を出す原因は，デュポン社の組
織の欠陥にあるという結論が出された．「個々の職能部内の各ラインの活動は
効率よく管理されている．しかし個々の製品系列ごとに利潤を確保するようラ
インの活動を統括する責任者はいなかった」[24]のである．

　またさらに，製品を多角化するには，製造，販売，購買部門間の調整と製品
系列間の調整が必要であるが，従来の本社ではこれを調整する管理組織として
は不十分で，その負担に耐えられないということも判明した．そこで，多角化
という経営方針を貫くためには，新たな経営管理組織を工夫せざるを得なく
なった．1920年にその第一着手として，一番問題となっているペイントにつ
いて，製造，販売，購買の各部からワニス・ペイント課を分離して単独のワニ
ス・ペイント部として独立させ，他の職能部制管理とは別途に，ワニス・ペイ
ント事業に適した一貫管理の実施が検討された．製品別事業部という考え方が
現われたわけである．この新方式によってワニス・ペイント部門は立ち直り始
め，赤字は減少に転じた．

　デュポン社は1921年秋に至って，経営委員会制による協議体制に基づく職
能部制管理方式そのものが，製品の多角化という大方針に適していないのでは

---

24)　Chandler, Jr., *op. cit.*, p. 96.

ないかとの判断を下した．そこで同年9月に抜本的な組織改革を実施し，製品
系列別の事業部制を全面的に取り入れた新組織とした．図6-5(3)がその概略で
ある．この組織改革によって，多角化した製品のそれぞれの系列ごとに，製造，
販売，購買，受注，計画，原価計算，そして利益管理に至るまで，日常業務に
ついては一貫した全責任と権限が事業部に与えられることになった．経営委員
会はラインから外れ，全社的評価，調整，政策立案にあたることとなり，また
補助部門は本社と事業部への助言と協力の組織と位置づけられた．

　この改革によって，これまで本社に集中していた経営管理機能は大幅に各事
業部に委譲され，全社的に分権化した組織となった．全社的な集権的職能部制
は姿を消し，また経営委員会もその機能が変わってしまった．ただし，この改
革では財務委員会と財務部に大きな権限が与えられたことを注意する必要があ
る．財務部は，財務委員会のもとで，全社の活動に対する予算配分，利益計画，
資金調達など，資金面からの取りまとめを担当し，各事業部の活動に目標を与
え，また統制する機能を間接的に持つことになった．したがって，デュポン社
の新組織は，財務部と各事業部との均衡を前提に，現業に大幅な自立性を認め
るという構造になっているのである．

　（2）　ジェネラル・モーターズ社[25]——統合経営に伴う事業部制の導入
　ジェネラル・モーターズ社はデュラント（William Durant）が創立し，相次
ぐ買収によって急成長を遂げた企業だが，1920年代に事業部制管理組織を開
発したことで知られる．1904年に破産したビュイック・モーター社（Buick
Motor Company）を買収して自動車製造業入りをしたデュラントは，同社の再
建に自信を得て，大自動車会社計画を立てた．そこで1908年に持株会社とし
て General Motors Company（以下 GMC）を設立し，ビュイック社のほか，オ
ウルズ・モーター社（Olds Motor Works）の株式を買い取った．続いて翌1909
年に Cadillac, Oakland など乗用車生産会社6社，貨物自動車生産会社3社，
部品会社10社について，その株式を GMC 株式と交換する形で，いずれも

25)　ジェネラル・モーターズ社における事業部制の形成過程については，Chandler, Jr., *op. cit.*, pp. 114-162；Alfred P. Sloan, Jr., *My Years with General Motors*；中川敬一郎「ジェネラル・モーターズ会社経営史」（中村常次郎・大塚久雄・鈴木鴻一郎編『企業経済分析』所収）に拠る．

表6-2　GMC とフォードの生産台数

(単位：台)

車種　　　　年	1910	1920
Buick	20,758	112,208
Cadillac	10,039	19,790
Oldsmobile	1,425	33,949
Pontiac	4,049	34,839
トラック (3社)	656	5,137
その他	2,373	30,627
Chevrolet	——	134,117
カナダ GMC	——	22,408
GMC 合計	39,300	393,075
Ford (T)	19,051	996,658

(出所)　Alfred P. Sloan, Jr., *My Years with General Motors*, Appendix.
　　　Leslie R. Henry, *Model T Ford*, p. 30.
(注)　GMC は 1917 年に General Motors Corporation に改組された.

GMC の傘下に収めることに成功した. この合同によって GMC は一挙に大自動車会社となり, 生産台数は表6-2 に示したように合計 39,300 台となった.

　デュラントは, 合同にあたって, 傘下各社の事業を統括するための経営管理組織を作ろうとしなかった. 実態が単に寄合い所帯の GMC は, 1910 年に景気が沈滞した際, 経営不振に陥り, デュラントの引退を条件に銀行管理下に置かれ, 再建のためストロウ (James J. Storrow) が銀行から送り込まれた. ストロウは社長にナッシュ (Charles W. Nash) を据え, GMC 子会社の整理を進めるとともに, 管理組織の改善を試み, 全社的統合と合理化を図る目的で, 図6-6 (2)に示したように, まず本社機構を設置した. ここでは GMC 社長は持株支配によって傘下各社を統括するとともに, 傘下各社の社長をもって経営会議 (board of managers) を構成し, ストロウおよび GMC 社長と定期的に会合することにした. ストロウはこれによって GMC と傘下各社との意思疎通を密にし, 調整を図る計画であった. また同時に, GMC に資材部, 会計部および生産部を新設し, 全社的な管理の一部を担当することにした. すなわち資材部は, 傘下各社の必要とする生産資材を一括大量購入して費用を節減することを目指した. 会計部は, 各社ばらばらな会計手続きを統一して損益情報を正確に把握することを目的とした. そして生産部は, 資材品質や作業基準の改善と自動車設

図6-6　ジェネラル・モーターズ社の経営管理組織

(1) 1909年

(2) 1910年

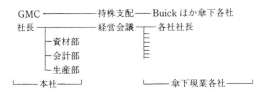

(3) 1924年

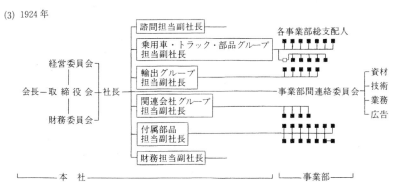

(注)　1924年の□は内製部品グループ総支配人.

計の改善を目的とする斬新な試みであった.

　ストロウはこのようにして, 傘下各社の事業活動に直接手を下すことなく, 穏やかな方法で集権化を図ったが, 元来それぞれ技術者として独自に自動車を開発してきたような, 個性的な各社社長たちの事業上の独自性を崩すことは容易ではなかった. そこで結局, 本社は投資資金の割当てや利益の配分を行う程度で満足するにとどまり, しかもそれすら計画的に実施はできなかった. ともあれGMCはストロウの指導のもとで再建に向かって債務の返済に努めることになった.

　他方 GMC を追われたデュラントは，低価格車を製造していたシボレー・モーターズ社（Chevrolet Motor Car Company）を買収して自動車業界に再進出し，1915 年に同社の持株会社として Chevrolet Motor Car Company（Delaware）を設立した．デュラントはデュポン家の資金援助を得て資本金を 4 倍の 8,000 万ドルに増資した後，経営再建下で無配当低株価の GMC 株主に対して，シボレー（デラウェア）社株式と GMC 株式との交換を提案した．その結果シボレー（デラウェア）社はたちまちに GMC 株式の過半を買収することに成功した．デュラントはこうして GMC 社長に復帰した．

　デュラントは 1916 年にジェネラル・モーターズ社（General Motors Corporation（Delaware））を設立して，同社に GMC 株式全株を取得させた後，1917 年に GMC を解散した．その際，新会社は事業会社に変更され，GMC の持株支配下にあった各生産会社は，新会社の一現業事業部（division）に組織替えされた．デュポン社の後ろ楯を得て[26]，デュラントは再び膨脹政策をとり，1920 年までに二つの自動車会社のほか，ベアリング，電装品，車体，歯車，ブレーキなど多数の部品製造会社を買収し，また自動車販売金融会社を設立して大量販売方法を開拓するなど，積極経営を展開した．

　もっとも，この間，旧各社の自立性は依然として強く残り，新会社は実質的には多数の事業会社の緩やかな結合体に過ぎなかった．ところが，1920 年に戦後不況が到来した際，全社的管理組織が微力であることが，企業にとって欠陥となった．すなわち，本社で生産計画を立てても，現場を握る旧社長たる事業部長は本社の計画に容易には従わなかった．彼は自分の事業部の資金運用について全権限を把握していたばかりか，資金借入れまで彼の権限で自由に行っていたのである．不況のなかでフォード社は価格を 20〜30％ 引き下げて，売上げ不振を打開しようとしていた．これに対してジェネラル・モーターズ社は全社的な不況対策を打ち出せないまま，1920 年秋になると売上げ台数は夏前の 4 分の 1 に激落した．

---

26)　1918 年にはデュポン社が新会社の株式の 28％ を所有した．その後デュポン社とジェネラル・モーターズ社とは長らく密接な関係を保つが，それはデュポン社が自動車産業を自社のペイント，ワニス，人造皮革などの有力市場と考えていたからである．中川，前掲論文，52 頁．

　このような状況のなかで，デュラントは自社株式の価格下落を防ぐことに腐心し，買支えに向かって資金難に陥るという有り様で，事態を見かねたピエール・デュポンは1920年11月デュラントを解職し，やむなく自ら社長に就任した．彼はジェネラル・モーターズ社の無政府状態を収拾するには，全組織を一つの経営理念のもとに統制することが必要だと考えた．しかし，買収された企業の社長たちを，集権的職能部制によって本社指揮下のラインに繰り入れることは，ストロウの経験からしても，抵抗が大きく，不可能であった．再建策を検討するなかでデュポンは，傘下のベアリング会社社長であったスローン（Alfred P. Sloan, Jr.）の組織改革意見を取り入れることにした．

　スローンの基本的考え方は，ジェネラル・モーターズ社の経営管理組織として，(1)各現業事業部の自立性を保つとともに，その役割および本社と現業部との関係を明確に定める，(2)全社の適切な管理のため本社組織が不可欠であり，社長に会社の全執行機能の統制権限を集中する適度な中央集権化を行う，(3)職能部制管理による経営者の負担増を避けるため，適度な分権化を行う，というものである．

　スローン案を基本とした組織改革は1921年から開始され，1925年に完成した．その概要は図6-6(3)のような仕組みである．まず全社を政策決定担当の本社と現業の事業部に分け，事業部は乗用車・トラック，付属部品，関連会社，輸出の4グループに大別して各担当副社長が統括する．個々の事業部は，この副社長の下でそれぞれ事業部総支配人によって統括され，製造方法や設備の決定，製品の販売に至るまで一貫した責任を持たされる．さらに部内人事と原材料購入の大部分や，ディーラーとの契約と広告の一部も総支配人の権限に属する．

　他方，本社は社長，現業担当各副社長および諮問，財務の両専門補助部門から構成される．本社は，長期および短期の両面にわたり，各事業部の活動を全社的立場から調整，評価し，それぞれの生産計画と価格設定について，事業部別指標を作成し，各事業部の活動の大枠を定めることを職能とする．こうした形で本社は各事業部を統括した．本社機構のなかでも社長の上位に置かれた経営委員会は，全社的投資計画の推薦を任務とし，デュポン，スローンのほか2名から成り，これが政策意思決定機関であった．また財務委員会は全社的投資

計画について承認の権限を有した.

　ジェネラル・モーターズ社はこのようにして作り上げられた分権的事業部制によって，同社がその発達の過程で取り込んだ多数の自動車会社の製品を維持することになった. この多車種生産政策は，フォード社の単一車種政策と著しい対照をなしたが，自動車需要の多様化という外部事情に助けられたこともあって，会社の成績は回復に向かった. すなわち市場占有率は1924年の18.8% から 1927年には 43.3%，1940年には 47.5% を記録している. このようなジェネラル・モーターズ社の順調な発展は，製品が多角化した大企業の経営管理組織として，分権的事業部制が有効であることの証明ともなった.

4.　事業部制の限界

　分権的事業部制は大企業における経営の多角化に対応して工夫され，第一次大戦後の大企業の経営管理組織として最も発達したものであり，チャンドラの調査[27] によれば，第二次大戦後の1950年代にはかなりの普及を見た. けれども大規模経営の発達が顕著なアメリカにおいてさえ，あらゆる大企業がこの管理組織を用いているわけではないし，事業部制が必ずしも万能の方法ではない. この制度にもまた限界が認められるのである.

　第一に，チャンドラの調査が示すように，分権的事業部制を採用しようとしない業種が存在する. 取扱い品目が少ない非鉄金属精錬業がそうであり，また多品目を扱う製鉄業も，一貫生産の統制技術上，集権的職能部制が有効なので，事業部制は採用しないし，製缶，製紙，ガラスなども同様であるという.

　第二に，事業部制は各事業部に自立性を認めるがゆえに，それぞれ生産，販売，購買の権限とともに人員と資材を配分してしまうが，その結果，全社的な戦略政策を機動的に実施することは容易でなくなり，また重複投資を免れない.

　第三に，この制度は分権化と同時に本社による統制が確実に行われることを前提としており，現業と統制部門との均衡の上に組織は成り立っている. したがって，本社統制が不十分であれば企業は支離滅裂になりかねない.

　アメリカの機械製造業大手企業ブロウ-ノックス社 (Blaw-Knox Company)

---

27)　Chandler, Jr., *op. cit.*, pp. 324-382.

の経験はこの問題を浮彫りにしている.

　同社は元来コンクリート成型用鋼製枠の製造会社と平炉用の水冷式扉の製造会社が合併して，1917年に成立した企業であるが，1927年から4年の間に道路舗装機のA. W. French Company，ブルドーザなど土木機械のAmerican Tractor & Equipment Company，鋳造業のUnion Steel Casting Companyをはじめ，さまざまな業種の企業9社を買収した．重機械と鉄鋼業に関連する統合経営を始めたブロウ-ノックス社は，その後プロパン・ガス供給業American Gas Service Companyや化学および食品加工機械のBuffalo Foundry & Machine Company，牛乳濃縮乾燥機のBuflovak Northwest Companyなど5社を1940年代までに買収し，1951年には250種類を超える製品を擁するに至った．同社はこうして多角化した事業の管理組織として事業部制を取り入れて，12の事業部に編成していた.

　ところが第二次大戦後に業績は伸び悩み，商談を逸することも目立ち始めた．経営不振の原因について，「経営はあまりにも分権化され，……10ヵ所の工場を運営している9つの事業部の支配人たちは，9つの競争企業を経営しているかのごとく振舞っている」[28]からだと評され，「財務，人事，製造，販売，市場開拓，技術開発など，経営のすべてにわたって根本的な点検が必要」な状況になっていた．1951年に社長に就任したスナイダ（W. C. Snyder, Jr.）は，会社再建のため，大胆な組織改革を実施した．まず12の製品別事業部を3つの機能別事業部[29]に編成替えし，工場を統廃合して重複投資を削減するとともに，旧来の事業部の独立性を一挙に整理制約した．それと同時にスナイダは，原価統制，予算，需要予測，市場開拓などについて，中央集権化した組織を設け，全社的統合に努力することになったのである.

　第四に，本社統制部門が強力になりすぎても，事業部制は機能しにくくなる．事業部制を開拓した当のジェネラル・モーターズ社は，1960年代ころから事業部に認めていた意思決定権を本社機構に吸収する方針をとり，財務的統制を強化した．これは全社的統制をもって経営効率を高めることを狙ったもので

---

28)　Perrin Stryker, "The De-Decentralizing of Blaw-Knox", *Fortune*, Feb. 1956, p. 114.
29)　鋳造および大型機械，機械および部品組立て，エンジニアリングおよび建設機械.

あったが，過度な財務統制の結果，各事業部は製品開発意欲を失い，企業行動の保守化，製品開発力の低下，品質低下など多くの問題を発生させ，一時は組織の崩壊の兆しさえ見られるに至った．

　分権的事業部制は，このようにして，経営の多角化した大企業の管理組織として，本社と事業部の微妙な力の均衡を得ることを不可欠とすると考えられよう．しかしこの均衡は，企業の下部組織である事業部に自立性を認めるという一種の矛盾を公式に表現したものである．したがって分権的事業部制は，絶えずこの矛盾の均衡を得るよう調整努力を求められるわけである．

5.　企業の再構築

　成長を求めた大企業が，経営多角化を一つの戦略としたことは，すでに見たとおりだが，その極端な発展の結果は，一つの産業分野について，およそあらゆる製品を横断的に取り揃えるという，何でも有りの事業形態を出現させた．たとえば電機産業では，ジェネラル・エレクトリック社や日立製作所，東芝などのように，100万キロワットの発電機から家電製品や電球に至るまで，電気に係わる全てを網羅する企業が登場した．同様の傾向は，石油化学を含む化学，繊維，自動車などにも看取できる．

　このような事業のあり方は，経営多角化が元来内包している経営資源の分散という問題から逃れられない．ことに市場における競争で力の劣る事業を抱えている場合，そこに経営資源を割くことは，必ずしも賢明ではあるまい．何でも有りの事業形態のあり方に反省が見られ始めたのは，1980年代頃のことである．ことにアメリカでは，日本をはじめ外国企業からの激しい競争に曝されて，業績の悪化が目立った．そうしたなかで，競争力の回復を求めてさまざまな試み，論議が行われ，1980年に *Business Week* 誌は「The Reindustrialization of America」を特集し[30]，また外国との比較でアメリカ企業の弱点を剔り出した研究 *Made in America*[31] が1989年に刊行されて，大きな反響を呼んだ．

---

30)　*Business Week*, June 30, 1980, Special Issue.

31)　M. L. Dertouzos, R. K. Lester & R. M. Solow, *Made in America : Regaining the Productive Edge*, MIT Press, 1989, 邦訳：依田直也訳『Made in America』草思社，1990. アメリカMITの生産性調査委員会による大規模な調査報告.

　問題はそれだけではない．これまで競争を勝ち抜いて巨大化した企業は，管理組織として集権的体制をとるか，分権的事業部制をとるかを問わず，企業組織として単に大きいだけではなく，運営のための規律規則は複雑化し，組織を整備すればするほど，悪い意味での官僚機構化した．意思決定も執行も，決められた手順を経て，多大の時間と労力を費やすようになることは避けられなかった．たとえ事業部制をとる企業であっても，組織下部の現業が迅速に行動することは難しく，主体性の発揮は困難であった．しかも大企業に共通の性向として，これまでに築き上げた企業実績と資産を守ろうとするあまり，市場や経営環境の変化に対して，大企業のゆえに対応が遅れることも少なくなかった．

　たとえば大型計算機で主導権をとっていた IBM がパーソナル・コンピュータに当初出遅れたのはその一例であり，逆に自動車用の低公害エンジンの開発に真っ先に名乗りを上げたのが大手ではなく，いわば二番手企業の本田技研だったことも，大企業の行動の遅さを示している．

　これまでの歴史を顧みても，大きな技術の変革期には，何らかの新技術を基盤にした新興企業（ベンチャー企業）が簇生し，そこからやがて次世代の大企業が育つ．ソニーは今や，ベンチャーから始まって大企業に成長した古典的事例となったが，最近ではインテル（Intel Corp.）やマイクロソフト（Microsoft Corp.）もその例であろう．そうした時期には，また技術革新が急速な産業分野では，意思決定にせよ行動にせよ，速さがきわめて重要な意味を持つだけに，大企業にとって行動の遅さの問題は深刻である．

　このような事態の一つの解決策として，企業組織を再編成し，現業に事業部制よりも更に権限を委譲する社内ベンチャー制や社内分社制（カンパニ制）が考えられた．IBM は 1981 年にパソコンに遅れ馳せながら参入するさい，大型計算機分野と分ける意味で社内ベンチャーを設けて初めて成功した．その後この経験を生かし，1993 年に次世代パソコンの開発にあたっては，担当の Power Personalsystems Division を開発，製造，営業部門を包括した独立組織の分社とした．

　組織再編の動きはアメリカ企業には限らない．ソニーも 1994 年に 27 の事業・営業本部を編制し直し，事業系統別に独立色を強めた 8 つのカンパニを設けた．各カンパニの責任者（プレジデント）は投資と人事の裁量権を一定範囲

で与えられ，経営責任を負う仕組みである．この制度によって，意思決定や行
動の迅速性が期待されるとともに，経営成果が明確になり，その点でカンパニ
管理者の主体制が発揮されよう．しかし名称はともあれ，カンパニはソニーの
一組織であることに変わりはなく，カンパニはソニー内で業績を競い，これを
競わせるソニー社長の経営能力こそ問われることになる．

　事業分野を守りつつ，組織の改革によって巨大企業の弱点を克服しようとす
る努力を一つの方向とすれば，1980年代以降に大企業が選んだもう一つの特
徴的な経営戦略は，経営資源を効率よく使用するために，競争力の有る分野，
技術的に得意な分野，もしくは将来性有りと思われる分野に経営資源を選択的
に集中投下し，それ以外からは撤退するという方向転換であった．この事業内
容の変更は企業の再構築（restructuring）と呼ばれている．

　本業回帰を図って多角化部門の切離しなど大改革を行ったジェネラル・エレ
クトリック，製鉄会社からエネルギー産業に本業を転じたUSスティール，汎
用記憶素子（DRAM）から撤退して，パソコン向け超小型演算処理装置
（MPU）に専門化したインテルなどは，再構築を早期に行って成功したことで
知られている．日本においても，たとえばイビデンのように10年も経つと事
業内容が大きく変わり，「常時創業」を掲げて巧みに時流を捉えている企業も
ある．他方，たとえ多角化した大企業でも，非効率部門を抱えたまま再構築に
踏み切れず，不振に陥った鐘紡[32]のような場合もある．

　企業の寿命を考えるとき，場合によっては再構築の構図を画き，その指揮を
執らなければならない経営者の役割と能力が，改めて浮き彫りにされよう．

---

32)　繊維から出発した鐘紡は，1960年代後半から繊維，化粧品，食品，薬品，住宅関連の
　　　5部門均等発展を目指していた．

第7章　発展途上国の工業化過程における企業経営行動

第1節　技術発展と技術移転

1.　技術移転の意味

　経営発展の最先端を行く企業経営行動のあとを受けて，多くの企業がそれを導入し，模倣することによって，企業経営は歴史的に進歩発展してきた．この事実は，開拓者的先進企業から後進企業に対して，さまざまな形で技術および知識の移転が社会的に生じたことに他ならない．この場合，たとえば製造技術という問題について見ると，後進の企業は，先進企業が開発した新技術を手本にできるという意味で，先進企業に比べて効率的かつ安全に新技術を習得することになろう．しかしその反面，先進企業は既に新技術を活用して経営活動を展開しており，また多くの場合，その新技術は特許権によって保護されているので，後進の企業はその分だけ不利な立場にあることも事実である．問題の新技術について遅れを取った後進の企業の経営者は，この有利と不利の相反する経営条件を前提としながら，先進企業と競争しようとし，また競争せざるを得ない．

　先進企業と後進企業との間の技術移転と競争の問題は，歴史的に先進国と後進国との間にも，国内問題よりも複雑な形で，絶えず生じてきた．すなわち16世紀から17世紀にはヨーロッパ大陸，とくにドイツ，オランダ，ベルギーなどが工業技術と生産において最先進の国々であったが，それらの国から技術を導入した後進国イギリスが，18世紀には先進国と肩を並べ，そして産業革命を遂行して最先進の工業国となった．だがこのイギリスの工業技術がアメリカに移転され，アメリカ的大量生産方式が創り出されたとき，アメリカが最先

進の工業国の座に就いた．日本もまた，欧米からの技術移転を基礎に，現在で
は先進の名を冠して差支えない工業国に発展している．しかし同時に，アメリ
カも日本も，発展途上国ないし低開発国から技術移転を求められている．

　実際，後進国のいわゆる工業化は，エリザベスⅠ世期イギリスの工業振興政
策の古典的事例をまつまでもなく，先進国からの技術移転によって始まる．こ
のように歴史的に見られる国際間の技術移転にあっては，その政治的側面をさ
ておくとしても，一国内の企業間技術移転に比べると，経済的条件や技術的条
件はもとより，経営環境においてもまた，通例，両当事国間に大きな差異があ
る．そこで，国際間の技術移転をめぐって，移転させる側と導入しようとする
立場とでは，考え方も企業経営行動も，自ずと異なってくることになるのであ
る．

2.　技術流出とイギリスの経験

　発明を機軸とした工業技術が一企業にとっては競争力の源泉であり，また一
国にとっても対外的に経済的優位を保つための基礎の一つであることは，とく
に近年の現象ではない．かつては発明は財産として秘匿され，職人は技術移転
を拒んだ．これに対してイギリスでは，特許制度[1]が産業革命期ころからしだ
いに整備され始め，発明者の権利保護と発明の公表という二つの原則が作り出
された．しかし秘密を盗み取ることが当り前に行われていた時代にあっては，
発明者の権利保護は容易でなかった．また特許権を得るための発明の公表につ
いても，特許出願者ができるだけ難解な説明書を書いて，他者に新技術を理解
させないよう努めるという状況であった．

　ヨーロッパの各国やアメリカが，特許制度を設けて，新技術の保護に乗り出
すのは18世紀末から19世紀初めにかけてであったが，工業的に最先進国たる
イギリスは，工業技術の海外流出を阻止して，国際的に技術優位を保とうとし
た[2]．とくに1780年には繊維機械の輸出が禁止され，続いて1785年には金属
工業用機械も輸出禁止となり，この措置は1825年まで続けられた．1719年以

---

1)　大河内暁男『発明行為と技術構想』第5章を見よ．
2)　David J. Jeremy, "Damming the Flood : British Government Efforts to Check the Outflow of Technicians and Machinery, 1780-1843", *Business History Review*, Vol. 51, No. 1を見よ．

来実施している職人の海外移住禁止とこれら機械輸出禁止により，技術移転の阻止について，大きな努力が払われたが，実効は疑わしかった．

　たとえば，アメリカに近代的木綿工業技術を導入したスレイタ (Samuel Slater) は，産業革命期イギリスの大紡績業者ストラット (Jedediah Strutt) の工場で働いた後，1789 年にアメリカに移住し，ストラット工場での経験知識をもとに紡績機を製作して，アメリカにおける機械紡績の基礎を築いた．また 1794 年には，ニューヨーク近在の紡績工場で「マンチェスタから来た労働者が 12 人かそれ以上も働いており，機械はイングランドとスコットランドから持ってきたモデルをもとに現地で製作されたものである」と伝えられている[3]．毛織物工業について見れば，紡毛の機械化上最も面倒な梳毛工程は，イギリスでも 18 世紀末にようやく機械化が始まったのだが，イギリス毛織物工業の中心地ヨークシァから 1793 年にアメリカに移住したスコウフィルド (Schofield) 一家は，マサチュセッツに新技術を用いた毛織物工場を設け，ここがまたイギリス技術の移転の一拠点となった．

　このような状態で，イギリスからの技術の流出は絶えず，これを規制することはほとんど不可能であった．そればかりか，規制は工業製品の輸出を制約する点で有害でさえあった．機械の輸出は，1825 年に事実上解禁された．要するに，技術という知識とその持主たる職人を求めて止まない後進の企業や国がある場合に，その移動を長期にわたって人為的に阻止しておくことは，とうてい不可能だったのである．

3.　国際技術移転の制度としての特許と多国籍企業

　技術の国際移転は，19 世紀半ばころから後，特許制度および先進国企業の海外直接投資ないし多国籍化という経路によって，さらに明快な形で，しかも一定の制度に裏付けられて，進められることになった．特許制度は，発明者の権利を一定期間保護することと引換えに，発明内容の公表を義務づけているので，自動的に技術情報は伝播することになる．もっとも，外国で特許権を取得しながら，その技術を現地で企業化もしなければ他企業に利用させもしないで，

---

　3)　Darwin H. Stapleton, *The Transfer of Early Industrial Technologies to America*, pp. 14-15.

ただ権利だけを確保して，技術移転を拒むという企業行動が，特許の国際化とともに現われた．こうした行動に対して，イギリスでは，特許権を認められた技術については，他企業がその技術を用いた製品や製法の利用を希望した場合，特許権所有者に対して一定期間内の企業化を義務づけ，それを無視した場合は特許を無効として，技術を公開するという強制実施許諾の制度を 1883 年から導入している．

　他方，企業が海外に製造拠点を設けて多国籍化した場合には，長期的に見れば，先進国の技術と知識は現地に移植され移転する．たとえばシンガー社がグラスゴウに工場を設け，ミシン自体とともに，アメリカ的大量生産体制という工場経営技術をイギリスに伝えたのは，その一例である．

　ところで，海外への技術移転は，本国企業の立場から見れば，短期的利点はともかくとして，長期的には相手国に競合企業を育成する効果を持つことが明らかである．そこで，重要技術なり最先端技術になればなるほど，本国企業はそれを当面は海外移転させないでおこうとする傾向が強い．もちろん企業としての理由はさまざまに付される．すなわち，相手国には先端技術を扱えるだけの技術能力がない，新技術による製品の市場がない，あるいは，特許制度が不備なので新技術の保護に懸念がある，といった不安要因が先進国の企業の立場からは主張されるのである．

　このような説明は事実として誤っているわけではない．しかし，先進国から後進国への技術移転においては，先進国で成熟して安定した技術が適しており，先端技術は適当でないのかと問えば，そのように言い切ることはできない．そのことは，たとえば 18 世紀末に後進国アメリカが先進国イギリスから先端技術たる繊維機械を導入し，また後進の日本が電灯照明技術を，その発明からいくばくもなくして導入し，企業化に成功しているというような事実を想起するだけでも，明らかなことである．先進国企業の言う不安要因がたしかにあるにもかかわらず，先端技術も後進国に移転しうるのである．このことは要するに，技術を移転させる側と導入する側とで，技術移転についての考え方，その論理が異なっていることを示しているものと言えよう．

第2節　発展途上国の工業化

1.　ガーシェンクロン・モデル

　先進国と後進国とは，たとえば工業化あるいは産業革命という一つの歴史的事象について，一方は時間的に早くそれを経験し，他方はそれを遅くなってから経験したという意味で，同一経験の時間差を基準として理解されることが少なくない．しかし後進国における工業化は，その国が後進国であるが故に，工業化の進んだ先進国の存在を前提とせざるを得ないのであるから，両者の工業化の間には，単なる時間的差異ではなく，質的差異が存在すると考えるべきであろう．

　歴史的に，後進国の企業は，工業化の過程で，先進国の企業と比べて技術的にも経済的にも不利な経営条件のもとで，また，たとえばアメリカの木綿工業が経験したように，場合によっては先進国企業の競争を受けつつ，経営を展開しなければならなかった．しかも，そうした企業経営行動の結果として，先進国企業が到達した経営合理性に基づいて判断する限りでは不可能と思われる工業化が，これまで歴史上，しばしば実現されてきたのである．それにしても，先進国と比べて不利な経営条件のもとで技術を導入し，工業化を推進した経営者たちは，どのような経営の可能性を見通し，彼らの企業者活動はどのようなものであったろうか．また何が彼らの活動を支えたのであろうか．

　後進国の工業化がとくに大きな問題となったのは，第二次大戦後に，旧植民地ないし属領であったような新独立国が，経済の自立化を目指して工業化を目標に掲げ，先進の諸国に技術的財政的援助を求め始めてからのことである．しかし後進国としての工業化という経験は，先にも述べたように，アメリカも，ヨーロッパ大陸の諸国も，また日本も，それぞれに有しており，第二次大戦後の特異な現象ではない．もっとも第二次大戦後に生じた発展途上国の工業化問題は，南北問題の一環として政治的要素を強く含んでおり，また第一次大戦前の事例と比べて，工業化を行おうとする国の内部的経済水準がきわめて低い状態にあるという点が異なっており，そこに新たな問題があった．

　19世紀以来，現代に至るこのような後進国あるいは発展途上国の工業化問

題を見通して，ガーシェンクロン（Alexander Gerschenkron）は工業化先進国としてのイギリスとの対比で，フランス，ドイツ，ロシアなど後進諸国の工業化過程を比較し，その特徴について次のような指摘をしている[4].

(1) 後進国の工業化の速度は先進国の場合よりも一般的に急速であり，時として "spurt" の様相を呈した．その起動力は先進国からの導入技術であった．

(2) 後進国は工業化に適した労働力が稀少なので，最新の効率的技術の導入を望み，また，先進国で技術開発が急速に進んでいる分野を積極的に取り入れた．

(3) 最新技術を導入しようとするため，そうした新技術が必要とする経営の大規模化を自ずから伴うことになり，一挙に巨大企業が革命的に出現した．

(4) 後進国の工業化においては，内部的経済的発展の状況に応じて，銀行，政府など特定の機関が制度として有する機能＝制度的手段 (institutional instrument) からの助力ないし誘導が必要であった．

(5) 後進国の工業化は，先進国の工業的発展状況と後進国の現状との落差が刺激となって後進国に生ずる緊張 (tension) と，落差を埋めるための特殊な工業化理念に支えられていた．

以上のようにガーシェンクロンが整理した後進国の工業化に関する特徴は，しばしばガーシェンクロン・モデルと呼ばれている[5].

2. 工業化後発国への技術移転

先進国としてのイギリスは，産業革命を展開するにあたって，技術も資本も市場も制度もすべて，自力で，試行錯誤的に，長い期間をかけて創り出すほかはなかった．その点を技術開発について見ると，製鉄業の場合，近代製鉄技術の基盤となるコークス製銑の確立には約2世紀を要し，製鋼技術を含めればさらに半世紀が必要であった．また紡績業の工場制度を創出するまでに半世紀をかけている．これに対してたとえば日本では，明治時代に一挙にコークス高炉，転炉，平炉，リング紡績機など欧米の新技術を導入して，工業化が始まった．

---

4) Alexander Gerschenkron, "Economic Backwardness in Historical Perspective", B. F. Hoselitz, ed., *The Progress of Underdeveloped Countries.* この論文は後にガーシェンクロンの論文集 *Economic Backwardness in Historical Perspective* に再録された．

5) 中川敬一郎「後進国の工業化過程における企業者活動——ガーシェンクロン・モデルを中心にして——」東京大学経済学会『経済学論集』28巻3号を見よ．この論文は補筆のうえ『比較経営史序説』第三章となった．

技術を使いこなすことができるならば，発展途上国は，先進国で実証済みの高い水準の技術を導入して即戦力とし，短期間で先進国に対抗が可能となるのである．

　先進国との競争下に後進国が工業化を目指すとすれば，可能な限り最新の技術を導入せざるを得ない．そうした企業行動の結果は，工業化速度が先進国の経験に比べて早くなり，しかも現代技術の求めるところとして，大規模経営を早急に展開することが必要となる．産業革命からのちに発達した工業技術は，基本的に大量生産を前提としており，規模の利益を求める性質がある以上，後進国もまたその技術的流れに乗らざるを得ないのである．一例として製鉄業を見ると，産業革命期さなかの1788年に，イギリス製鉄業の中心地域たるシュロップシアでは，コークス高炉1基1年の生産量は平均1,100トンであった．およそ1世紀後の1880年には，製鉄業の中心は南ウェイルズに移っているが，そこでの高炉1基1年の生産量は平均12,894トン[6]となり，さらに1世紀を経た現在，日本の大型高炉[7]は1基1日11,000トンの出銑能力を有する．後進国が先進国に対抗した製鉄業を持とうとすれば，このような高炉の大型化傾向に沿った技術導入が不可避である．それだけに，後進になればなるほど，工業化の開始時点から経営規模が大きくならざるを得ないのである．

　ところで，後進国における工業化は技術を先進国から導入することから始まるが，それは単に機械や設備の購入だけではなく，運転技術や管理の仕方，さらには機械の作り方自体まで，先進国企業から習得することを含んでいる．たとえばイギリスはヨーロッパ大陸の諸国から真鍮，針金，窓ガラスなどの製造技術を16世紀に導入したが，それはいずれも技能を有する職人の移住を伴う技術移転であり，来住した職人がイギリス人に技術を教え込んだ．先に述べたように，18世紀にアメリカがイギリスから技術を学んだ過程も同様であった．

　19世紀に日本が欧米から先進技術を導入した際は，移民という形での技術移転はなかったが，初期にはいわゆる「お雇い外国人」技師が重要な役割を果たしたし，また日本政府の手で先進技術習得のために要員が海外に派遣されも

6)　Alan Birch, *The Economic History of the British Iron and Steel Industry 1784-1879*, p.130 ; W. H. B. Court, *The Rise of the Midland Industries 1600-1838*, p. 176.
7)　たとえば1975年操業の新日本製鉄君津製鉄所第4高炉.

した．明治5年に開通した新橋・横浜間の鉄道の場合は，路線の設計から施工まで全面的にイギリス人技師に頼り，車輌もレールも輸入したばかりか，運行時刻表の作成，機関車の運転もイギリス人の手に任されていた．日本人の機関士が列車を運転するのは明治12年になってのことである．

3.　工業化資金と誘導制度

近代技術を導入するには巨額の資金を必要としたが，後進国では個々の企業もしくは経営者の手許に十分な資金の蓄積がないまま，先進国からの工業化の影響を受けて，技術の導入が始められている．そのため，イギリスの場合のように，工業化資金が自前で調達されたばかりか，工業経営から生じた余裕資金をもって銀行まで創設するといった事情とはまったく反対に，後進国では，先進国技術を導入しようとする経営者は，外部資金の調達に走らねばならなかった．

工業経営者の立場から見れば，たとえ先進国技術を導入する企業機会を見出しても，資金を確保できないことには，動きようがないであろう．したがって後進国にあっては，工業化資金を工業経営者に供給する社会的機構が必要とされ，そうした機構ないし制度の出現をまって，初めて先進国技術が現実に導入され，工業化が進捗したのであった．この資金の供給者としても，先進国の役割が時代とともにしだいに大きくなる傾向にある．その歴史的経緯を以下に見ることとしよう．

（1）　フランス[8]

イギリス産業革命の影響を受けつつ，フランスではほぼ1830年代から工業化の動きが見え始めた．しかし，当時フランスで豊富な投資資金を持っていたロスチャイルドなど大商業銀行は，為替取引と国債引受を専門とし，また中小の個人銀行はせいぜい短期的商業金融を行うにとどまり，いずれも工業投資の資金供給者とはなり得なかった．しかも大革命から後，フランスの政治体制は第一共和制，第一帝政，ブルボン朝，オルレアン朝，そして1848年2月革命

---

8)　フランスについては，ガーシェンクロン，前掲論文，および，中川，前掲論文のほか，原輝史『フランス資本主義——成立と展開——』を参照.

を経て第二共和制となり，1851年末にはルイ・ナポレオンのクーデターが成功して，ナポレオンⅠ世時代の諸制度が1852年1月に復活するというように，政情不安定が続いたことも，工業投資をさらに逡巡させた．もっとも1830年に始まるオルレアン朝期には，サン-シモン（Claude Henri de Rouvroy Saint-Simon）の産業主義の思想的影響を受けつつ，工業化政策を推進しようとする動きが現われ，1842年には鉄道法が制定されて，北部鉄道会社などが発足を見た．

　そのころ，イギリスの工業的発展はいよいよ急であり，アメリカもまた実力を増しつつあった．そして1851年の万国博覧会では英米の工業技術が誇示されるという情勢のなかで，1852年にフランスでは工業投資のための資金調達機構として，新しい金融機関が創設された．サン-シモンの産業主義を受け継いだペレール兄弟（Isaac Pereire, Jacob Pereire）によるクレディ・モビリエ（Crédit Mobilier）がそれで，工業企業への長期投資を目的とした世界最初の株式投資銀行である．クレディ・モビリエの出現によって，大衆資金を集めて工業に一挙的かつ大量に長期投資する機構が初めて準備されたのである．さらに同じように，工業向け短期資金供給を目的としたソシエテ・ゼネラル（Société Générale）が1864年に，またクレディ・リヨネ（Crédit Lyonnais）が1868年に設立された．

　これら新しい機能の銀行の出現は，ロスチャイルドら旧来の銀行との間に摩擦を引き起こしたが，長期的に見れば，旧来の銀行も業務内容に工業化投資の機能を取り入れてゆくことになった．ともかくこのようにして，クレディ・モビリエの設立を契機に，フランスでは工業投資が本格的に進行することになったのである．

（2）　ロ　シ　ア[9]

　フランスよりはるかに遅れて19世紀末から工業化が始まったロシアの場合は，フランスのように銀行制度を整備するだけでは，近代産業は移植できなかった．フランスでは民間の遊休資金を工業投資に誘導する経路がなく，投資

---

9)　ロシアについてはガーシェンクロンの前掲書に収められている各論文のほか，Malcolm E. Falkus, *The Industrialisation of Russia 1700-1914* を参照.

銀行がその道をつければよかった．ところがロシアにおいては，1861年の農
奴解放以前には私立銀行は皆無に等しく，富は地主階級の手に集中しており，
しかもその富は工業投資に向かうよりも，土地と農奴の獲得に投資されていた．
そこで，西ヨーロッパ工業の発展に刺激されたアレクサンドルⅡ世の工業化政
策が，そもそも大衆の手許には遊休資金がなく，銀行業は発達できず，工業経
営に対する国民的関心も乏しいという状況のなかで，遂行されることになった
のである．工業化の最重要部門となった鉄道業について見れば，1880年まで，
大部分の鉄道は政府からの補助金を受けて私企業が建設していたが，その後は
政府が直接に鉄道建設に進出し，それのみか既存の私鉄も買収して国有化して
いる．鉄道重視とともに，製鉄業の育成を政府は試み，製鉄業経営者に特典や
補助金を与え，また鉄道会社に対しては，輸入していたレールの半分を国産品
に切り替えるよう義務づけて，製鉄企業の市場を創り出そうとした．

　ロシア政府の工業振興政策としては，鉄道建設に対する直接投資のほか，製
鉄業，機械工業，炭坑その他の産業への補助金，優先発注，損失補償など，さ
まざまな手段が取られ，工業経営に企業家の投資を誘導しようとした．この政
策はことにウィッテ (Sergei Witte) が大蔵大臣在任中の1890年代に最も熱心
に進められた[10]が，こうした政策によって企業家を工業経営に強力に誘導し
ないことには，当時のロシアにとって，西ヨーロッパに対抗し得る工業力の移
転育成は望めなかったのである．

　だが工業向けの国内資本が不足し，銀行も未発達な状態のもとで，以上のよ
うな政策を推進するために，ロシア政府はまず租税政策によって，国民の手許
資金を強制的に国庫に集中せざるを得ず，結果は重税となった．だがそれでも，
工業化投資の資金は不足であった．この国内蓄積の不足分は外債と外資の導入
によって補った．たとえば1887年にドイツはロシアに対して25億ルーブルの
債権を有し，フランスはとくに1890年以降対露投資を増やし，その額は1900
年には5億ルーブルを超えた．

　外国からの投資は，まず第一に，ロシア国庫債券，なかでも鉄道建設を目的
に発行された鉄道債やロシア政府保証債に向けられていた．1917年に帝政ロ

---

10)　Theodore H. von Laue, *Sergei Witte and the Industrialisation of Russia* を参照.

シアが負っていた対外債務は 140 億ルーブルに達している.

　外国からの投資は，第二に私企業に対しても行われ，1890 年ころにロシア
の株式会社の全資本の 4 分の 1 ないし 3 分の 1 は外国が保有していたと言われ
る. 外国資本の流入は 1890 年代からとくに活発となったが，鉱山，精錬業，
機械工業，化学工業など，ロシア政府が技術の移植育成を最も望む先端分野に
外国投資は集中した. たとえば鉱山および精錬業における株式会社企業の資本
総額は，1900 年の時点で見ると 4 億 7,220 万ルーブルであったが，このうち
3 億 4,380 万ルーブルは外国資本が占めており，外資の比率は 72% にも達し
ている. 外債は国庫の負担を増し，外資導入は西ヨーロッパの資本に絶好の稼
ぎ場を与えるという面もあったが，このような措置を講じないことには，西
ヨーロッパ的な工業化を推進できなかったというのが，ロシアの状況であった.

　なお，ロシアに続いて西欧的工業化を図ろうとした日本は，イギリスとフラ
ンスから助力を得ており，そして中南米と東南アジアおよび東アジアの諸国が，
第二次大戦後，工業化のための資金をアメリカ，西ヨーロッパ，さらに最近で
は日本にも求めていることは，周知のとおりである.

4.　非自立的工業化と内部条件

　以上の歴史的経緯を見ても明らかなように，後進国の経営者ないし工業化を
推進しようとする為政者は，技術の面でも資金の面でも，先進国の存在を与件
として，多かれ少なかれ先進国に依存しようとし，また依存せざるを得ない立
場に置かれている. そしてその限りでは，後進国における近代工業の発展は自
立性を欠いているわけである.

　もちろん，自立性のない工業化であるといっても，いかなる国でも以上に見
たような制度や手段さえ整えれば，それだけで，先進国の技術を導入してただ
ちに近代工業を自国に移植でき，工業化が始まるというわけではない. さまざ
まな手段を用いても，国民的厚生が多少とも増大するような工業化は行われな
いことがある. それは，その国が近代技術を用いた工業生産が展開するために
最低限必要な内部的条件をいまだ持たないまま，一挙に最新技術を導入して工
業化を試みた場合である. 国民所得が極端に低い水準にある国では，近代工場
が建設されてもその製品の購買力は国内に存在せず，また教育水準が低い場合

には，国民が工業労働力としても資質を欠くという事態が生ずる．要するに，後進国においては，多かれ少なかれ先進国に依存した工業化が行われるが，その場合，後進国自身が工業化のための一定の内部条件を持っていることが必要なのである．しかも，工業技術の進歩がますます急速になっている現状を見ると，工業化の出発時点が遅くなるにつれて，必要な内部条件の水準はますます高くならざるを得ないであろう．

第3節　工業化理念と企業者類型

1.　後発の工業化を支える理念

　近代工業技術を導入する時期が遅くなればなるほど，一方で先進国における技術が急速に発達しているので，導入時に必要となる最低限の技術水準も高度なものとなる．そしてそれに対応して，経営として成り立ちうる最小の規模は大きくなり，資金は巨額となり，労働者や経営者に求められる能力も高度なものとなる．そのため先進国的経営合理性や経済計算から考える限り，後進の諸国における工業化はますます困難になると思われる．しかし後進国の立場から見れば，どれだけ工業化し得るかという可能性は，先進国における到達点として国際的に示されている．それに対して自国の内部的現実には著しい落差があるので，この落差を人為的に埋め合わせる要素があれば，工業化への道は開けるとして，フランスにしてもロシアにしても，その方途を工夫してきた．

　この過程で重要なことは，たとえばクレディ・モビリエを創案し，あるいは政府による鉄道建設や外債発行を行うといった制度の工夫もさることながら，そもそもあらゆる手段を講じてでも先進国に倣った近代工業を自国に展開しようとする，そうしたものの考え方が生じ，それが支持されたという事実である．もとより過大視は慎まなければならないが，たとえばフランスにおけるサン－シモンの産業主義，ロシアにおけるウィッテの工業化主義などのように，特定の工業化理念があってこそ，投資銀行や政府の活躍も起こり得た．そうした理念に支えられて初めて，銀行や政府が工業投資を誘導する機能を果たし，その援護のもとに，経済合理性から見ればきわめて困難な状況下にもかかわらず，企業者たちの工業化活動が出現したのであった．

　先進国と後進国との落差を埋めるこの思想の根底には，先進国の工業化した状態に追い付こうとする意欲と，そうした行動を高く評価する社会的価値体系が存在した．フランス然り，ロシア然りである．また，明治期日本の欧化思想と企業活動のいわゆる国事的意識，あるいは第二次大戦後の日本のいわゆる経済成長論，低開発諸国に見られるような政治を前面に押し出した工業化要求なども，その一つの現われと考えてよい．それは，形態はさまざま異なるが，いずれも先進国に対して追い付くことを目指し，経済的技術的落差を思想によって埋め合わせ，工業化活動を根底において支えようとするものであり，その上に乗って初めて企業者活動は展開されたのであった．

2.　工業化の企業者類型

　後進国における工業化過程は，以上に見てきたように，先進国と比べれば不利な条件のもとで行われ，工業投資はさまざまな制度や手段に支えられて初めて可能となる．したがって，その投資行動は，先進国に成熟した経済合理性の観点から見れば，合理的とは言いがたい独特の様相を示すことにもなる．一例を挙げると，イギリスやアメリカでは，自己資本を充実させ，健全な資本構成をもって経営にあたることが，企業経営において重視されている．ところが，第二次大戦後の日本の高度経済成長を実現した企業行動を，上述の観点から見ると，事態は著しく異なっていた．戦争によって蓄積をほとんど失った日本の企業は，戦後の企業再建にあたって，資金の多くを借入金に依存した．そして借入金に頼って工場を建設するがゆえに，短期建設，早期フル操業に持ち込み，同時に，次の借入と工場建設に向かうという行動を，矢継ぎ早に繰り返した．この結果，借入金は雪だるま的に増加したが，企業の成長もまた急速で，製鉄，造船，電機などの業種では，短期間のうちに，世界的に見て圧倒的な生産力と競争力を持つ企業が出現したことは，周知のとおりである．

　後進国において，初めて工業化を推進する機能を持つ経営者という意味での企業者の経営行動が，このように先進国的合理性に基づく経営行動と異なることがあるのは，先進国には存在しない独自の事情と工業化理念に規定されているところが大きいと考えられる．先進国の経営者の経営行動の特性を，仮に，慎重な意思決定，徹底的計算，理詰めの合理性の重視，このように特徴づけて

みるならば, 後進国においては, これらの特性に規定された経営者は, おそらく工業投資に踏み切れないであろう. 技術も資金も先進国から導入し, 先進国の優勢な企業との競争を予想しながら企業経営を始めることは, どのように計算しても合理的ではないからである.

それにもかかわらず, 後進の諸国で工業投資が進められるとすれば, その推進者は, 先進国的経済の論理以外の要因に支えられて行動するという特性を持っていると考えてよいであろう. 先に述べた先進国の経営者の経営行動の特性と比べて言えば, 敢えて危険を冒す意思決定を辞さず, 計算づくめであるよりは, 物事に賭けるといった思考を取り, したがって先進国的理詰めの合理性を必ずしも重視しないで, 別の基準から判断を下す, このような特性[11]を後進国の企業者に見出し得るであろう.

先進国と後進国という単純な対比をした以上の類型化は, 言うまでもなく, 二つの型の優劣を示す指標ではない. これは, どのような条件のもとでどのような特性を持った経営者が工業経営の担い手となったか, その対応を示したに過ぎない. そして工業化をしようとする発展途上国の立場から見れば, 先進国型の特性を持った経営者では, 途上国の工業化を担うことは不可能なのであって, 先進国から見れば非合理的特性を持つ後進国型の企業者が, 実は発展途上国の工業化にとっては合理的な存在なのである.

第4節　技術導入の二つの態度——適正技術について——

1.　発展途上国における最新技術指向

後進の諸国は先進国から技術を導入するにあたって, できる限り効率の良い技術を求めようとする. その場合, 受入側が技術に関する情報を豊富に持つようになるにつれて, 一般に最新の技術を導入しようとする傾向が強い. それは, 進んだ技術ほど効率が改善されているからに他ならない.

各種情報の伝達という点では, イギリスとヨーロッパ大陸とは, 少なくとも

---

11)　中川, 前掲論文では, ゾムバルトの見解を活用して, 後進国における企業者性能として, 「非合理主義」,「投機」,「泥棒精神」,「冒険」などが重要だとされている.

18世紀には既に緊密な関係にあったし，アメリカやロシアは地理的にやや離れていたものの，19世紀には情報交換の域内に入っていた．これに対してたとえば日本はその情報圏の外にあり，幕末から明治前半には，技術情報についても十分なものを得ていなかった．そこで鉄道を導入する場合にも，狭軌を採用するという判断の誤りをおかし，長きにわたって著しい不利益を招くことになった．このような後進国側の情報不足という状況は，第二次大戦以降になると，かなりの程度まで改善されてきたように思われる．その結果，狭軌鉄道を国家事業として導入するというような技術選択の誤りは生じなくなった．だが別の形で問題が生じたのである．

　最新技術についても豊富な情報を持つ発展途上国の経営者や政府は，技術導入にあたり，先にも述べたようにできる限り最新の技術を求める傾向がある．しかしこれまで先進国が開発してきた技術は，一般に大量生産を前提に大型投資を必要とし，大量販売を消化する購買力の存在が不可欠であり，その技術を運用するには労働力の性能もまた一定の水準になければならない．このような先進技術が内包する条件は，ロシアの工業化時点においても，日本の工業化時点においても存在はした．ただ，その時点のロシアや日本の状況と先進技術が有した条件との落差に比べれば，第二次大戦後に発展途上国が直面した落差の方が，はるかに大きい．それは，20世紀に入ってから，先進国における技術開発の速度が加速されたからである．その結果，第二次大戦後には，途上国は強い工業化要求に支えられ，豊富な情報をもとに，最新技術の導入を行ったものの，国内の状況が導入技術の求める条件と掛け離れているために，種々の困難が生ずることになった．ある場合には，一つの技術を導入したことが社会的混乱を招き，またある場合には，巨費を投じた技術移転が失敗に帰した．

　1978年にイランのIsfahanに完成した合成繊維工場は，一つの象徴的事例であろう．ポリエステルおよびアクリル繊維を年間5万トン生産するこの工場は，デュポン社からの技術導入によってfull turn key（完成品引渡し）方式で建設され，操業技術もデュポンの技師に全面的に頼り，試運転には成功した．しかし，5万トンの素材はもともとイランが輸入していた全需要を上回るうえ，この工場で生産された繊維を用いる加工部門の技術が低いため，新素材を使いこなせず，新工場は満足な販路がないという状態であった．試験操業の後にデュ

ポン社派遣の技術者が引き揚げると，工場は閉鎖状態となってしまったのである．

　中国の武漢製鉄所プロジェクトも，イランとは異なった側面の問題を含んでいた．新日本製鉄が全面的に協力して，武漢製鉄所に熱間圧延工場を完成させたのは1978年12月であった．この工場は自動制御を含む最新の技術を駆使し，年産300万トンの能力を有するものだが，完成されてみると，電力が隘路となった．圧延工程は大量の電力を必要とするが，当時の中国においては，発電能力に余裕が乏しく，農業や軽工業への供給を優先する方針が取られており，近代製鉄所が電力の大量消費者であることは必ずしも十分に理解されていなかったように思われる．この点が曖昧なまま最新鋭の圧延工場が完成してしまったのである．その結果，試運転も思うにまかせない状態となり，技術の供給側にも受入側にも大きな教訓を残すことになった．

　発展途上国への技術移転に係わるこのような問題は，工業技術に限られたものではない．スーダンの政府機関から農業近代化の要請を受けて，日本から農業機械コンバインが提供されたことがある．しかしスーダンの農民にとって，コンバインは無用の長物であった[12]．彼らの農法は穂刈りであり，茎は畑で枯らしてから必要に応じて刈り取り，燃料や屋根葺きに用いるのである．農民はコンバインを放置したという．

　ここにも技術移転が含むさまざまの問題が現われている．コンバインはたしかに労働生産性を高め，また根刈りにすればただちに地力回復を図ることもでき，生産の増大も期待されるのだが，同時に農民の生活慣行を大きく変えることにもなる．そこで，農民がコンバイン導入の意味を理解して，それを受け入れるかどうか，この点がまず問題だったのである．だがさらに，コンバインを保守点検して維持する技術力が農民にあるかどうかも問題であろう．技術が高度なものになればなるほど，その保守点検にも高度な技術能力が必要となるのであって，技術移転に際しては，受入側にそうした能力が備わっているか否かが重要な問題なのである．最後に，スーダンの農民が仮にコンバインの意義を認めたとして，彼らが自分の所得に照らして，維持費のかかるコンバイン導入

---

12)　『朝日新聞』昭和61年12月21日付による．

に踏切るか否かという点も，検討すべきことであったろう．

2.　中間技術・適正技術

　最新最高の先進国技術を導入することが，発展途上国にとって，好ましい結果を生むとは限らないという考え方が，1960年代ころから現われ始めた．すなわち，いたずらに最新技術を導入するのではなく，むしろ最新技術と途上国の在来土着技術との間にあって，その時点での経営環境の諸条件が受容しうる限度内での最高水準の技術を導入して，途上国の現状を漸進的に改善し，先進国との落差を縮めようという主張である．

　マハトマ・ガンジィ（Mohandas K. Gandhi）の近代技術批判思想の影響を受けたとされるシューマッハー（E. F. Schumacher）は，インドに見られるように，先進技術を導入しようとする受入側の発展途上国が，一般的に労働人口過剰で，失業状態にある者が多いことに，とくに注意を払った．そこで彼は，労働人口過剰の途上国に最新技術を移転させるならば，雇用状況を悪化させる可能性が大きく，国民の購買力をさらに小さくしかねないとして，こうした事態を回避するためには，どのような技術が好ましいのかを見極める必要があると考えた．途上国にとっては何よりも就業の機会を増やすことが望まれると確信したシューマッハーは，地域の実情に根ざした「中間技術」（intermediate technology）[13]の導入こそ好ましいとして，技術の条件について次のように述べている．

　「(1)　人々が就労する場所は彼らが現に住んでいる地域に創設さるべきであり，人々
　　　が移住しがちな大都市圏に最初から作るべきではない．
　(2)　達成が不可能なような水準の資本形成や資本輸入を求めずに多数の就労場所を
　　　設けられるよう，作業場にかける費用は平均的には安価なものとすべきである．
　(3)　利用する生産方法は比較的簡単なものとすべきで，そうすれば生産工程自身に
　　　ついてだけでなく，組織，原料供給，財務，販売，その他すべての面で，高度な
　　　熟練の必要は最小限に抑えられる．

---

13)　intermediate は二つのものの間というよりも，媒介を意味する．シューマッハーは在来技術と近代技術の媒介的役割を果たすものとして，中間技術という概念を考えた．一般には「適正技術」（appropriate technology）がほぼ同義語として用いられ，OECD でも後者を使用している．

(4)　生産は主として地域の原料を用いて，そして主として地域の需要を目指して，行われるべきである.」[14)

シューマッハーは作業場あたり設備費の多寡を技術水準の指標として，発展途上国の在来技術をたとえて「1ポンド技術」と称し，これに対して先進国の最新技術を「1,000ポンド技術」と名づけたうえで，さらに次のように言う.

「発展途上国は現在1,000ポンド技術を自国経済に浸透させようと努力しているが，その結果は，必ずや，新式の工場が創設されるよりもずっと早い速度で伝統的な作業場を破壊し，驚くべき割合をもって1ポンド技術を死滅させ，かくて貧しい人々をこれまでよりもさらに絶望的で，救いのない状態に追い込んでしまうのである．もし助けを最も必要とする者に効果的な援助の手を差し延べるのであれば，1ポンド技術と1,000ポンド技術の中間的位置に存在するような技術が必要とされよう．かかる技術を，象徴的に，100ポンド技術と呼ぼう．このような中間技術は，土着技術（それは衰退の状態にあることも多い）よりもはるかに生産力が高いに違いないが，同時に，近代工業の精緻かつ高度に資本集約的な技術に比べれば，非常に安価なものであろう．この程度の資本投下であれば，大変多数の作業場を比較的短い期間で創設できるし，また，そのような作業場であれば，地元の人でも，資金の点だけでなく，教育，適応力，組織力などの点で進取の気象に富む者にとっては『手が届き』，自分で始めることができるであろう．」[15)

シューマッハーは，インドやプエルトリコやトルコなどで，第二次大戦後に強力に推進された工業化計画の，その社会的帰結を念頭に，これを反省する中間技術論を主張したのであった．そこで具体的には，まず衣，食，住に直接関係する産業部門について，現地の資本や資源を活用できるような技術を導入し，新たな雇用を創出し，現地の需要を満たし所得を向上させることを通して，発展途上国と先進国との経済的落差を埋めることに期待をかけるのである．こうした考え方に立てば，途上国に導入するには，最新最高の技術が必ずしも適していないことにもなる．けれどもそれは，低次の技術で満足せよとするものではない．一部の大企業家や大土地所有者にとっては利益をもたらしても，国民大衆の厚生の増大とはならないような，先進国の最新技術のほかにも，途上国の国民大衆の厚生をただちに増大させられるような先進技術が，それぞれの国

---

14)　E. F. Schumacher, *Small is Beautiful : A Study of Economics as if People Mattered*, p. 163.
15)　*Ibid.*, p. 167.

情に応じて存在するはずで，途上国は現状の厚生の改善に最も適したそのよう
な技術を優先して導入すべきだというわけである．

　このような発展途上国への技術移転の考え方は，産業革命以来の技術発展と
工業化の思想に対して，一定の範囲で発想の転換を意味する．南北問題を一つ
の契機として，先進工業国においても後進の発展途上国自身においても，後進
国の工業化のために最も適した技術，いわゆる「適正技術」(appropriate tech-
nology) という形で，この発想は取り入れられた．そしてその具体的研究と現
地普及の努力が各国で試みられるに至った．

　適正技術と言うべき一例として，マレイシアの国営マラヤヤハタ製鉄所
(Malayawata Steel Berhad) を挙げよう．マラヤヤハタ製鉄所は，旧八幡製鉄
が 1965 年から技術協力をして建設し，マレイシアの工業化の基礎を築くもの
として発足した．製鉄所としての規模自体は，260 トン高炉と 170 トン高炉各
1 基で，現在の製鉄所としてはきわめて小さい．しかし，マレイシアに豊富な
ゴムの木を原料とした木炭を熱源に用いるという工夫がなされている．大型高
炉を木炭で操業することは不可能なのだが，超小型の高炉のために，燃料と操
業方法を工夫することによって，木炭を用いても操業可能となり，地元の資源
で良質な銑鉄を生産することができたのである．マレイシア政府は速やかな工
業化を強く望みながらも，その達成の過程として，シューマッハーの言う中間
技術の発想にきわめて近い形で，マラヤヤハタを作り出したわけである．この
技術が定着したのは 1970 年代末のことである．

　ところで，中間技術または適正技術という発想は，元来，体制批判ないし大
企業批判運動という色彩を持っていた．しかし少なくとも 1970 年代には，発
展途上国のみならず先進国の政府も適正技術問題に関心を寄せ，OECD の活
動も加わった．こうしたなかで，途上国における適正技術の研究開発やその普
及活動に対して，政府の補助や外国からの援助など，公的資金が提供されるよ
うになった．公的資金が適正技術運動の経費中に占める比率は，1977 年に
OECD 開発センターが行った調査によれば，発展途上国を平均して 55.5%，
アフリカでは 64.5% に達している[16]．

---

16)　Nicolas Jéquier and Gérard Blanc, *The World of Appropriate Technology* (OECD Develop-
　　ment Studies), pp. 79-84.

適正技術はこのようにして発展途上国にとっても先進国にとっても公的問題となっており，この技術移転のために国際組織も作られている．ところで，適正技術の移転方法について，OECD の調査によれば，途上国では，適正技術運動の組織体自身が行うという回答が 53% を占めたのは当然として，それに次ぐ移転経路として政府機関 48%（重複回答，以下同じ），国際機関 26% であり，大企業に頼るという回答は 9% に過ぎなかった[17]．先進国から最新最高の技術を導入しがちの大企業と適正技術との対抗が，ここにも見られよう．

適正技術運動は，発展途上国の実情に適さない先進技術の導入に対して，一つの反省として登場した．しかしこの方法をもって途上国の企業が技術移転に努めたとしても，その結果は先進工業国なみの企業が発達し，国民大衆の厚生も増大して，先進国と後進国との落差が縮小するかと言えば，その点では疑念があり，まさにそれ故に強い批判もある．つまり，後進国で国内事情に調和を図りつつ適正技術を導入している間に，先進国もさらに発展するだろうから，これまでの歴史と現状を顧みて，後進国としては「先進国から最も近代的な技術を導入することが，開発戦略の不変の目標であることは疑問の余地がなく，最優先目標だと言ってよい」[18] というのである．

イマニュアル（Arghiri Emmanuel）は次のように主張する．

「貧乏な国に合うように技術が開発されたとすれば，それは粗末な技術であろう．低開発国に『適正な』技術は低水準の技術であって，低開発の状態を凍結し永続させる技術である．そうなることこそ絶対に避けなければならない事態ではないか．」[19]

彼はそこで，資本集約的な最新技術こそ国民 1 人当り工業生産高を最大にするから，国民的厚生も最大になるとして，その最新技術を発展途上国に移転することを主張する．ただしかし，誰がそれを成し得るかという点で，イマニュアルは途上国自体よりも多国籍企業にその役割を期待している．

たしかに，たとえばシンガポール，マレイシア，インドネシア，香港，台湾，韓国などに，マイクロ・エレクトロニクスや精密機械など高度な技術分野でも，日米の企業が技術供与，合弁あるいは単独工場の形で進出し，ある面ではこれ

---

17)　*Ibid.*, p. 123.
18)　Arghiri Emmanuel, *Appropriate or Underdeveloped Technology?*, p. 31.
19)　*Ibid.*, p. 104.

らの国を生産基地化した．しかし同時に，先進国の経営者たちが考えていたよりもはるかに早く，これら途上国では導入技術をこなし，地元企業家のなかにもこうした高度技術分野に進出する者が現われ始めている．こうして途上国では，シューマッハーの問題提起を脇に置いて，新興企業が簇生し，経済成長が加速し始めたことは疑いない．

第5節　工業化の新時代

　第二次大戦後の発展途上国における工業化は，その極めて早い時点から大規模な輸出産業を指向したという点に，共通の特徴があり，またその点で日本など旧来の工業化の経験とは異なっている．ある調査[20]によれば，1993年に，日本を除くアジア地域（韓国，中国，香港，台湾，東南アジア諸国連合ASEANなど）における家電製品（電子レンジ，VTR，カラーテレビなど）の生産が，世界市場のおよそ5割を占めている．これはもちろん日欧米諸国からの企業の進出も手伝ってのことだが，こうした産業分野では，アジア地域が早くも世界市場の生産拠点になっていると言ってよい．そしてアジアで生産されたこれら工業製品が大規模に世界に輸出されていることは明らかであろう．

　戦後に出発した発展途上国の工業化がすべて成功したわけではないが，アジア地域の製造業は確かに急成長し，強い輸出競争力を持つに至った．たとえば韓国の浦項総合製鉄[21]は，新日本製鉄と日本鋼管の技術援助によって，1970年代に建設が始まったものだが，相次ぐ拡張の結果，1990年代末には年産1,200万トン体制の世界最大級製鉄所となった．そして1994年には冷延鋼板を日本の自動車産業向けに輸出し始めるなど，製品の種類によっては，いまや日本企業と競う力を備えた．また三星電子（Samsung）は1990年代末期になると汎用DRAM市場で世界最大の生産力（1999年の占有率21％）を持ち，価格主導権を握っていると言われる．先端的電子部品の一つである液晶でも，三星電子や大宇電子など韓国企業は日本と並ぶ生産者となっている．

---

20)　日本経済新聞社の調査．『日本経済新聞』1994年10月1日．
21)　1968年に国営浦項総合製鉄所として発足し，日本の借款供与と技術援助によって軌道に乗り，1973年に1号高炉が操業を始めた．

　台湾の施振栄が1976年に興した宏碁電脳公司（Acer）[22]や，張忠謀が率い
る1987年設立の台湾積体電路製造公司（TSMC）をはじめ，一群のパソコン
および電子部品企業は，集積回路技術は導入に頼ったものの，独特の受託生産
方式（ファウンドリ）を構築して，一般市場を目指すよりも委託加工に特化し
た受託生産を始めた．これらの企業は，IBMパソコン互換機の急速な発展と
いう経営環境を捉えて，あらゆる注文への対応能力と，受注から納品までの速
さを競争の武器として，1990年代になるとパソコン用プリント基板（マザー
ボード）生産で世界市場を抑えた．そればかりか，主として相手先ブランドに
よる生産とは言え，1999年にはノート型パソコンの生産台数も，宏碁電脳の
IBM向けを筆頭に，世界市場占有率約49％となり，日本（占有率41％）を抜
いて，一極集中の様相を呈してきた．

　インドもまた極めて特徴ある輸出製品を持つようになった．かつてはインド
の輸出品と言えば茶，棉花綿製品と銑鉄であったが，1990年代になると，そ
れらに代わって，電子計算機用プログラムが輸出の筆頭品目になりつつある．
これは，かつてインドに進出していたアメリカのIBMが，規制を嫌って撤退
し，言わばその落し子として残された現地関連企業と人材が，タタ財閥系企業
を筆頭に，ソフト開発の企業を興した結果だと言われている．こうしたソフト
開発企業は欧米を中心とした海外からの受注生産を経営方針とし，一般市場向
けの商品開発には力を入れていない．したがって市場が外国の発注企業に限ら
れている点で，台湾の受託生産方式と同じ性格を持っている．

　ここに見るような技術移転と企業成長の成功が，あらゆる産業分野で可能で
あるか否か，それは定かでない．しかしこれまでに家電製品，カメラ，電子機
器部品，さらには携帯電話など，組立工数の多い製品分野で，アメリカや日本
の企業が韓国，台湾をはじめ，東南アジア諸国に企業進出し，また技術導入し
た現地企業に生産を委託し，そこから世界市場に輸出をしている事例は極めて
多い．こうした経路で，アメリカや日本の多国籍化した企業が，一部の先端分
野の技術移転に大きな役割を果たしてきた．この点はイマニュアルの言わんと
するところとも合致しよう．

---

22)　宏碁電脳の発展については，荘幸美「台湾高度経済発展期の経営構想」大東文化大学大
　　学院経済学研究科『経研論集』14号以下一連の研究がある．

　このような歴史的環境は新たな現地企業が出現する基盤となったであろう.
しかも，一部の産業においては，機器部品の標準化と電子技術を基礎にした製
造工程の自動化が進んだ結果，現場作業で機械操作を見守る一定の知識技能と
習熟度があれば，先端技術製品を自社開発はできないまでも，それを生産する
ことは可能である. 受託生産方式はまさにその上に成り立っている. そしてそ
の限りでは，先端技術分野でも企業の成立と発展が不可能ではないのである.

　しかしこのような形の技術移転や企業成長は，技術供与元もしくは生産委託
元である先進国企業の活動，その世界規模経営に乗ったものである点に注意す
べきであろう. たとえば台湾企業がパソコンの世界的生産基地であると言って
も，その実態はアメリカや日本企業からの受託生産であり，製品は日米企業の
手で世界市場に輸出されているのであるから，台湾企業は受託という意味では
世界規模の活動をしているとは言え，実は日米企業の世界規模経営に組み込ま
れているという面を否定できない. もちろんそれで企業としては十分成り立ち，
飛躍的発展を遂げていることも明らかであるし，その限りで工業化は進展して
いる. しかしそれは日米企業の都合によるものではないか. 自らの足で立つた
めには，自ら独自の製品を開発することが求められよう. 宏碁電脳が1996年
から自社商標パソコンの輸出に努力し始めたのは，技術面の自信の表明である
とともに，世界市場での自立を求める行動に他ならない.

　工業化後発国の企業が先進企業と競争することは，それ自体容易ではない.
それはたとえば日本の明治以降の工業化の歴史を顧みれば，明瞭であろう. だ
が日本を含めて，第二次大戦以前に工業化を経験した国の場合は，近代工業技
術を導入した企業が活躍する市場は，どこよりもまず自国内であり，そこに基
本的な需要を見出した. 企業機会としての外国市場は，特産物的性質のものを
別とすれば，従の課題であった.

　これに対して，第二次大戦後の後発工業化国の場合は，さきにも述べたよう
に，国内需要が不十分なまま，外国企業に依存することを含めて，輸出を第一
に目指す傾向が強い. それが経営戦略であると言えば戦略なのだが，企業とし
ての戦略がそのまま国民経済の厚生に当て嵌るわけではない. 国内経済に基盤
の乏しい輸出産業が栄えて，その裏で国民経済は衰退してしまった歴史を，
我々は知っている.

　しかも，工業化投資を行う以上，好むと好まざるとに拘らず，それは国際経済と無縁ではあり得ない．この制約がある限り，導入技術の水準も投資の規模も，自ずから一定の高さと大きさが必要になり，それを無視しては技術導入さえ難しい．新技術新産業の発展が，それに係われる人と係われない人との間に所得の不均衡を生み出すことは広く知られているが，大きな投資を必要とする技術や産業の導入をきっかけに，発展途上国にこの問題が生じたとき，影響は先進国における以上に大きい．その克服こそ，後発工業化国の当面の課題であろう．

　翻って18世紀以来の工業化の歴史を顧みるとき，先進工業国のリーダーは時代時代で入れ替わり，ことに第二次大戦後は，英国病（British Disease）を先頭に，いわゆる先進国病の兆候が現れるなかで，後発の工業化国であった日本は，高度成長期を経てようやく先進国の一員に加わった．それは欧米から見れば新たな役者の登場であり，また日本よりさらに遅れて出発した発展途上国の経営者から見れば，自分に最も近い工業化成功例であった．そして途上国の経営者たちは，先進国並の技術を備えた企業経営の確立を目指し，やがて一部ではそれに成功している．このような後発国企業の先進国追い上げとリーダーの交代が生ずることは，言わば歴史の活力であろう．現在先進工業化国の一員にいる日本は，こうした現実を見ながら，果たして，これまで通りのことを，従来通りにしていれば良いのであろうか．

文 献 目 録

　この目録は，本書が取り扱った範囲の問題に関して，初学者のために作成されている．したがって，読者が本書の記述内容についてさらに詳しく知りたい場合に，容易に接近できる文献であることを念頭に，基本的文献を中心に選定してある．もちろん例外的に若干の古典的文献を含めたが，その他はいずれも日本の大学図書館に備え付けられていて当然の書物である．経営史という学問の性質上，経済史や経営学，会計学，技術史など，さまざまの隣接分野の研究を参照し，そこに依拠することが少なくないが，それは原則として割愛した．また，個別の企業，経営者，産業部門については，会社史，伝記をはじめ，膨大な文献が存在するが，そうした個別事例は専門研究書や文献目録書（第1章−59〜67）によって検索できるので，それも割愛し，以下では本文で触れた産業部門や事例について，少数の代表的文献を掲げるにとどめた．

第1章
（1）　方法論を含む文献

1．Aitken, Hugh G. D., ed., *Explorations in Enterprise*, Cambridge (Mass.), Harvard U. P., 1965.
2．Cochran, Thomas C., "Cultural Factors in Economic Growth", *Journal of Economic History*, Vol. 20, No. 4, 1960.
3．Cole, Arthur H., *Business Enterprise in its Social Setting*, Cambridge (Mass.), Harvard U. P., 1959 [中川敬一郎訳『経営と社会』ダイヤモンド社，1965].
4．Cole, Arthur H., "A Note on Continuity of Enterprise", *Business History Review*, Vol. 35, No. 1, 1961.
5．Gras, Norman S. B., "Business History", *Economic History Review*, Vol. 4, No. 4, 1934.
6．Gras, Norman S. B., *Business and Capitalism : an introduction to business history*, New York, Crofts, 1939 [植村元覚訳『ビジネスと資本主義——経営史序説——』日本経済評論社，1980].
7．Gras, Norman S. B., *Development of Business History up to 1950*, Michigan, Edwards, 1962.
8．Gras, Norman S. B. and Larson, Henrietta M., *Casebook in American Business History*,

New York, Crofts, 1939.

9．Hutchins, John G. B., "Business History, Entrepreneurial History, and Business Administration", *Journal of Economic History*, Vol. 18, No. 4, 1958.

10．Krooss, Herman E., "Economic History and the New Business History", *Journal of Economic History*, Vol. 18, No. 4, 1958.

11．Larson, Henrietta M., ed., *Guide to Business History* [→第1章−62].

12．Research Center in Entrepreneurial History, prepared by, *Change and the Entrepreneur*, Cambridge (Mass.), Harvard U. P., 1949.

13．Schumpeter, Joseph A., *Theorie der wirtschaftlichen Entwicklung*, Leipzig, Duncker & Humblot, 1912 [英訳改訂版, tr. by R. Opie, *The Theory of Economic Development*, Cambridge (Mass.), Harvard U. P., 1934] [邦訳, 中山伊知郎・東畑精一・塩野谷祐一訳『経済発展の理論』岩波書店, 1977 (独語版第二版, 1926 からの翻訳)].

14．Schumpeter, Joseph A., "Unternehmer", *Handwörterbuch der Staatswissenschaften*, 4 Aufl., Band 8, Jena, G. Fischer, 1928.

15．Schumpeter, Joseph A., "The Creative Response in Economic History", *Journal of Economic History*, Vol. 7, No. 2, 1947.

16．Scott, John and Griff, Catherine, *Directors of Industry : the British corporate network 1904-1976*, Cambridge, Polity Press, 1984 [仲田正機ほか訳『大企業体制の支配構造』法律文化社, 1987].

17．井上忠勝『アメリカ経営史』神戸大学経済経営研究所, 1961.

18．小林裃裟治『企業者活動と経営理念——アメリカ産業史上の人びと』文真堂, 1994.

19．栗田真造『経営史学』丸善, 1971.

20．中川敬一郎『比較経営史序説』東京大学出版会, 1981.

21．大河内暁男『経営構想力』東京大学出版会, 1979.

22．米川伸一『経営史学——生誕・現状・展望——』東洋経済新報社, 1973.

（2）　国際比較の思考方法を含む文献

23．Chandler, Alfred D. Jr., *Scale and Scope : the dynamics of industrial capitalism*, Cambridge (Mass), Harvard U. P., 1990 [安部悦生, 日高千景ほか訳『スケール・アンド・スコープ：経営力発展の国際比較』有斐閣, 1993].

24．Gerschenkron, Alexander, *Economic Backwardness in Historical Perspective*, Cambridge (Mass.), Belknap, 1962.

25．Granick, David, *The European Executive*, Garden City (N. Y.), Doubleday, 1962 [中山一馬訳『ヨーロッパの経営者』ぺりかん社, 1967].

26．Harbison, Frederick H. and Myers, Charles A., *Management in the Industrial World*, New York, McGraw-Hill, 1959 [川田寿・久野桂訳『工業化と経営者——国際比較研究——』ダイヤモンド社, 1961].

27．Hoselitz, Bert F., ed., *The Progress of Underdeveloped Countries*, Chicago U. P., 1952.

28．Landes, David S., "French Entrepreneurship and Industrial Growth in the Nineteenth Century", *Journal of Economic History*, Vol. 9, No. 1, 1949.

29. Landes, David S., "French Business and Businessmen : a social and cultural analysis", Earle, Edward M., ed., *Modern France : problems of the third and fourth republics*, Princeton U. P., 1951.

30. Miller, William, ed., *Men in Business : essays in the history of entrepreneurship*, Cambridge (Mass.), Harvard U. P., 1952.

31. Parker, William N., "Entrepreneurship, Industrial Organization, and Economic Growth : a German example", *Journal of Economic History*, Vol. 14, No. 4, 1954.

32. Sawyer, John E., "French Entrepreneur and the Social Order : France and the United States", Miller, W., ed., *Men in Business* [→第 1 章 − 30].

33. 経営史学会： Proceedings of the Fuji Conference on Business History, Vol. 1, 1976 〜 Vol. 20, 1994, 東京大学出版会．その後は Oxford U. P. 刊となる．

（3）　技術と特許制度に関する文献

34. Dutton, Harold I., *The Patent System and Inventive Activity during the Industrial Revolution, 1750-1852*, Manchester U. P., 1984.

35. Jewkes, John, *et al.*, *The Sources of Invention*, London, Macmillan, 1958, 2nd edition, 1969 ［星野芳郎ほか訳『発明の源泉』岩波書店，1968］．

36. Mole, Veronica and Elliott, Dave, *Enterprising Innovation : an alternative approach*, London, F. Pinter, 1987.

37. Silverstone, Aubrey, ed., *Technology and Economic Progress*, Basingstoke, Macmillan, 1989.

38. Singer, Charles H., Williams, Trevor I., *et al.*, eds., *A History of Technology*, 7 vols., Oxford U. P., Vol. 1〜5, 1956-1958, Vol. 6〜7, 1978 ［平田寛・山田慶兒ほか訳『技術の歴史』筑摩書房，1962-1964，1980-1981］．

39. 大河内暁男『発明行為と技術構想──技術と特許の経営史的位相』東京大学出版会，1992.

40. 内田星美『産業技術史入門』日本経済新聞社，1974.

（4）　通史・概説

41. Chandler, Alfred D., Jr., *The Visible Hand : the managerial revolution in American business*, Cambridge (Mass.), Belknap, 1977 ［鳥羽欽一郎・小林袈裟治訳『経営者の時代』東洋経済新報社，1979］．

42. Cochran, Thomas C., *The American Business System : a historical perspective 1900-1955*, Cambridge (Mass.), Harvard U. P., 1957 ［中川敬一郎訳『アメリカのビジネス・システム』筑摩書房，1969］．

43. Hannah, Leslie, *The Rise of the Corporate Economy*, London, Methuen, 1976, 2nd edition, 1983 ［湯沢威・後藤伸訳『大企業経済の興隆』東洋経済新報社，1987］．

44. Jeremy, D. J., *A Business History of Britain 1900-1990s*, Oxford U. P., 1998.

45. Krooss, Herman E. and Gilbert, Charles, *American Business History*, Englewood Cliffs (N. J.), Prentice-Hall, 1972 ［鳥羽欽一郎・山口一臣・厚東偉介・川辺信雄訳『アメリカ経営史』東洋経済新報社，1974］．

46. Weimer, Wolfram, *Kapitäne des Kapitals*, Frankfurt am Main, Insel, 1993 [和泉雅人訳 『ドイツ企業のパイオニア』大修館, 1996].

47. 原輝史編『フランス経営史』有斐閣, 1980.

48. 井上忠勝『アメリカ企業経営史研究』神戸大学経済経営研究所, 1987.

49. 北村次一『ドイツ企業家史研究』法律文化社, 1976.

50. 三島康雄『増補・経営史学の展開』ミネルヴァ書房, 1970.

51. 中川敬一郎『イギリス経営史』東京大学出版会, 1986.

52. 鈴木良隆・安部悦生・米倉誠一郎『経営史』有斐閣, 1987.

53. 鳥羽欽一郎『企業発展の史的研究』ダイヤモンド社, 1970.

54. 脇村義太郎『脇村義太郎著作集　第1巻経営発達史』日本経営史研究所, 1976.

55. 渡辺尚・作道潤編『現代ヨーロッパ経営史』有斐閣, 1996.

56. 山崎清『アメリカのビッグビジネス――企業文明の盛衰――』日本経済新聞社, 1986.

57. 山下幸夫編『経営史――欧米』日本評論社, 1977.

58. 米川伸一『紡績業の比較経営史研究――イギリス・インド・アメリカ・日本』有斐閣, 1994.

（5）　文献目録・辞典

59. Daniels, Lorna M., compiled by, *Studies in Enterprise : a selected bibliography of American and Canadian company histories and biographies of businessmen*, Boston, Baker Library (Harvard University), 1957.

60. Goodall, Francis A., compiled by, *Bibliography of British Business Histories*, Aldershot, Gower, 1987.

61. Jeremy, David J., ed., *Dictionary of Business Biography*, 5 vols., London, Butterworths, 1984-1986.

62. Larson, Henrietta M., *Guide to Business History : materials for the study of American business history and suggestions for their use*, Cambridge (Mass.), Harvard U. P., 1948, reprint, Boston, Canner, 1964.

63. Lovett, Robert W., *American Economic and Business History : a guide to information sources*, Detroit, Gale Research, 1971.

64. Nasrallah, Wahib, *United States Corporation Histories : a bibliography, 1965-1985*, New York, Garland, 1987.

65. Slaven, Anthony and Checkland, Sydney G., eds., *Dictionary of Scottish Business Biography*, 2 vols., Aberdeen U. P., 1986-1990.

66. Zarach, Stephanie, ed., *Debrett's Bibliography of Business History*, London, Macmillan, 1987.

67. 日本経営史学会（編集代表：桂芳男）『外国企業および企業者・経営者史総合目録』雄松堂, 1976.

経営史の基本的考え方を知るには 6, 7, 8, 11, 17, 48 がよい. 19 はドイツ経営史に力

点. 1, 3, 12, 20 は企業者史の考え方を展開し, 9, 10 はこの両者の批判的検討を含む. 13〜15 は企業者および革新という概念の形成に寄与した. 21 は経営者の意思決定能力を分析する方法論として唯一のもの. 23 はアメリカを基準に企業の組織能力について米, 英, 独を比較. 24 と 26 は後発の工業化を考える場合の重要文献. 28〜32 は企業者史の立場からの国際比較研究. 34, 39 は技術革新を特許制度の観点から扱い, 35 は発明を企業組織の観点から分析したもので示唆に富む.

　33 は経営史学会主催で毎年開かれている国際会議の記録. 毎回課題を絞った国際比較を行って来た点に特徴がある. 61 と 65 でイギリス経営者の伝記辞典をなし, 信頼度も高い. 62 は網羅的事項別目録で, 事項ごとの手引き解説と主要文献ごとの解題ないし論評を含むほか, 研究方法の概説を収め, 重要文献の一つ. 67 は所在も判る目録.

第 2 章

（ 1 ）　経済史的背景に関する概説

1．Flinn, Michael W., *Origins of the Industrial Revolution*, London, Longmans, 1966.

2．Floud, Roderick and McCloskey, Donald, eds., *The Economic History of Britain since 1700,* 2nd edition., Cambridge U. P., 1994.

3．Landes, David S., *The Unbound Prometheus : technological change and industrial development in western Europe from 1750 to the present,* Cambridge U. P., 1969 ［石坂昭雄・富岡庄一訳『西ヨーロッパ工業史――産業革命とその後 1750-1968――』みすず書房, 1980-1982].

4．Mathias, Peter, *The First Industrial Nation,* London, Methuen, 1969, 2nd edition, 1983 ［小松芳喬監訳『最初の工業国家――イギリス経済史 1700-1914 年――』改訂新版, 日本評論社, 1988].

（ 2 ）　全般的文献

5．Hannah, Leslie, *The Rise of the Corporate Economy* ［→第 1 章−43].

6．Jeremy, D. J., *A Business History of Britain 1900-1990s* ［→第 1 章−44].

7．Payne, Peter L., *British Entrepreneurship in the Nineteenth Century,* London, Macmillan, 1974.

8．Pollard, Sidney, *The Genesis of Modern Management : a study of the industrial revolution in Great Britain,* London, Arnold, 1965 ［山下幸夫・桂芳男・水原正享訳『現代企業管理の起源――イギリスにおける産業革命の研究――』千倉書房, 1982].

9．中川敬一郎『イギリス経営史』［→第 1 章−51].

10．大河内暁男『近代イギリス経済史研究』岩波書店, 1963.

11．大河内暁男『産業革命期経営史研究』岩波書店, 1978.

12．鈴木良隆『経営史――イギリス産業革命と企業者活動――』同文舘, 1982.

（ 3 ）　資本形成に関する文献

13．Cottrell, P. L., *Industrial Finance 1830-1914,* London, Methuen, 1980.

14．Crouzet, François, ed., *Capital Formation in the Industrial Revolution,* London, Methuen, 1972.

15. Pressnell, Leslie S., *Country Banking in the Industrial Revolution*, Oxford U. P., 1956.
16. Thompson, F. M. L., *English Landed Society in the Nineteenth Century*, London, Routledge & Kegan Paul, 1963.
17. 本間輝雄『イギリス近代株式会社法形成史論』春秋社，1963.
18. 大河内暁男『産業革命期経営史研究』[→第2章−11].

（4）　個別企業・経営者・産業の研究

19. Chapman, Stanley D., "The Peels in the Early English Cotton Industry", *Business History*, Vol. 11, No. 2, 1969.
20. Fitton, Robert S., *The Arkwrights : spinners of fortune*, Manchester U. P., 1989.
21. Flinn, Michael W., *Men of Iron : the Crowleys in the early iron industry*, Edinburgh U. P., 1962.
22. Heaton, Herbert, "Benjamin Gott and the Industrial Revolution in Yorkshire", *Economic History Review*, Vol. 3, No. 1, 1931.
23. Lee, Clive H., *A Cotton Enterprise 1795-1840 : a history of M'Connel & Kennedy fine cotton spinners*, Manchester U. P., 1972.
24. McKendrick, Neil, "Josiah Wedgwood : an eighteenth-century entrepreneur in salesmanship and marketing techniques", *Economic History Review*, 2nd Series, Vol. 12, No. 3, 1960.
25. Raistrick, Arthur, *Dynasty of Ironfounders : the Darbys and Coalbrookdale*, London, Longmans, 1953.
26. Redford, Arthur, *Manchester Merchants and Foreign Trade, 1794-1858*, Manchester U. P., 1934, 続巻 *1858-1939*, 1956.
27. Roll, Erich, *An Early Experiment in Industrial Organisation : being a history of the firm of Boulton & Watt, 1775-1805*, London, Longmans, 1930.
28. Sigworth, Eric M., *Black Dyke Mills : a history*, Liverpool U. P., 1958.
29. Supple, Barry, ed., *Essays in British Business History*, Oxford, Clarendon Press, 1977.
30. Unwin, George, with chapters by A. Hulme and G. Taylor, *Samuel Oldknow and the Arkwrights : the industrial revolution at Stockport and Marple*, Manchester U. P., 1924.
31. 安部悦生『大英帝国の産業覇権──イギリス鉄鋼企業興亡史』有斐閣，1993.
32. 日高千景『英国綿業衰退の構図』東京大学出版会，1995.
33. 武内達子『産業革命期の製鉄会社』東京法令出版，1997.
34. 小松芳喬『産業革命期の企業者像──綿業王アアクライト伝考──』早稲田大学出版部，1979.
35. 湯沢威『イギリス鉄道経営史』日本経済評論社，1988.

（5）　持続的発展をめぐる文献

36. Aldcroft, Derek, "The Entrepreneur and the British Economy, 1870-1914", *Economic History Review*, 2nd Series, Vol. 17, No. 1, 1964.
37. Bowker, B., *Lancashire under the Hammer*, London, Hogarth, 1928.
38. Collins, Bruce and Robbins, Keith, eds., *British Culture and Economic Decline*, London,

Weidenfeld and Nicolson, 1990.

39. Elbaum, Bernard and Lazonick, William, eds., *The Decline of the British Economy*, Oxford, Clarendon Press, 1986.

40. Erickson, Charlotte, *British Industrialists : steel and hosiery 1850-1950*, Cambridge U. P., 1959.

41. Howe, Anthony, *The Cotton Masters 1830-1860*, Oxford U. P., 1984.

42. Inkster, Ian, *Science and Technology in History : an approach to industrial development*, Basingstoke, Macmillan, 1991.

43. Jeremy, David J., "Damming the Flood : British government efforts to check the outflow of technicians and machinery, 1780-1843", *Business History Review*,Vol. 51, No. 1, 1977.

44. McCloskey, Donald N., *Economic Maturity and Entrepreneurial Decline : British iron and steel, 1870-1913*, Cambridge (Mass.), Harvard U. P., 1973.

45. Roderick, Gordon W. and Stephens, Michael D., *Education and Industry in the Nineteenth Century*, London, Longmans, 1978.

46. Sandberg, Lars G., *Lancashire in Decline : a study in entrepreneurship*, Columbus, Ohio State U. P., 1974.

47. Sanderson, Michael, *Education, Economic Change and Society in England, 1780-1870*, London, Macmillan, 1983.

48. Saxonhouse, G. R. and Wright, G., "New Evidence on the Stubborne English Mule and the Cotton Industry 1878-1920", *Economic History Review*, 2nd Series, Vol. 37, No. 4, 1984.

49. Wiener, Martin J., *English Culture and the Decline of the Industrial Spirit 1850-1980*, Cambridge U. P., 1981 [原剛訳『英国産業精神の衰退』勁草書房, 1984].

50. Williams, Ernest E., "*Made in Germany*", London, Heinemann, 1896.

51. 安部悦生, 岡山礼子, 岩内亮一, 湯沢威『イギリス企業経営の歴史的展開』勁草書房, 1997.

52. 日高千景『英国綿業衰退の構図』[→第 2 章 - 32].

53. 脇村義太郎「二個の伝統・紡績業と銀行」山崎覚次郎教授還暦記念『経済学研究第一巻経済篇』日本評論社, 1929,『脇村義太郎著作集第 5 巻』に再録, 日本経営史研究所, 1981.

　7 は 19 世紀後半のイギリス経済活動の停滞を見通して研究史を整理し, 8 は工場制度の成立を経営管理の観点から分析したもので, ともに一読に値する. 9 は綿業事情に詳しく, 11 は個別企業分析のほか減価償却史を含み, 12 は綿業における動力採用をめぐる企業動向を分析したもの. 20 と 34 は紡績業者アークライトの工場経営, 技術, 伝記を含む最新かつ包括的研究. 27 は営業文書に基づいてボウルトン=ウォット商会の経営実態を分析した優れた企業史. 30 は紡績業者サミュエル・オウルドノウ分析で, 営業文書を用いた研究の嚆矢. 31, 32, 33 はそれぞれ手法は異なるが, ここまで分析できるという水準を示したもの. 37 と 50 はイギリス経済の翳りに対する警世の発言で, 古

いものだが現在も示唆に富む. 36 は 19 世紀末以降のイギリス経済の停滞について経営
者の怠慢を指摘し, 46 はこれに対して経営行動の合理性を主張し, 39, 44 もこの論争
に係わる文献. 52 は産業金融の視点を含みつつ綿業衰退と銀行業の係わりを分析した
もの. 53 は産業組織論的観点を含み, 時代に先駆した研究.

第 3 章
（1）　概説・通史

1. Blackford, M. G. and Kerr, K. Austin, *Business Enterprise in American History*, Houghton Mifflin, 1986 [川辺信雄監訳『アメリカ経営史』ミネルバ書房, 1988].
2. Krooss, Herman E. and Gilbert, Charles, *American Business History* [→第 1 章 − 45].
3. Robertson, Ross M., *History of the American Economy*, New York, Harcourt, Brace, 1955.
4. Williamson, Harold F., *The Growth of the American Economy*, 2nd edition, New York, Prentice-Hall, 1951.
5. 小林裟裟治『アメリカ企業経営史研究』有斐閣, 1979.
6. 鳥羽欽一郎『企業発展の史的研究』[第 1 章 − 53].

（2）　アメリカ的生産体制をめぐる文献

7. Great Britain, Parliamentary Papers, *Report of the Committee on the Machinery of the United States of America*, P. P. 1854-55, L [本報告の復刻：Rosenberg, Nathan, compiled by, *American System of Manufactures*, Edinburgh U. P., 1969].
8. Habakkuk, Hrothgar J., *American and British Technology in the Nineteenth Century*, Cambridge U. P., 1962.
9. Hoke, Donald, *Ingenious Yankees : the rise of the American system of manufactures in the private sector*, New York, Columbia U. P., 1989.
10. Hounshell, David A., *From the American System to Mass Production 1800-1932*, Baltimore, Johns Hopkins U. P., 1984.
11. Jeremy, David J., *Transcontinental Industrial Revolution : the diffusion of textile technologies between Britain and America*, Cambridge (Mass.), MIT Press, 1981.
12. Sawyer, John E., "The Social Basis of the American System of Manufacturing", *Journal of Economic History*, Vol. 14, No. 1, 1954.
13. Stapleton, Darwin H., *The Transfer of Early Industrial Technologies to America*, Philadelphia, American Philosophical Society, 1987.

（3）　アメリカ的大企業の成立に関する文献

14. Chandler, Alfred D., Jr., "The Beginnings of 'Big Business' in American Industry", *Business History Review*, Vol. 33, No. 1, 1959 [第 6 章 − 20 に再録].
15. Hutchinson, William T., *Cyrus Hall McCormick*, 2 vols., New York, Appleton-Century, 1930-1935.
16. Leech, Harper and Carroll, John C., *Armour and His Times*, New York, Appleton-Century, 1938.

17. McCormick, Cyrus, *The Century of the Reaper*, Boston, Houghton, 1931.
18. Silk, Alvin J. and Stern, Louis W., "The Changing Nature of Innovation in Marketing : a study of selected business leaders, 1852-1958", *Business History Review*, Vol. 37, No. 2, 1963.
19. 小林袈裟治『インターナショナル・ハーベスター』東洋経済新報社, 1978.
20. 小林袈裟治『企業者活動と経営理念――アメリカ産業史上の人びと』[→第 1 章－18].
21. 中川敬一郎「米国における巨大企業の成立とマス・マーケティングの発達」東京大学経済学会『経済学論集』21 巻 3 号, 1965.

（4）　工作機械技術に関する文献

22. Floud, Roderick, *The British Machine-Tool Industry, 1850-1914*, Cambridge U. P., 1976.
23. Green, Constance M., *Eli Whitney and the Birth of American Technology*, Boston, Little Brown, 1956.
24. Rolt, L. T. C., *Tools of the Job : a short history of machine tools*, London, Batsford, 1965 [磯田浩訳『工作機械の歴史』平凡社, 1989].
25. Saul, S. B., ed., *Technological Change : the United States and Britain in the 19th century*, London, Methuen, 1970.
26. 大東英祐「アメリカ工作機械工業の技術と経営」成城大学『経済研究』34 号, 1971.
27. 奥村正二『工作機械発達史』科学主義工業社, 1941.

　7 はアメリカ的生産体制の実態調査として著名な文献で, Rosenberg が解説を付した復刻版も役立つ. 8 は英米の技術の相違を経済的要因を絡ませて解明しようと試み, 国際比較の手法上も重要な文献. 8 と 22 をあわせて読むと英米の機械の違いが判る. 14 はアメリカで 19 世紀後半に出現する巨大企業の大規模性を歴史的背景と関連づけて論じた秀作. 18 もアメリカの大企業の特質を知るうえで有益.

第 4 章
（1）　概説・全般的文献

1. Hannah, Leslie, *The Rise of the Corporate Economy* [→第 1 章－43].
2. Jones, Eliot, *The Trust Problem in the United States*, New York, Macmillan, 1921.
3. Krooss, Herman E. and Gilbert, Charles, *American Business History* [→第 1 章－45].
4. Levy, Hermann, *Monopole, Kartelle und Trusts in der Geschichte und Gegenwart der englischen Industrie*, Jena, Gustav Fischer, 1927 [英訳版, *Monopolies, Cartels and Trusts in British Industry*, London, Macmillan, 1927].
5. Prais, S. J., *The Evolution of Giant Firms in Britain : a study of the growth of concentration in Manufacturing Industry in Britain 1909-70*, Cambridge U. P., 1976.
6. Robertson, Ross M., *History of the American Economy* [→第 3 章－ 3].
7. Scott, John and Griff, Catherine, *Directors of Industry* [→第 1 章－16].

8. Williamson, Harold F., *The Growth of the American Economy* [→第3章-4].

9. 有澤廣巳・脇村義太郎『カルテル・トラスト・コンツェルン』御茶の水書房，1977.

（2） 個別企業・経営者・産業の研究

10. Allen, Frederick L., *The Great Pierpont Morgan*, New York, Harper, 1949.

11. Berglund, Abraham, *The United States Steel Corporation*, New York, Columbia U. P., 1907, reprint, New York, Arms, 1968.

12. Hidy, Ralph W. and Hidy, Muriel E., *Pioneering in Big Business 1882-1911 : history of Standard Oil Company (New Jersey)*, New York, Harper, 1955.

13. McCormick, Cyrus, *The Century of the Reaper* [→第3章-17].

14. Martin, Albro, *Enterprise Denied : origins of the decline of American railroads, 1897-1917*, New York, Columbia U. P., 1971.

15. Satterlee, Herbert L., *J. Pierpont Morgan*, New York, Macmillan, 1939.

16. 井上忠勝『アメリカ経営史』[→第1章-17].

17. 井上忠勝『アメリカ企業経営史研究』[→第1章-48].

18. 小林裟裟治『インターナショナル・ハーベスター』[→第3章-19].

19. 塩見治人・溝田誠吾・谷口明丈・宮崎信二『アメリカ・ビッグビジネス成立史』東洋経済新報社，1986.

（3） 独占禁止法をめぐる文献

20. Arnould, Richard J., "Changing Patterns of Concentration in American Meat Packing, 1880-1963", *Business History Review*, Vol. 45, No. 1, 1971.

21. Clark, John D., *The Federal Trust Policy*, Baltimore, Johns Hopkins Press, 1931.

22. Taeusch, C. F., "Business and the Sherman Law", *Journal of Economic and Business History*, Vol. 3, No. 3, 1931.

4と9は独占的企業の歴史研究にとって古典．12はスタンダード石油発達史（全3冊）の第1冊で，社内資料を駆使し，経営と組織を克明に分析記述した秀作．

第5章
（1） 経営多角化・統合化に関する文献

1. Chandler, Alfred D., Jr., *Strategy and Structure : chapters in the history of the industrial enterprise*, Cambridge (Mass.), MIT Press, 1962 [三菱経済研究所訳『経営戦略と組織』実業之日本社，1967].

2. Channon, Derek F., *The Strategy and Structure of British Enterprise*, Boston, Graduate School of Business Administration, Harvard University, 1973.

3. Hounshell, David A. and Smith, John K., Jr., *Science and Corporate Strategy : Du Pont R & D, 1902-1980*, New York, Cambridge U. P., 1988.

4. Leech, Harper and Carroll, John C., *Armour and His Times* [→第3章-16].

5. Passer, Harold C., *The Electrical Manufacturers, 1875-1900*, Cambridge (Mass.), Harvard U. P., 1953.

6 . Reader, William J., *Imperial Chemical Industries*, 2 vols, London, Oxford U. P., 1970-1975.

7 . Scott, J. D., *Vickers : a history*, London, Weidenfeld and Nicolson, 1962.

8 . Trebilcock, Clive, *The Vickers Brothers : armaments and enterprise 1854-1914*, London, Europa, 1977.

9 . Warren, Kenneth, *Armstrongs of Elswick : growth in engineering and armaments to the merger with Vickers*, Basingstoke, Macmillan, 1989.

10. 小林袈裟治『GE』東洋経済新報社，1970.

（2）　多国籍化に関する文献

11. Davies, Robert B., "'Peacefully Working to Conquer the World :' the Singer Manufacturing Company in foreign markets, 1854-1889", *Business History Review*, Vol. 43, No. 3, 1969.

12. Jones, Geoffrey, ed., *British Multinationals*, Aldershot, Gower, 1986.

13. Jones, Geoffrey and Schröter, H. G. eds., *The Rise of Multinationals in Continental Europe*, Aldershot, Edward Elgar, 1993.

14. Vernon, Raymond, "International Investment and International Trade in the Product Cycle", *Quarterly Journal of Economics*, No. 80, 1966.

15. Vernon, Raymond, *Sovereignty at Bay : the multinational spread of U. S. enterprises*, New York, Basic Books, 1971 ［霍見芳浩訳『多国籍企業の新展開』ダイヤモンド社，1973］.

16. Wilkins, Mira, *The Emergence of Multinational Enterprise*, Cambridge (Mass.), Harvard U. P., 1970 ［江夏健一・米倉昭夫訳『多国籍企業の史的展開』ミネルヴァ書房，1973］.

17. Wilkins, Mira, *The Maturing of Multinational Enterprise : American business abroad from 1914 to 1970*, Cambridge (Mass.), Harvard U. P., 1974 ［江夏健一・米倉昭夫訳『多国籍企業の成熟』上・下，ミネルヴァ書房，1976-1978］.

18. Wilkins, Mira and Hill, Frank E., *American Business Abroad : Ford on six continents*, Detroit, Wayne State U. P., 1964.

19. Wilson, Charles, *The History of Unilever*, 2 vols., London, Cassell, 1954.

20. Wilson, Charles, *Unilever 1945-1965*, London, Cassell, 1968.

21. 米川伸一『ロイアル・ダッチ=シェル』東洋経済新報社，1969.

　1は経営戦略としての多角化が管理組織として分権的事業部制の開発をもたらす経緯を解明したもので，必読文献の一つ．14, 15は企業の多国籍化についてのモデルを提示しており，16〜18はアメリカ企業の多国籍化の歴史を詳細に扱っている．19〜21はヨーロッパ企業の多国籍化の代表的事例で，アメリカとは異なった複雑な様相が明らかにされている．

第6章

（1）　工場管理問題と歴史的背景に関する文献

1．Babbage, Charles, *On the Economy of Machinery and Manufactures*, London, Knight, 1832.

2．Doray, Bernard,（D. Macey 訳）, *From Taylorism to Fordism, a Rational Madness*, London, Free Association Books, 1988.

3．Gillespie, Richard, *Manufacturing Knowledge : a history of the Hawthorne experiments*, Cambridge U. P., 1991.

4．Gyllenhammer, Pehr G., *People at Work*, Boston, Addison-Wesley, 1977 ［阿部実監訳, 亀田正弘訳『人間主義の経営：フォードシステムを越えて』ダイヤモンド社, 1978］.

5．Hounshell, David A., *From the American System to Mass Production 1800-1932*, Baltimore, Johns Hopkins U. P., 1984 ［和田一夫ほか訳『アメリカン・システムから大量生産へ 1800-1932』名古屋大学出版会, 1998］.

6．Litterer, Joseph A., "Systematic Management : the search for order and integration", *Business History Review*, Vol. 35, No. 4, 1961.

7．Litterer, Joseph A., "Systematic Management : design for organizational recoupling in American manufacturing firms", *Business History Review*, Vol. 37, No. 4, 1963.

8．Mayo, Elton, *The Human Problems of an Industrial Civilization*, London, Macmillan, 1933 ［村本栄一訳『新訳, 産業文明における人間問題——ホーソン実験とその展開』日本能率協会, 1967］.

9．Nelson, Daniel, "Scientific Management, Systematic Management and Labor, 1880-1915", *Business History Review*, Vol. 48, No. 4, 1974.

10．Nelson, Daniel, *Frederick W. Taylor and the Rise of Scientific Management*, Madison, Wisconsin U. P., 1980.

11．Nevins, Allan, with collaboration of Hill, Frank E., *Ford : the Times, the Man, the Company*, New York, Scribners, 1954.

12．Nevins, Allan and Hill, Frank E., *Ford : Expansion and Challenge 1915-1933*, New York, Scribners, 1957.

13．Pelling, Henry, *American Labor*, Chicago U. P., 1960 ［大河内暁男・神代和欣訳『アメリカ労働運動史』時事通信社, 1962］.

14．Roethlisberger, F. J. and Dickson, W. J., *Management and the Worker : an account of a research program conducted by the Western Electric Company, Hawthorne Works, Chicago*, Cambridge (Mass.), Harvard U. P., 1939 ［野田一夫・川村欣也訳『経営者と勤労意欲』ダイヤモンド社, 1954］.

15．Taylor, Frederick W., *The Principles of Scientific Management*, New York, Harper, 1911 ［上野陽一訳編『科学的管理法』産業能率短期大学出版部, 1969］.

16．原輝史編『科学的管理法の導入と展開——その歴史的国際比較——』昭和堂, 1990.

17．中川敬一郎「米国における大量生産体制の発展と科学的管理運動の歴史的背景」『ビジネス・レビュー』11巻3号, 1964.

18. 塩見治人『現代大量生産体制論——その成立史的研究——』森山書店, 1978.
19. 橘博『科学的管理形成史論』清風堂, 1990.

（2）　経営管理組織の発達に関する文献

20. Baughman, James P., ed., *The History of American Management*, Englewood Cliffs（N. J.）, Prentice-Hall, 1969.
21. Chandler, Alfred D., Jr., "Management Decentralization", *Business History Review*, Vol. 30, No. 2, 1956.
22. Chandler, Alfred D., Jr., *Strategy and Structure* [→第 5 章−1].
23. Chandler, Alfred D., Jr., "The Railroads : pioneers in modern corporate management", *Business History Review*, Vol. 39, No. 1, 1965.
24. Chandler, Alfred D., Jr. and Salsbury, Stephen, *Pierre S. du Pont and the Making of Modern Corporation*, New York, Harper & Low, 1971.
25. Hannah, Leslie, ed., *Management Strategy and Business Development*, London, Macmillan, 1976.
26. 中川敬一郎「ジェネラル・モーターズ会社経営史」中村常次郎ほか編『企業経済分析』岩波書店, 1962.
27. 下川浩一『米国自動車産業経営史研究』東洋経済新報社, 1977.

（3）　会計発達史に関する文献

28. Garner, Samuel P., *Evolution of Cost Accounting to 1925*, Alabama U. P., 1954 [品田誠平ほか訳『原価計算の発展』一粒社, 1958].
29. Hawkins, David F., "The Development of Modern Financial Reporting Practices among American Manufacturing Corporations", *Business History Review*, Vol. 37, No. 3, 1963.
30. Littleton, Ananias C., *Accounting Evolution to 1900*, New York, American Institute Pub., [1933] [片野一郎訳『会計発達史』同文舘, 1952].
31. 木村和三郎『新版減価償却論』森山書店, 1965.
32. 宮上一男『工業会計制度の研究』山川出版社, 1952.
33. 村田直樹『近代イギリス会計史研究——運河・鉄道会計史——』晃洋書房, 1995.
34. 成田修身『減価償却の史的展開』白桃書房, 1985.
35. 大河内暁男『産業革命期経営史研究』[→第 2 章—11].
36. 田中隆雄『管理会計発達史——アメリカ巨大製造会社における管理会計の成立——』森山書店, 1982.
37. 友岡賛『近代会計制度の成立』有斐閣, 1995.
38. 辻厚生『管理会計発達史論』有斐閣, 1971.
39. 山浦久司『英国株式会社会計制度論』白桃書房, 1993.

1 は工場管理の思想という点で出発点となる文献. 3, 4, 8, 14 はホーソン実験および人間関係論に係わる文献として重要. 20 はアメリカの経営管理史についての重要論文を編集したもので, 本目録第 3 章−14, 第 6 章−7, 21, 23, 29 はすべて収録されている.

28 は原価計算の包括的発達史でアメリカに重点. 34 はイギリスを起点として各国を含む減価償却史として有益. 36 はデュポン社の研究.

第 7 章

1. Emmanuel, Arghiri, *Appropriate or Underdeveloped Technology?*, Chichester, John Wiley, 1982.

2. Falkus, Malcolm, E., *The Industrialisation of Russia 1700-1914*, London, Macmillan, 1972 [大河内暁男・岸智子訳『ロシアの工業化 1700-1914』日本経済評論社, 1985].

3. Gerschenkron, Alexander, *Economic Backwardness in Historical Perspective* [→第 1 章 −24].

4. Hoselitz, Bert F., ed., *The Progress of Underdeveloped Countries* [→第 1 章−27].

5. Inkster, Ian, *Science and Technology in History* [→第 2 章−42].

6. Jéquier, Nicolas and Blanc, Gérard, *The World of Appropriate Technology*, Paris, OECD, 1983.

7. Jeremy, David J., "Damming the Flood" [→第 2 章−43].

8. von Laue, Theodore H., *Sergei Witte and the Industrialisation of Russia*, New York, Columbia U. P., 1963 [菅原崇光訳『セルゲイ・ウイッテとロシアの工業化』勁草書房, 1977].

9. Schumacher, E. F., *Small is Beautiful : a study of economics as if people mattered*, London, Blond & Briggs, 1973 [斉藤志郎訳『人間復興の経済』佑学社, 1976] [小島慶三・酒井彗訳『スモール・イズ・ビューティフル——人間中心の経済学——』講談社, 1986].

10. Schutter, J. de and Bemer, G., eds., *Fundamental Aspects of Appropriate Technology*, Delft U. P., 1980.

11. Stapleton, Darwin H., *The Transfer of Early Industrial Technologies to America* [→第 3 章−13].

12. 原輝史『フランス資本主義——成立と展開——』日本経済評論社, 1986.

13. 服部民夫編『韓国の工業化——発展の構図』アジア経済研究所, 1987.

14. 服部民夫・佐藤幸人編『韓国・台湾の発展メカニズム』アジア経済研究所, 1996.

15. 伊藤正二編『発展途上国の財閥』アジア経済研究所, 1983.

16. 伊藤正二編『インドの工業化』アジア経済研究所, 1988.

17. 丸山伸郎『中国の工業化と産業技術進歩』アジア経済研究所, 1988.

18. 三上敦史『インド財閥経営史研究』同文舘, 1993.

19. 中川敬一郎「後進国の工業化過程における企業者活動——ガーシェンクロン・モデルを中心にして——」東京大学経済学会『経済学論集』28 巻 3 号, 1962 [第 1 章−20 に再録].

20. 坂井秀吉・小島末夫『香港台湾の経済変動』アジア経済研究所, 1988.

21. 谷浦孝雄編『アジアの工業化と技術移転』アジア経済研究所, 1990.

1 は適正技術思想への批判で, 6, 9, 10 などの適正技術論と対比して読まれるべきも

の. 3 は後発国の工業化が先進国の工業化とは異なった特徴をもつことを指摘した重要文献. 5 は技術移転に係わる先進国と後発国との比較を含む. 19 は 3 の考え方を拡張したもの.

索　引

この索引は，本文に記述した事項のほか，人名，企業名，製品名の主
要なものを検索できるように作成した．固有名詞については，片仮名の
あとに原名を併記してある．

著者略歴
1932 年　東京に生れる
1955 年　東京大学経済学部卒業
1960 年　東京大学大学院社会科学研究科修了
1993 年　東京大学経済学部を退官
1993 年-2006 年　大東文化大学経営学部教授
現　　在　東京大学名誉教授

主要著書
『近代イギリス経済史研究』(岩波書店, 1963 年)
『産業革命期経営史研究』(岩波書店, 1978 年)
『経営構想力』(東京大学出版会, 1979 年)
『発明行為と技術構想』(東京大学出版会, 1992 年)
『ロウルズ-ロイス研究』(東京大学出版会, 2001 年)

経営史講義 [第 2 版]

2001 年 2 月 20 日　初　版
2011 年 6 月 3 日　第 7 刷

[検印廃止]

著　者　　おおこうちあきお
　　　　　大河内暁男

発行所　財団法人　東京大学出版会

代 表 者　渡辺　浩

113-8654 東京都文京区本郷7-3-1東大構内
電話　03-3811-8814　Fax 03-3812-6958
振替　00160-6-59964

印刷所　株式会社平文社
製本所　誠製本株式会社

本書はデジタル印刷機を採用しており、品質の経年変化についての充分なデータはありません。そのため高湿下で強い圧力を加えた場合など、色材の癒着・剥落・磨耗等の品質変化の可能性もあります。

経営史講義　第2版

2021年3月10日　　　発行　　①

著　者　　大河内暁男
発行所　　一般財団法人　東京大学出版会
　　　　　代 表 者　吉見俊哉
　　　　　〒153-0041
　　　　　東京都目黒区駒場4-5-29
　　　　　TEL03-6407-1069　FAX03-6407-1991
　　　　　URL　http://www.utp.or.jp/
印刷・製本　大日本印刷株式会社
　　　　　URL　http://www.dnp.co.jp/

ISBN978-4-13-009147-3
Printed in Japan